高等院校车辆工程教材

轨道车辆动力学基础与应用

主　编：石姗姗　陈秉智

副主编：郭翰飞　张　健

参　编：孙　直　李永华

辽宁人民出版社

© 石姗姗　陈秉智　2025

图书在版编目（CIP）数据

轨道车辆动力学基础与应用 / 石姗姗，陈秉智主编.
沈阳：辽宁人民出版社，2025.4. -- ISBN 978-7-205
-11511-1

Ⅰ. U216.61

中国国家版本馆 CIP 数据核字第 2025Y85Z66 号

出版发行：辽宁人民出版社
　　　　　地址：沈阳市和平区十一纬路 25 号　邮编：110003
　　　　　电话：024-23284191（发行部）　024-23284304（办公室）
　　　　　http://www.lnpph.com.cn
印　　刷：河北朗祥印刷有限公司
幅面尺寸：170mm×240mm
印　　张：20.5
字　　数：300 千字
出版时间：2025 年 4 月第 1 版
印刷时间：2025 年 4 月第 1 次印刷
责任编辑：孙姼娇
装帧设计：一诺设计
责任校对：吴艳杰
书　　号：ISBN 978-7-205-11511-1

定　　价：89.00 元

序　言

近年来，我国轨道交通事业取得了举世瞩目的成就，高速铁路运营里程位居世界第一，城市轨道交通网络规模持续扩大。轨道车辆作为现代交通运输体系的重要组成部分，其动力学性能直接关系到列车的运行安全、乘坐舒适性以及轨道基础设施的寿命。随着高速铁路、城市轨道交通和重载铁路的快速发展，轨道车辆动力学的研究与应用已成为推动轨道交通技术进步的核心领域之一。目前，轨道车辆动力学的研究面临着新的挑战：如何在高速度、复杂线路条件下抑制轨道不平顺引发的车辆振动，并保障轮轨接触稳定性以防止蛇行失稳与脱轨风险？如何在轻量化设计中平衡车体结构与悬挂系统的动力学性能，确保车辆通过曲线时的导向可靠性与轮轨低磨损特性？

大连交通大学是辽宁省一流大学重点建设高校，始建于1956年，原隶属铁道部管理，是中国东北地区唯一一所以轨道交通为特色的高等学校。我校车辆工程专业是国家级特色专业，该学科已成为我国轨道机车车辆制造及运用行业的高级人才培养基地和重大关键技术创新性研究基地，依托轨道交通装备制造产业联盟和现代轨道交通研究院开展产学研协同创新。本教材立足于学生培养和知识传播，结合基础理论与新兴技术，旨在满足轨道交通行业对车辆人才和技术持续发展的需求。编者所在车辆动力学教学小组在此领域深耕多年，积累了一定的教学经验，为满足高等院校教学、科研人员及工程技术人员的需求，我们编写了这本《轨道车辆动力学基础与应用》。

本教材系统地阐述了轨道车辆动力学的基本理论、建模方法、仿真技术及工程应用，力图将经典理论与现代技术相结合，为读者提供一套完整的轨道车辆动力学知识体系。夯实理论基础：系统介绍轨道车辆动力学的基本原理，包括振动分析、轮轨关系、曲线通过、悬挂系统设计等内容；强化实践应用：通过仿真建模、工程案例及性能评定方法，帮助读者将理论知识应用于实际问题的解决。全书共分为八章，内容涵盖轨道车辆动力学的基础理论、建模方法、仿真技术及性能评定等方面。第一章介绍轨道车辆的基本结构及动力学分析的理论基础。第二章探讨车辆振动的原因及轨道线路不平顺的影响。第三章详细推导车辆在垂直和横向平面内的运动方程。第四章分析轮轨蠕滑理论及车辆稳定性。第五章研究车辆曲线通过的基本原理与数学模型。第六章介绍车辆悬挂装置的类型、特点及设计方法。第七章以 SIMPACK 为例，讲解车辆动力学模型的建立过程。第八章阐述车辆动力学性能的评定指标与方法。

本教材由石姗姗副教授和陈秉智教授统编与定稿。其中第二章、第三章、第四章、第五章、第六章由石姗姗副教授负责编写，陈秉智教授负责起草编写提纲与总体统筹管理。第一章、第七章和第八章由郭翰飞博士负责编写，张健博士负责编写内容的收集和整理，并协助主编完成统稿工作。孙直副教授负责部分图片与表格的制作，李永华教授负责文字与格式的校核。本书在撰写过程中承蒙研究生周鑫、刘子平、马嘉欣、王国鑫、温志超、汉红彪、吕航宇、胡程涛、李瑞双、杨勃、郭晨曦、刘飞杨和史恒源等诸位同学的鼎力相助，在此对他们表示衷心的感谢。

本教材适用于高等院校车辆工程、机械工程等专业的本科生和研究生，也可作为从事轨道车辆设计、制造、运营与维护的工程技术人员的参考用书。建议教师根据课程学时安排，灵活选择重点章节进行讲授。由于水平有限，时间仓促，书中内容难免有所疏漏，恳请读者予以批评指正。

"交通强国，铁路先行"，希望本书能为我国轨道交通事业的发展贡献一份力量，助力更多读者在轨道车辆动力学领域探索创新、成就卓越。

编者

大连交通大学

2025 年 3 月

目　录

序　言 ……………………………………………………………… 001

第一章　绪论 ……………………………………………………… 001
　　第一节　轨道车辆结构基本组成 ……………………………… 002
　　第二节　车辆动力学分析的理论基础概述 …………………… 004
　　第三节　车辆动力学仿真 ……………………………………… 008

第二章　车辆振动与轨道线路结构不平顺 ……………………… 011
　　第一节　激起车辆振动的原因 ………………………………… 011
　　第二节　引起车辆振动的激振源 ……………………………… 014
　　第三节　轨道线路结构及不平顺 ……………………………… 024

第三章　车辆的振动与动力学模型 ························· 044
　　第一节　车辆在垂直平面内的运动方程 ··············· 044
　　第二节　车体在横向平面内的运动方程 ··············· 096

第四章　轮轨蠕滑及稳定性分析 ························· 110
　　第一节　车辆建模的组合矩阵方法 ··················· 110
　　第二节　轮轨滚动接触经典理论 ····················· 118
　　第三节　蠕滑率和蠕滑力 ··························· 120
　　第四节　重力刚度和重力角刚度 ····················· 136
　　第五节　轮对及转向架的稳定性分析 ················· 140

第五章　车辆的曲线通过 ······························· 159
　　第一节　曲线通过概述 ····························· 159
　　第二节　单轮对线性稳态曲线通过状态 ··············· 160
　　第三节　轮对稳态曲线通过纵向蠕滑率及蠕滑力 ······· 166
　　第四节　线性系统的转向架稳态曲线通过 ············· 168

第六章　车辆悬挂装置 ································· 173
　　第一节　悬挂装置结构类型及特点 ··················· 173
　　第二节　螺旋弹簧元件 ····························· 174
　　第三节　橡胶弹性元件 ····························· 176
　　第四节　空气弹簧 ································· 182
　　第五节　液压减振器 ······························· 187

第六节　轴箱定位装置……………………………………………… 191

第七节　抗侧滚扭杆………………………………………………… 201

第八节　客车转向架悬挂特点……………………………………… 203

第七章　轨道车辆动力学模型构建 …………………………… 207

第一节　轮对模型…………………………………………………… 209

第二节　转向架模型………………………………………………… 230

第三节　整车模型的建立…………………………………………… 246

第四节　名义力计算………………………………………………… 253

第五节　轨道线路输入……………………………………………… 257

第六节　轨道不平顺功率谱输入的实现…………………………… 263

第八章　车辆动力学性能评定指标 …………………………… 273

第一节　车辆运行平稳性评定……………………………………… 273

第二节　蛇行运动稳定性…………………………………………… 284

第三节　轮对脱轨条件与评定指标………………………………… 296

附　录 …………………………………………………………… 313

参考文献 ………………………………………………………… 315

第一章 绪论

近年来，随着我国高速铁路的飞速发展，铁道车辆动力学备受关注，并在车辆设计、运营、维护中得到广泛应用。轨道车辆的特点是只能在专设的轨道上行驶，这种特殊的轮轨关系是其最显著的特征。车辆动力学是研究车辆运动规律的科学，其主要任务就是通过分析车辆和线路之间的相互作用，探究车辆的振动特性以及动力与阻力的影响。车辆动力学是轨道车辆实际工程设计与应用中的关键指导工具，对于探索创新的车辆部件更是不可或缺的实用资源。

由于轨道不平顺激励，车辆系统的振动有横向振动和垂向振动，同时还涉及蛇行运动，这影响了车辆的运行性能。铁路车辆在线路上运行时，构成一个极其复杂的具有多自由度的振动系统。为了计算分析这个系统的复杂动力过程，需要将车辆动力学理论与计算机仿真技术相结合，进行准确快速的模拟。本教材研究内容涵盖了轨道线路结构不平顺、车辆的振动与动力学模型、轮轨蠕滑及稳定性分析、车辆的曲线通过等内容，并基于SIMPACK仿真软件，给出了车辆模型动力学性能的评定，如图1-1所示。

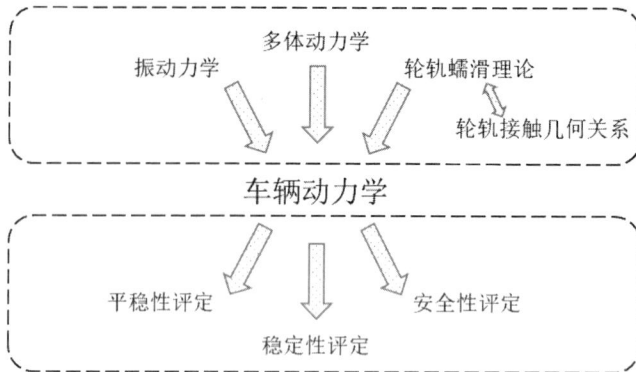

图 1-1　流程图

第一节　轨道车辆结构基本组成

轨道车辆由五个基本部分组成，分别是车体、走行部、制动装置、连接和缓冲装置及车辆内部设备。五个基本部分的特点见表 1-1。除上述五个基本部分以外，还包括空调、受电弓、车下电气设备和轮对等装置，如图 1-2 所示。

表 1-1　轨道车辆五个基本部分特点

名称	特点
车体	车体不仅是运输对象的容纳空间，也是其他四个组成部分安装与连接的基础。现代车体主要采用钢结构或轻金属材质，目前科研人员也将碳纤维等复合材料应用于车体上，设计力求所有构件均承受载荷以降低自身重量
走行部	走行部又称转向架，位于车体与轨道之间，负责引导车辆沿轨道行驶，承受车体与线路载荷，并缓解动力冲击，是确保行车品质的关键。它由构架（含侧架）、轮对轴箱装置、弹性悬挂装置、基础制动装置、支承车体装置、牵引及驱动装置等构成
制动装置	制动装置是确保列车精确停车与安全运行的必需装置，由一系列制动部件组成的整体，包括空气制动、电空制动、人力制动和基础制动（如盘式制动）装置。鉴于列车的巨大惯性，每节车厢均需安装制动系统，以实现必要的减速或在指定距离内停车

续表

名称	特点
连接和缓冲装置	连接和缓冲装置多为自动车钩和能储存及吸收能量的缓冲器。它们用于连接机车与车辆、车辆间，传递牵引力并缓解运行中的冲击力。其主要由车钩、缓冲器、解钩装置及附件组成，安装于车体底架的牵引梁两端
车辆内部设备	客车内的电气、供水、供暖、通风等均属于车内设施，这些固定装置为乘客提供优质服务。货车、保温车、家畜车等则拥有各自特定的内部配置

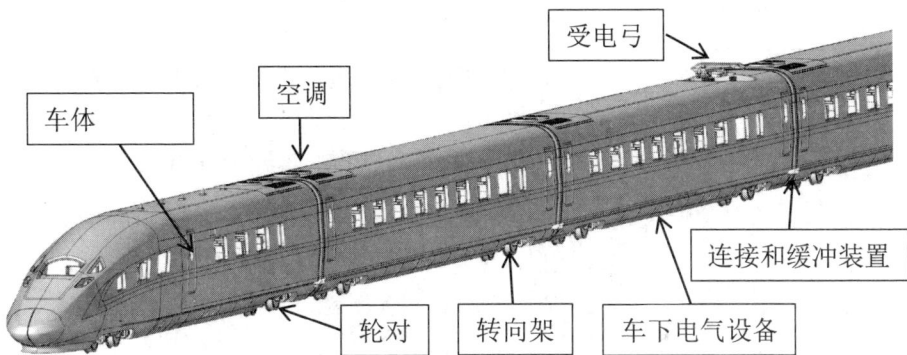

图 1-2　高速动车组

车辆的基本尺寸参数如图 1-3 所示，其中相关概念列于表 1-2，它们涵盖了我们关心的安全性和舒适性的问题，这几方面的内容将在后文详细讨论。

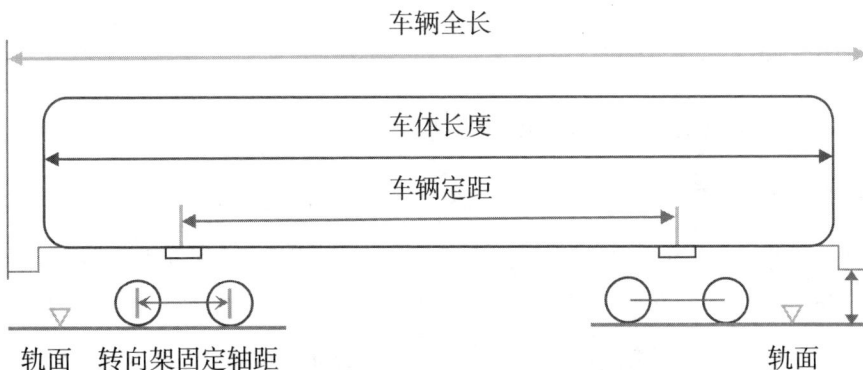

图 1-3　车辆基本尺寸参数

表 1-2　车辆相关概念

名称	概念及特点
轴重	在特定车轴类型及运行速度区间内，该轴所能承载的最大总质量（含轴本身）
转向架固定轴距	在同一转向架上，最前端轮轴中心与最末端轮轴中心线之间的直线距离
车辆定距	车体支承在前后两个转向架中心的纵向距离，该距离决定了车辆长度和载重量，车体长度一般是 $\sqrt{2}$ 倍的车辆定距
轴箱悬挂	将轮对轴箱和构架在纵向、横向和垂向方向连接起来，并约束其相对运动的装置，主要包括弹簧、定位装置和减振器等
中央悬挂装置	将车体和构架连接在一起的装置，一般具有衰减车辆系统振动、提高车辆运行平稳性的作用
车辆动力学性能	常规的车辆动力学性能包括车辆运行稳定性、车辆运行平稳性和曲线通过安全性 车辆运行稳定性是指车辆在某一速度范围以内运行不出现车体和转向架剧烈摇头及横摆的不稳定振动，通过车辆蛇行临界速度进行评定 车辆运行平稳性是车辆运行时的振动状态评价的指标，其影响因素有很多，各国均有相应的标准，我国采用 Sperling 平稳性指标，较通用的还有 ISO 2631 标准等 曲线通过安全性是指通过曲线时，车辆的轮轨横向力、脱轨系数、轮重减载率等参数指标是否超过标准要求的安全系数

第二节　车辆动力学分析的理论基础概述

一、轨道车辆振动力学基础理论

轨道车辆动力学作为研究车辆系统运动规律的学科，其根本目的是通过分析轨道车辆振动系统的振动规律以及相互作用力的响应，从而保证车辆运行稳定性、舒适性以及安全性。振动系统具有质量、弹性以及阻尼三个基本要素，因而使系统中各个部分围绕其平衡位置作往复运动。轨道车辆是由车体、构架、轮对等多个部件通过弹性悬挂元件进行连接，组成具有振动特性的系统。

其中车体和转向架由起到定位、支撑以及减振作用的弹簧悬挂系统进行连接，共同组成一个振动系统。在运行中，车辆振动系统持续不断地受到来自轨道线路的不平顺激励，同时由于轮对自身特点所产生的蛇行自激振动，以及牵引制动过程中相互连接的车辆之间在垂向、横向和纵向产生输入的激励，从而引起轨道车辆系统振动。车辆在运行中会产生复杂的振动现象，振动理论的研究和实践表明，这种复杂的振动是若干基本型式的振动组合的结果。

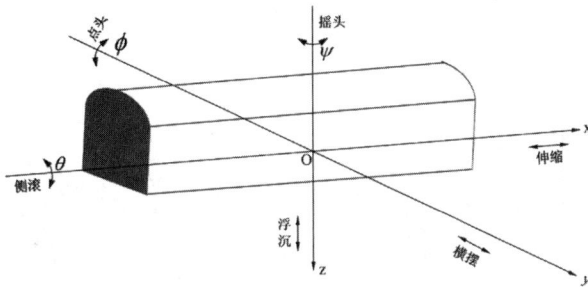

图 1-4　铁道车辆动力学系统

若将车体视为支持在弹簧上的刚体，此刚体就称为簧上质量，这通常是指车体（包括载重）及摇枕的质量。而弹簧以下的质量就称为簧下质量，这通常是指轮对轴箱装置和大多数货车转向架侧架的质量。研究车辆振动时，可以通过车体的重心 O 点引三个互相垂直的坐标轴 x、y、z，此时车体的运动具有六个独立的形式，即沿 x、y、z 轴三个方向的直线运动及以 θ、ϕ、ψ 表示的绕 x、y、z 轴的三个回转运动。于是车体在空间的位置完全由六个坐标来确定，所以车体是一个六个自由度的运动系统，如图 1-4 所示。当车体沿 x、y、z 轴三个方向做直线运动时，车体平行于原有的平衡位置。此时，车体沿 z 轴方向所做的铅垂振动称为浮沉振动，如图 1-5（a）所示；车体沿 y 轴方向所做的横向振动称为横摆振动，如图 1-5（b）所示；车体沿 x 轴方向所做的纵向振动称为伸缩振动，如图 1-5（c）所示。此外，车体绕 z、y、x 轴三个方向所做的回转运动分别称为侧滚振动、点头振动以及摇头振动，分别如图 1-5（d）、1-5（f）

所示。在一般情况下，车体运动是上述六种形式运动的不同组合。

一般车辆的前后转向架弹簧总刚度相等，左右和前后载荷对称，此时上述六种振动中的浮沉、伸缩、摇头和点头均能独立出现，只有横摆和侧滚不能独

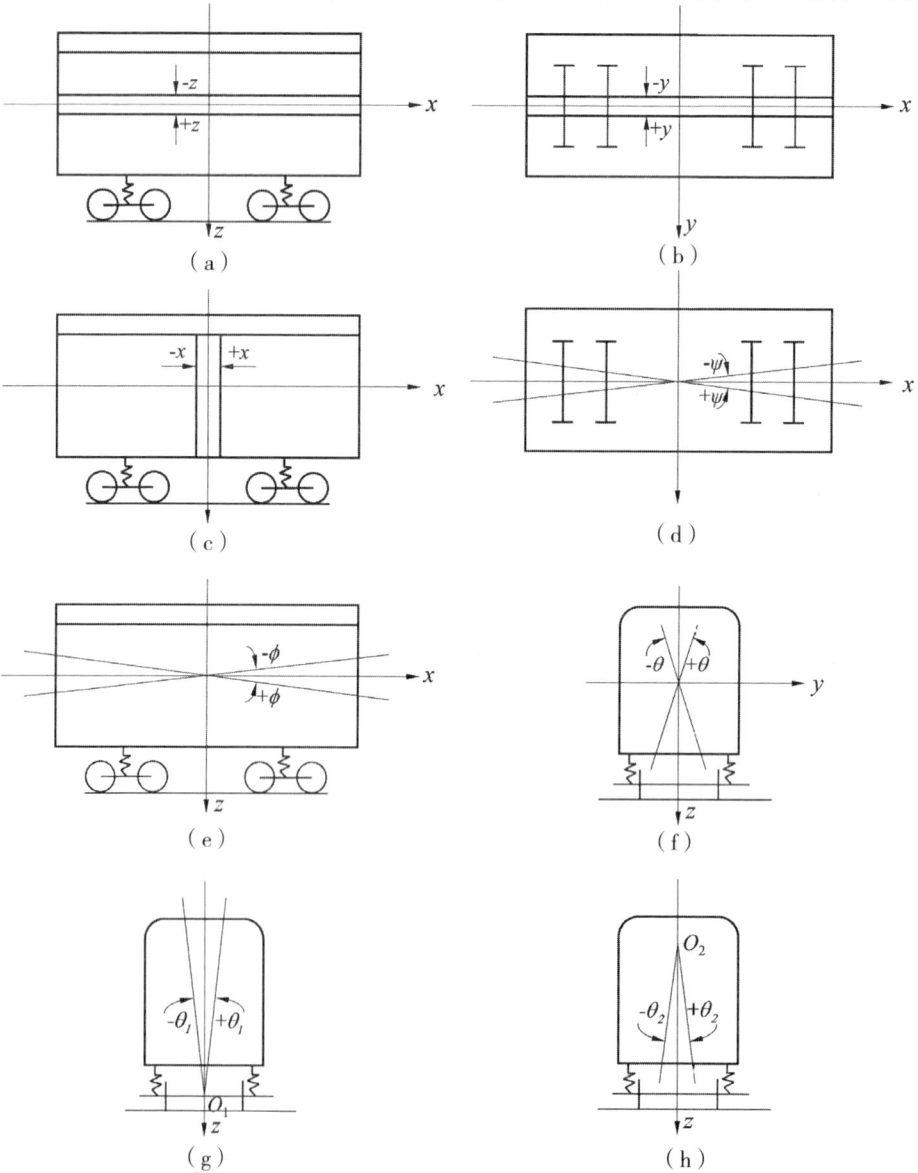

（a）浮沉 （b）横摆 （c）伸缩 （d）摇头

（e）点头 （f）侧滚 （g）下心滚摆 （h）上心滚摆

图 1-5 车辆振动型式

立出现而耦合成另外两种振动型式，分别是如图 1-5（g）所示的振动轴在车体重心以下的车体下心（一次）滚摆和如图 1-5（h）所示的振动轴在车体重心以上的车体上心（二次）滚摆。因此，车体就具有浮沉、伸缩、摇头、点头、下心滚摆和上心滚摆六种振动型式。轨道车辆中其他刚体的振动型式与车体不尽相同，例如转向架构架的浮沉、伸缩、横摆、摇头、点头以及侧滚振动都可以独立出现。

二、车辆的蛇行运动稳定性

很久之前，机车车辆领域的专家观察到了这样一个现象：锥形踏面的轮对沿着直线轨道滚动时，会引发一种特有的自我激励振动，具体表现为既横向偏移又绕其重心所在的铅直轴线旋转，这便是轮对蛇行运动。

实际上，车辆在直线轨道上运行时，蛇行运动始终存在。这种运动由车辆行走部件的状态和轨道横向不平顺引发的随机干扰不断激发，但同时，由于轮轨间的蠕滑效应和车辆结构内的多种阻尼作用，蛇行运动的幅度会逐渐减弱，使得运动处于稳定状态。然而，蠕滑及各种阻尼所产生的作用不足以衰减不断增长的振幅时，车辆就会失去稳定性，导致不稳定的蛇行运动出现。

高速车辆发生蛇行失稳后，不仅会降低运行性能和乘客舒适度，还会增加车辆部件的动态载荷，加剧轮对与钢轨的冲击，损害车辆和轨道，极端情况下甚至可能导致脱轨事故。因此，蛇行运动成为制约机车车辆实现高速运行的关键因素。

研究铁路车辆高速行驶时的蛇行运动稳定性及曲线导向性能时，蠕滑是一个关键因素。蠕滑的发生依赖于一些特定条件。首先，若车轮与钢轨均为绝对刚体，它们在承受垂直载荷与切向力时将不发生弹性形变，也不会产生局部剪应力，导致车轮沿钢轨滚动时无相对运动，即不存在蠕滑现象。其次，即使轮轨为弹性体，若轮对无正压力作用于钢轨，则摩擦力缺失，轮对因此无法变形或滚动，蠕滑亦不会发生。最后，若轮对静止置于钢轨上且未受牵引力，它不会滚动，蠕滑现象同样不会出现。综上，蠕滑现象的出现需满足三个条件：轮轨皆为弹性体；车轮与钢轨间存在足够的正压力；轮对沿钢轨滚动。缺失任一条件，蠕滑均不会产生。当蠕滑发生时，其接触面通常为圆形或椭圆形，该形状与轮轨的材质和接触部位的外形、正压力的大小有关。研究人员经过多年的研究，针对蠕滑现象提出了众多理论。至今，蠕滑理论已经从线性发展到了非线性，从 Hertz 接触发展到了非 Hertz 接触，从一维发展到了三维。

第三节　车辆动力学仿真

随着车辆系统动力学理论的发展和仿真技术的进步，人们才有可能再现各种动力学现象并进行深入研究，使车辆系统动力学在车辆设计、性能预测、动力学问题分析、新技术应用等方面得到有效的应用，极大地推动了铁道车辆的发展。

仿真分析是铁道车辆动力学研究最有效的手段，可以分为数值仿真、半实物仿真以及实验仿真。随着计算机技术的发展，铁道车辆动力学数值分析手段不断丰富。铁道车辆动力学仿真分析可以用于多个领域。通过仿真分析确定车辆在线路上运行时的各种性能，是设计阶段非常重要的工作。在仿真分析阶段既可以预测车辆运行性能，进行多方案对比及优化参数选择，同时也缩短了制造周期，节约试制费用。

车辆动力学仿真分析的性能预测主要应用于以下几个方面：①计算在各种线路激扰条件下的动力学响应，包括各结构之间的相对位移和速度、相互作用力、测点加速度、轮轨间作用力，在此基础上根据相关标准评价车辆垂向和横向的运行平稳性指标及舒适度指标；②计算车辆在曲线通过时的相互作用力、车轮冲角、脱轨系数、磨耗功和磨耗指数轮重减载率、倾覆系数等各项与安全指标有关的参数，并在此基础上研究各结构对运行性能的影响并优化；③计算确定车辆蛇行运动失稳的临界速度，用以保证车辆蛇行临界速度超过其最高运行速度；④研究车辆运行时对所运输的人员及特殊设备的影响；⑤研究车辆运行时外轮廓线与车辆限界之间的关系。

基于传统理论分析基础开发出的应用软件为该行业的研究人员及工程师提供了有力的帮助。国际上铁路领域流行的主要车辆动力学分析软件及其特点见表 1-3。

表 1-3 车辆动力学分析软件及其特点

名称	特点
ADAMS（Automatic Dynamic Analysis of Mechanical Systems）/Rail	ADAMS 是美国机械动力公司（Mechanical Dynamics Inc.）开发的虚拟样机分析软件，由基本模块、扩展模块、接口模块、专业领域模块及工具箱 5 类模块组成。在国际上，相较于其他软件，ADAMS 软件的使用更广、影响力更大
SIMPACK	SIMPACK 软件由 INTEC 公司开发研制，可用于分析机械和机电系统的运动学与动力学仿真。该软件包含 Automotive、Automotive-Track、Chain、Empty、General、Rail-Track 和 Rail-Wheelset 多个专业模块
VAMPIRE（Vehicle Dynamic Modeling Package In a Railway Environment）	VAMPIRE 软件是行业领先的铁路车辆动力学仿真软件，能够经济高效地分析通过仿真实现轨道车辆的性能和安全性
NUCARS（New and Untried Car Analytic Regime Simulation）	NUCARS 软件是货车动力学仿真应用最广泛、认可度最高的软件
UM（Universal Mechanism）	UM 软件的功能完善非常迅速，可以模拟任意复杂的平面和空间系统，广泛应用于航空航天、轨道车辆、轮式车辆、履带车辆、铁路桥梁和工程机械等行业

在上述软件中，SIMPACK 凭借其高度开放性和灵活的建模理念，成为众多研究人员的首选。SIMPACK 的 Rail-Wheelset 模块融合了德国宇航中心（DLR）超过 20 年的轮轨接触模拟经验与现代尖端模拟技术，是全球顶尖的轨道车辆动力学仿真工具。SIMPACK 能够支持多样化的设计思路，无论是单一车轮还是主动/被动系统，都游刃有余，从而让用户专注于创新开发的核心任务。

使用 SIMPACK 软件建立仿真模型时需要对车辆结构进行仔细研究，分析出合理的运动学和动力学关系，需要明确基本要素：车辆各主要部件（惯性体）的质量特性；车辆各主要部件之间的运动学关系；悬挂和约束的几何参数（位置、姿态、方向等）；悬挂的力学参数（主要是刚度和阻尼）；轮轨匹配关系；线路几何条件、轨道不平顺；车辆运行边界条件。

仿真模型建立完毕后，需要对模型进行验证，模型验证的手段丰富多样，其中最为直观的方法是将仿真结果与试验数据进行动力学指标的对比，这些指标涵盖模态频率、时域信号特征、频率分布特性、动力学参数值以及概率统计结果等。鉴于每个模型都是针对特定目标设计的，因此它们通常只能针对特定的性能指标达到所需的精确度。

此外，模型验证还可以参考已公开的文献资料，以及通过台架试验（如转向架台架试验、整车台架试验、线路试验等）获取的数据来进行。然而，由于试验本身存在一定的随机性，模型和试验结果之间不可避免地会存在差异。因此，在进行对比时，需要特别注意确保两者边界条件的一致性，以减小误差的影响。

第二章　车辆振动与轨道线路结构不平顺

第一节　激起车辆振动的原因

列车行驶时发生振动会影响列车结构的性能，严重情况下甚至会造成安全事故，因此，亟须研究车辆振动的原因。研究发现，车辆振动主要是轮对特殊的运动引起的，这种运动是一个复杂且偏离直线的运动。值得注意的是，轮对运动和车辆的振动都受轨道和轮轨相互作用的影响。下面将重点介绍轨道的结构特征。

铁路轨道的主要组成部分和横断面如图 2-1 所示，其主要起到引导列车沿轨道运行、承受车轮的作用力，并将作用力传递给路基或桥隧等基础设施的作用。有砟轨道和高速无砟轨道示意图如图 2-2 所示。

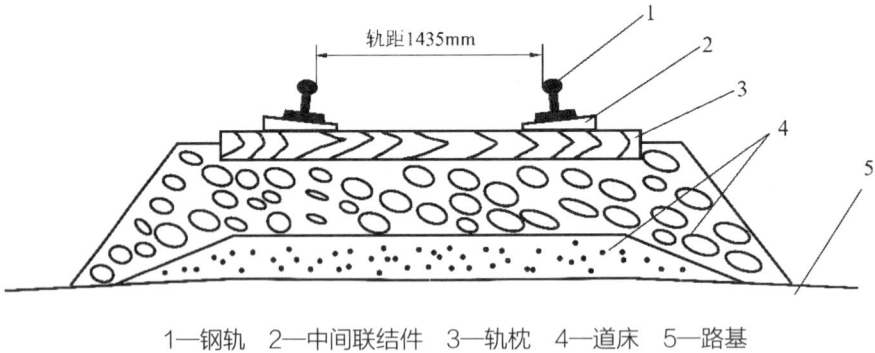

1—钢轨　2—中间联结件　3—轨枕　4—道床　5—路基

图 2-1　铁路轨道的横断面

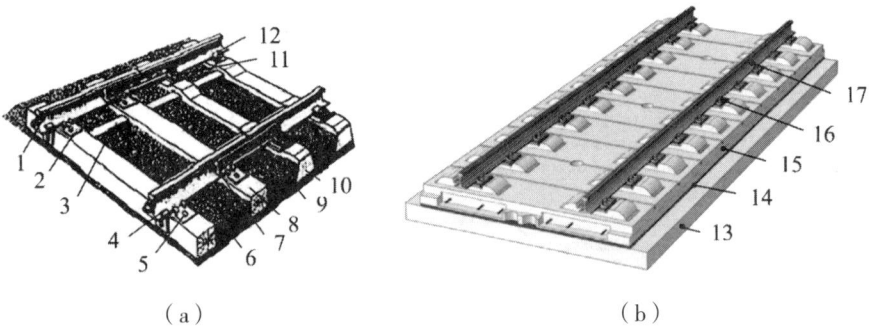

（a）传统有砟轨道　（b）无砟板式轨道

1—钢轨　2—垫板　3—防爬撑　4—防爬器　5—普通螺钉　6—道床

7—双头夹板　8—木枕　9—螺栓　10—混凝土轨枕　11—扣板式中间联结零件

12—弹片间联结零件　13—底座板　14—CA 砂浆　15—轨道板　16—扣件　17—钢轨

图 2-2　传统轨道示意图

　　钢轨横断面为"工"字形，如图 2-3 所示，起到承受车轮的作用力并引导列车行驶的作用，其轨头部分通常设计得较为厚大。钢轨与轮对踏面接触，轨面通常设计平滑，用以改善轮轨接触条件、减少阻力并提高通过的性能。通常用每米重量的千克数区分钢轨类型。

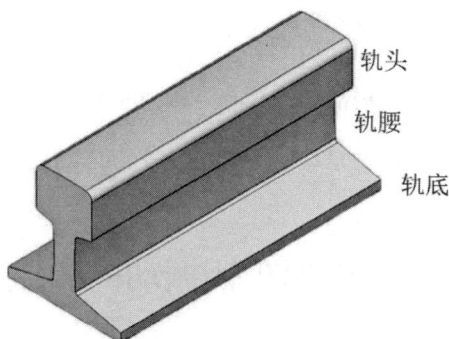

图 2-3　钢轨横断面示意图

钢轨轨底会向内倾斜一定的坡度，称为轨底坡，我国铁路轨底坡采用 1：40（过去规定 1：20），如图 2-4 所示。

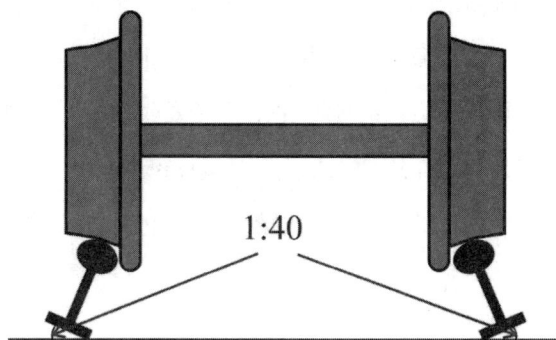

图 2-4　钢轨的轨底坡

轨枕支撑着钢轨，能有效维持轨道的轨距、方向和相对位置稳定。轨枕按材质可以分为木枕和钢筋混凝土轨枕。早期铁路轨道主要采用木枕，其主要优点是弹性好，易于加工、运输、铺设及修理，但其强度、弹性和耐久性不一致，极易发生局部破坏，使用寿命低。目前逐渐被钢筋混凝土轨枕取代。

道床材料主要是筛选的碎石和卵石，这种材料在外力作用下能互相挤紧，减小移位。道床是轨枕的基础，能起到支撑轨枕、防止轨枕发生位移和排水的作用。来自轨枕的动、静作用力非常大，长期作用下道床会发生永久下沉。由于受沿线路方向的弹性不均匀的影响，不同轨枕位置下永久下沉深浅不一，于是在钢轨、轨枕和道床之间形成间隙，由于各处间隙不等，轮对通过时，道床各处的下沉量也会不同，这就是轨道的弹性不平顺。

第二节　引起车辆振动的激振源

一、个别突然性的激振源

列车行驶时如遇到线路冬季冻胀、道床质量不均和路基下沉等突发情况，引起车辆振动系统振动，这些突发情况都是个别突然性的激振源。

轮对通过道岔时的情况如图 2-5（a）所示。辙叉叉心尖端的顶面设计低于翼轨顶面，以避免车轮与辙叉心发生撞击。轮对轮心轨迹在垂直方向的变化如图 2-5（b）所示，其经过辙叉时轮轨接触半径发生改变。这种情况下轮对在垂向和横向受到较大的动力作用，引发车辆振动系统振动。

除了上述情况，列车的个别突然性激振源还包括列车的突然启动和紧急制动。

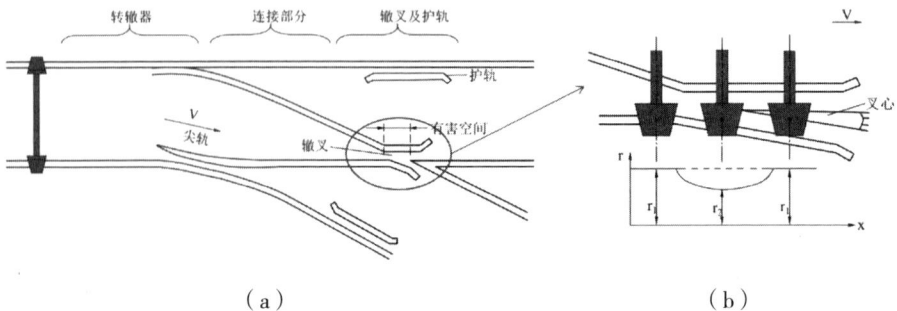

（a）　　　　　　　　　　　　　　　（b）

（a）轮对通过道岔　　　　　　　　　（b）轮对通过辙叉时的位置变化

图 2-5　轮对通过情况

二、周期性的激振源

1. 引起车辆垂向振动的周期性激振源

轮轴偏心、轮对踏面损伤、轮重不均衡、车中配备的发动机以及车轮踏面具有斜度和轮轨间存在着复杂的动力，这些都属于周期性激振源。

在有缝线路上，钢轨接头是薄弱环节。车辆通过时接头处会发生弹性下沉，此时车轮的转动中心 O 发生改变，从 a 点瞬时突变到 b 点，如图 2-6 所示。此时，车轮线速度也由 $\overline{V_a}$ 变为 $\overline{V_b}$，由于受到接头处冲量作用的影响，速度方向的改变产生了垂直速度分量 $\overline{\Delta V}$，如下式所示：

$$S = m\overline{\Delta V} \text{ 及 } \overline{\Delta V} = \overline{V_a}\theta \tag{2-1}$$

式中，θ 是偏转的角度，其值与轨端的永久、弹性变形量和轨面磨耗量等因素有关。冲量 S 与这些因素以及轮对质量 m 呈正相关，冲量传递至簧上部分会引起车辆簧上部分发生振动。冲量对车辆振动和轮轨关系会产生负面影响，在冲量的作用下轨端永久变形加剧。因此，一般通过减小轮重，如采用弹性车轮和轻型轮对来减小冲量。

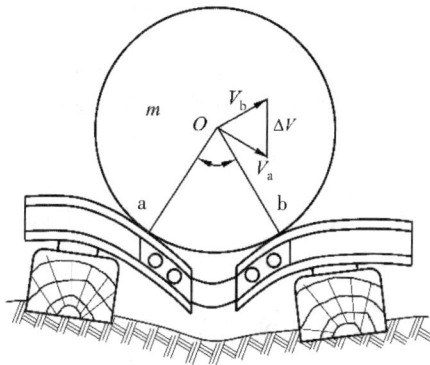

图 2-6　钢轨接头对车轮的冲量作用

车轮通过钢轨时，钢轨会发生一定程度的下沉。在平直线路中，靠近轨端处下沉量大。如图 2-7 所示，曲线 ABC 和曲线 $A_1B_1C_1$ 在竖直方向的距离称为轨道的弹性下沉量。图中的 $2h$ 体现了线路不平顺程度，不同轮对通过时，$2h$ 值不同，其值的变化范围较大。轮轨接触点的轨迹波形如图 2-8 所示。

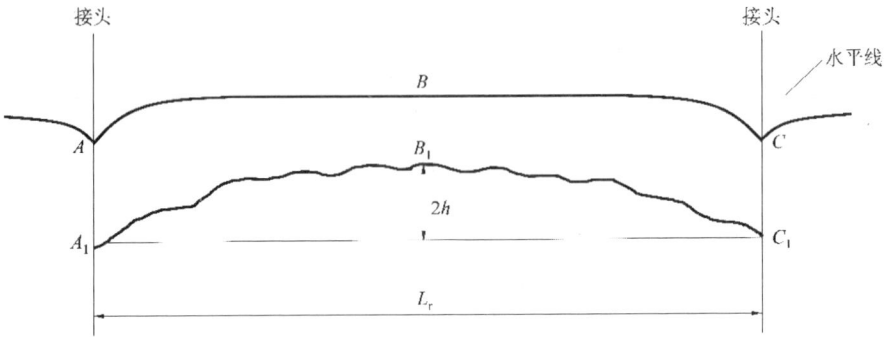

图 2-7　有缝线路上轨道的垂直（高低）不平顺

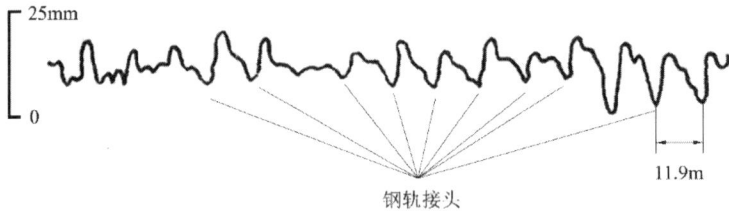

图 2-8　有缝线路上轮轨接触点的轨迹

对于行驶于有缝轨道上的车辆，初步计算其簧上部分的振动时，轮对上的激振函数可表示为：

$$z_1 = a_1(\cos \omega t - 1) + a_2(\cos 2\omega t - 1) \qquad (2-2)$$

更进一步地，轮对上的激振函数可以简化为：

$$z_1 = a(\cos \omega t - 1) \qquad (2-3)$$

式中 ω 是轮对的激振频率，激振函数中幅值参数的选择见表 2-1。

表 2-1　激振函数中幅值参数的选择

变量	含义	值	
a_1	一次谐振函数的振幅	下限 3 mm	
		上限 10 mm	
a_2	一次谐振函数的振幅	下限 3 mm	
		上限 10 mm	
a_3	二次谐振函数的振幅	下限 2 mm	
		上限 8 mm	

2. 引起车辆横向振动的周期性激振源

列车沿直线线路行驶时，其车体和走行部在横向水平的运动轨迹并不是简单的直线，而是一条带有波动的曲线。这种横向水平的振动既包括了横摆运动，又包括了摇头运动，反映了列车在行驶过程中所经历的复杂振动现象。

对于车辆的横向振动，根据激振源的不同特点，可以分为个别突然性的激振源、随机性的激振源和起主要作用的周期性激振源。

轮对在钢轨顶面的运动一般分为两种：①轮对的运动是完全的滚动状态，没有发生相对滑动；②轮对的运动并非完全由滚动构成，而是结合了滚动与滑动的相互作用（即蠕滑现象）。在这种状态下，摩擦力由静摩擦力转变为动摩擦力，会导致轮轨的磨耗，后文将详细讨论蠕滑现象。

如图 2-9 所示，车轮踏面具有一定的倾斜角度，由于车轮与钢轨的接触面存在这种几何特性，轮缘与钢轨侧面会产生间隙。这种间隙的存在意味着在车轮滚动过程中，左右车轮的滚动半径发生变化，导致两侧车轮以不同线速度前行，轮对轴线向一侧发生偏移，随着这一偏移的积累，左右车轮的滚动半径再次发生改变。这种变化使得原本存在的偏移逐渐得到了修正，车轮轴线趋向回正，进而左右轮的滚动半径又发生改变，这种由滚动半径差异引发的周期性运动，称为轮对的蛇行运动。

蛇行运动的周期性波动会导致车辆的横向摆动，这种横向振动对轮轨造成过度磨损，对车辆的稳定性和舒适性产生影响。在一些情况下，蛇行运动甚至会影响车辆的操控性和牵引性能。因此，蛇行运动的控制和抑制是铁路车辆设计中的一个重要问题。通过优化车轮的几何形状、调整车辆的运行参数以及改善轨道的平整度等措施，可以有效减少蛇行运动的发生，提升列车的行驶平稳性和安全性。

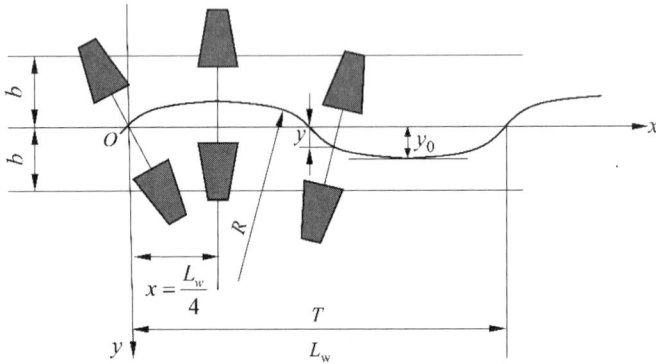

图 2-9　轮对的蛇行运动轨迹

对于蛇行运动，轮对的运动可以看作绕半径为 R 的瞬态转动中心的转动，如图 2-10 所示，相关参数见表 2-2。

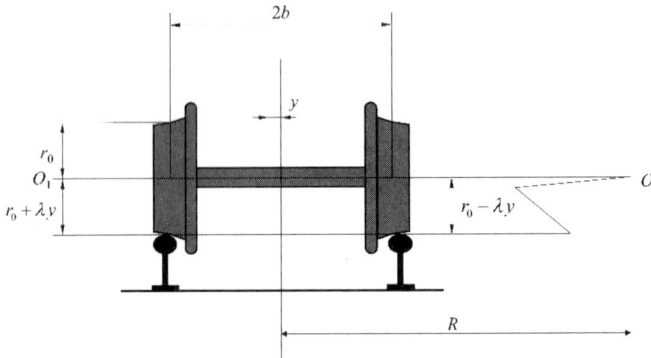

图 2-10　轮对绕瞬时转动中心转动

表 2-2 轮对蛇行运动相关参数

参数	含义
r_0	滚动圆半径
$2b$	左右滚动圆的间距
y	轮对离相对于中心线的偏移量
λ	踏面斜率
$\Delta\theta$	轮对转动角度
$\Delta\psi$	轮轴中心线转动角度

若不考虑滑动，此时左轮滚动的距离 $d_1 = \Delta\theta(r_0 + \lambda y)$，右轮滚动的距离 $d_2 = \Delta\theta(r_0 - \lambda y)$，$d_1$ 和 d_2 有以下关系：

$$\frac{d_1}{d_2} = \frac{\Delta\theta(r_0 + \lambda y)}{\Delta\theta(r_0 - \lambda y)} \qquad (2-4)$$

$$\frac{d_1}{d_2} = \frac{\Delta\psi(R + b)}{\Delta\psi(R - b)} \qquad (2-5)$$

可以得到：

$$R = \frac{b r_0}{\lambda y} \qquad (2-6)$$

此外还满足：

$$\frac{1}{R} = -\frac{\ddot{y}}{(1 + \dot{y}^2)^{\frac{3}{2}}} \qquad (2-7)$$

化简得：

$$\frac{1}{R} = -\ddot{y} \qquad (2-8)$$

令 $P_h^2 = \lambda / b r_0$，将式（2-6）代入式（2-8）得到蛇行运动微分方程：

$$\ddot{y} + p_h^2 y = 0 \qquad (2-9)$$

单轮对蛇行运动波长为 L_w，横向最大偏移量为 y_0，如图 2-9 所示，初始时刻 $x=0$ 时，$y=0$；$x = \dfrac{1}{4} L_w$ 时，$y = y_0$。则上述方程的解为：

$$y = y_0 \sin P_h x \qquad (2-10)$$

式中 $x = Vt$，令轮对蛇行运动的圆频率 $\omega = P_h V$，式（2-10）可表示为：

$$y = y_0 \sin \omega t \qquad (2-11)$$

则蛇行运动的频率可表示为：

$$f = \frac{\omega}{2\pi} = \frac{1}{2\pi} \sqrt{\frac{\lambda}{br_0}} V (\text{Hz}) \qquad (2-12)$$

蛇行运动的周期为 T，因 $P_h VT = 2\pi$，则轮对蛇行运动的波长为：

$$L_w = VT = V \frac{2\pi}{w} = V \frac{2\pi}{p_h V} = 2\pi \sqrt{\frac{br_0}{\lambda}} \qquad (2-13)$$

由此便得到单个轮对的运动特性，在两轴转向架中，假设前后轮轴平行并与转向架的纵向轴线垂直，左右轮对与构架之间是刚性定位，则转向架整体蛇行运动的波长可表示为：

$$L_t = L_w \sqrt{1 + \left(\frac{l_1}{b}\right)^2} = 2\pi \sqrt{\frac{br_0}{\lambda} \left[1 + \left(\frac{l_1}{b}\right)^2\right]} \qquad (2-14)$$

式中，l_1 为固定轴距。

对比式（2-14）和式（2-13），易知 $L_t > L_w$。

蛇行运动参数定义见表 2-3。

表 2-3　蛇行运动参数定义

参数	取值
r_0	0.915 m
$2b$	1.493 m
λ	1/20
$2l_1$	2.4 m

根据上述公式计算得到波长：$L_w = 16.4\,\mathrm{m}$，$L_t = 31\,\mathrm{m}$。实测结果通常与理论值存在一定的偏差，转向架实际波长介于 L_w 与 L_t 之间。

如图 2-11 所示，频率和运行速度之间是线性关系，这与理论推导结果一致。然而，实测频率与理论值之间存在一定差异，这是因为轮对是弹性定位于构架的，这种弹性效应在理论推导中并未考虑，蛇行频率的计算及其影响因素将在第四章进行详细讨论。如图 2-12 所示，振幅在所测范围内与运行速度的关系较为微弱，数值变化不大，始终保持在一个相对稳定的范围内。数值在 3~4 mm 之间。

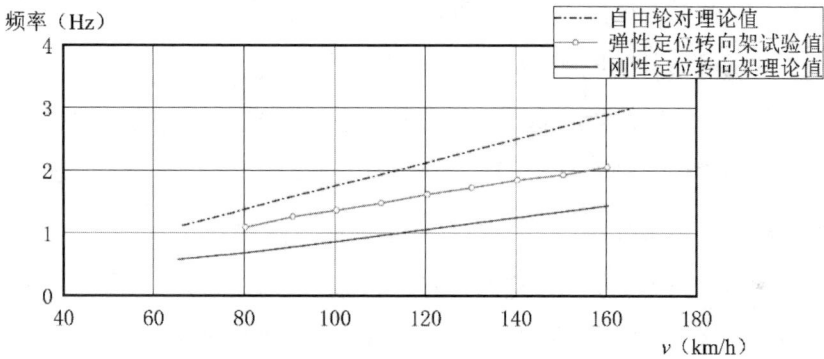

图 2-11 轮对蛇行运动频率与速度间关系

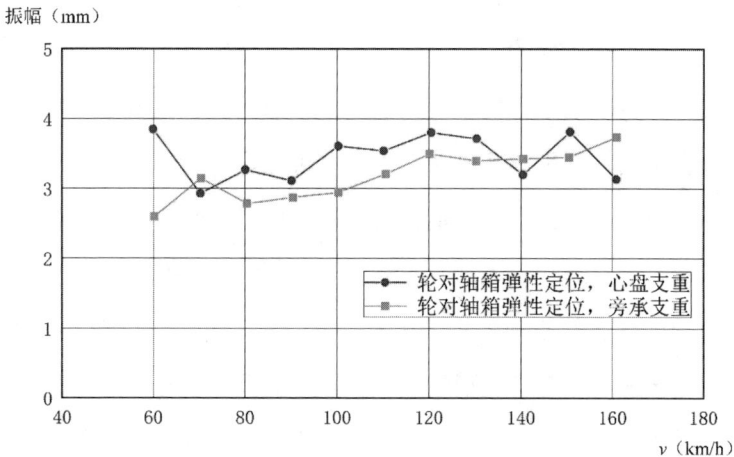

图 2-12 轮对蛇行运动振幅的实测示例

以上讨论了考虑物体的惯性力和轮轨接触力对蛇行运动的影响。实际上，惯性力与轮轨接触力在车辆运行过程中起着至关重要的作用，尤其是在较高速度下，车辆的动态特性变得更加复杂。当轮对滚动速度较低时，实际蛇行运动与几何蛇行的频率变化趋势基本一致。然而，随着轮对滚动速度的增加，蛇行运动的表现也变得更加复杂。在这种情况下，单纯依靠几何模型的分析已经无法准确描述实际的运动规律，必须考虑动力学因素。

此外，车辆的横向振动也可能受到轨道水平不平顺或方向不平顺的影响，这两种类型的不平顺分别对应轨道的不同物理特性。由于轨道的不平顺具有很强的随机性，幅值、波长和出现位置都可能在不同的地点和时间发生变化，这两种不平顺的幅值、波长及其出现均具有随机性。

轮对在横向受到的瞬时冲击，如列车通过道岔或进入没有缓和曲线的圆曲线时，也会引发横向自由振动。

3. 随机性的激振源

轨顶面的几何不平称为轨道的几何不平顺，如前述图 2-7 所示，这种几何不平顺是钢轨顶面的不均匀磨耗及道床和路基的不均匀下沉引起的。而轨道动力不平顺主要是由钢轨基础沿线路方向上的刚度不一致造成的。

有缝轨道沿线线路方向的动力不平顺不是固定的，它在接头处是周期性的，在非接头处是随机性的。为了减少车轮经过钢轨接头区域的磨耗，提高运行的平稳性，无缝轨道孕育而生。虽然无缝轨道具有较高的平稳性，但其波形表现为一种复杂的、不可预测的状态，受多种因素的影响，包括轨道结构的微小缺陷、外界环境的变化以及车辆运行过程中的动态响应等。其动力不平顺呈现出完全随机性的特点，没有固定的形状或规律。实测波形如图 2-13（a）所示，无法归纳出固定的波动模式。如图 2-13（b）所示，有缝轨道的动力不平顺程度通常高于无缝轨道，波形的起伏幅度和周期性变化更加明显。

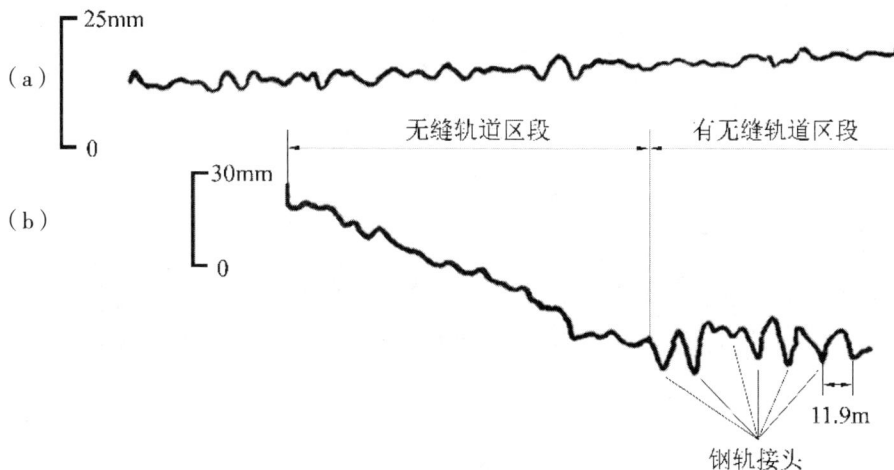

（a）无缝轨道　（b）无缝和有缝轨道的比较

图 2-13　轨道动力不平顺的实测波形

轨道动力不平顺的波长值在较大范围内变化，从 1 米左右到数十米，与此同时，轨道动力不平顺的波幅也呈现出较大的变化范围，从几毫米到十几毫米，甚至可能更大。波幅的大小反映了轨道表面起伏的剧烈程度。长波的幅值一般较大，而短波的幅值较小。这是因为较长波长的振动通常涉及较大的区域或更深的轨道变形，产生的振幅会相对较大，而短波通常是由细小、局部的轨道缺陷引起的，因此其振幅较小。由于轨道动力不平顺具有高度的随机性，因此它无法用一个确定的数学函数来准确表述。与常规的周期性运动不同，轨道不平顺呈现出不可预测的变化，这种变化既无法通过常规的简谐振动的幅值和频率来描述，也无法通过固定的波动模式来概括。由于这种随机性，轨道不平顺的特性更适合用描述随机过程的统计术语进行分析，如功率谱密度（PSD）等。

第三节　轨道线路结构及不平顺

一、轨道线路设计

根据 GB 5599-2019 中规定的试验条件，完整的机车车辆动力学试验应分别在不同线路区段进行，线路区段通常包括直线、大半径曲线、小半径曲线、侧向通过道岔和直向通过道岔。

1. 直线线路

在铁路机车车辆动力学仿真中，直线线路模型是非常重要的，假设轮轨之间的接触面是完美的，轮缘和轨道头部的形状无任何变形或磨损，轨道也没有因使用或环境因素导致弯曲或挠曲，两股钢轨在直线地段时，轨顶处于同一水平面上。直线沿平面向前延伸时，分为有缝线路及无缝线路两种。列车通过时，钢轨接头区域往往会承受更大的压力和冲击，容易导致接头区域发生局部下陷、裂纹扩展或其他形式的损伤。长期积累的轨道损伤还可能导致轨道的结构性退化，最终影响整个线路的安全性和可靠性。我国轨道广泛采用了对接接头的方法。对接接头是一种将两根钢轨端部通过机械连接形成接头的方式，通常左、右轨同时出现轨缝。这种形式比轨缝左、右错开排列的错接接头容易保证任意四点的轨顶在同一平面内。无缝线路是用普通标准长度的钢轨在线路上焊接而成的长钢轨，不能理解为在无限长的线路上都不出现一个轨缝，而仅是大大减少了轨缝的数量。

直线区段基本测试要求，即线路参数如下所述。

GB 5599-2019 中对直线区段确定了最高试验速度，单位（km/h）：

$$v_{max} = 1.1v_{mope} \quad \text{or} \quad v_{mope} + 10 \tag{2-15}$$

式中，v_{mope} 为最高运营速度，两者中取最大值。在最高速度下应分若干速度级，标准中增量推荐为 10 km/h 或 20 km/h。每个速度级的采样段数

$N \geq 25$，以 220 km/h 为分界值确定每段采样长度 l：

$$v_{\mathrm{mope}} \leq 220 \ \mathrm{km/h} \qquad l = 250 \ \mathrm{m} \qquad\qquad (2\text{-}16)$$

$$v_{\mathrm{mope}} > 220 \ \mathrm{km/h} \qquad l = 500 \ \mathrm{m} \qquad\qquad (2\text{-}17)$$

即当 $v_{\mathrm{mope}} \leq 220\mathrm{km/h}$ 时，最低限度的采样总长为 6.25 km；当 $v_{\mathrm{mope}} > 220\mathrm{km/h}$ 时，最低限度的采样总长为 12.5 km。

实际上，由于制造误差、轨道磨损、轮缘磨损或者环境因素导致的形变和老化，轮轨的几何形状必然会存在一定的偏差。轨道和轮对的材料也在使用过程中会经历一定的弹性和塑性变形，导致轮轨系统的刚性不再是理想化的常数。这些因素的存在使得轮轨之间产生复杂的动力作用，从而引发车辆振动和动态不稳定性。对于不同速度等级的线路，其轨道不平顺的程度和特征也会有所不同，这是因为施工标准及维护保养的要求不同，而对于同一等级结构相同的线路，施工和保养标准一致，可以认为具有相同的概率特征。对线路进行大量的测量和统计分析后，得到的能够反映轨道不平顺随机特性的功率谱密度，称之为轨道谱。数据测量的方法主要有两种：一种是弦测法，另一种是惯性基准法，各国根据这些方法都采取了不同的实现方式。

我国最早在 1965 年实测过轨道不平顺的数据，此后，亦进行了多次测试工作，特别是高速铁路快速发展阶段。平直轨道在高低和左右方向上并不是完全平直的，往往呈现出一定的波状变化，这种变化称为轨道的不平顺。数据表明，轨道不平顺属于平稳宽幅随机波，即波动在频率和幅值上是随机且分布广泛的，它的波长和幅值变化范围很广。轨道因施工、材料特性、地基沉降或温度变化等因素自然形成的几何形态偏差呈现出的不平顺称为静态不平顺。动力不平顺是指列车通过时，轨道在轮对作用下沿长度方向每点呈现不均匀的弹性下沉。

下面将给出标准中的参考范围，不同铁路区间的最小曲线半径见表 2-4、表 2-5。根据不同运用条件、车种、速度级等实际工况进行选择。

表 2-4 普速铁路区间线路最小曲线半径

路段设计行车速度（km/h）	最小曲线半径（m）
200	3500
160	2000
120	1200
80	600

表 2-5 高速铁路区间最小曲线半径

路段设计行车速度 （km/h）		最小曲线半径 （m）
200	客运专线	2200
250	有砟轨道	3500
	无砟轨道	3200
300	有砟轨道	5000
	无砟轨道	5000
350	有砟轨道	7000
	无砟轨道	7000

GB 5599-2019 中对大半径区段确定了最高试验速度，单位（km/h）：

$$v_{max} = 1.1v_{ope} \qquad (2-18)$$

式中，v_{ope} 为运营速度，困难区段不应低于 v_{ope}。采样段数 $N \geq 25$，以 140 km/h 和 220 km/h 为分界值确定每段采样长度 l：

$$v_{ope} \leq 140 \, km/h \qquad l = 100 \, m \qquad (2-19)$$

$$140 \, km/h < v_{ope} \leq 220 \, km/h \qquad l = 250 \, m \qquad (2-20)$$

$$v_{ope} > 220 \, km/h \qquad l = 500 \, m \qquad (2-21)$$

小半径曲线 R 的范围：

$$250 \, m \leq R \leq 400 \, m \qquad (2-22)$$

GB 5599-2019 中对小半径区段确定了最高试验速度，单位（km/h）：

$$v_{max} = 1.1 v_{ope} \qquad (2-23)$$

式中，v_{ope} 为运营速度，困难区段不应低于 v_{ope}。采样段数 $N \geq 25$，采样长度 $l=70$ m。如果曲线长度不足 70 m，则每个曲线作为一个采样段。

GB 5599-2019 中对直向和侧向通过道岔确定了最高试验速度，单位（km/h）：

$$v_{max} = 1.1 v_{ope} \qquad (2-24)$$

式中，v_{ope} 为运营速度，困难区段不应低于 v_{ope}。

直向通过道岔试验，在最高速度下分若干速度级，标准中增量推荐为 10 km/h 或 20 km/h。直向通过的每个道岔区作为一个采样段，每个速度级采样段 $N \geq 10$。

侧向通过的道岔为 12 号道岔或 9 号道岔，每个道岔区作为一个采样段，采样段 $N \geq 10$。

2. 圆曲线

圆曲线是线路的薄弱区段，列车通过曲线区段时，由于离心力的作用，这部分线路的轮轨作用力会增大，磨耗会加剧。列车通过曲线区段时的速度受圆曲线半径大小的限制。

圆曲线外轨设置更高，理想超高值 h 可表示为：

$$h = 11.8 \frac{v^2}{R} \qquad (2-25)$$

式中，h 的单位是 mm，R 是半径，单位是 m，v 是列车速度，单位是 km/h，当满足式（2-25）时，超高提供的向心力可抵消离心力的作用。

通常情况下，轨道超高（h）设置为 5 mm 的整数倍。若计算得到的超高值小于 10 mm，则可不设置超高。合理设置超高对轨道系统非常重要，在较小曲线半径及较高列车速度下，合适的超高可以有效地减小列车通过曲线时对钢轨的磨损和压溃，延长钢轨的使用寿命。此外，合理设置超高也能有效减小车辆同一轮对两侧轨道产生的垂向力差异，进而保障列车的运行平稳和乘坐舒适性。然而，列车实际的运行速度通常与设计计算时使用的平均计算速度有所不同，这可能导致超高设置的偏差，往往出现欠超高或过超高的情况。根据设计标准，最大未被平衡的超高度设置为 60~70 mm。对于一些特殊的情况，例如非常高的列车速度或特殊地质条件等，超高值可以适当调整，可设置到 80 mm 或更高，以应对复杂的运行环境或满足特定的运行需求。

当 h=150 mm 时，若允许未平衡的离心加速度为 0.45 m/s²，则通过曲线区段允许的最大运行速度可表示为：

$$v_{\max} = 4.3\sqrt{R} \tag{2-26}$$

当 h=150 mm 时，离心力与向心力平衡时的速度可表示为：

$$v \approx 3.6\sqrt{R} \tag{2-27}$$

3. 缓和曲线

缓和曲线是铁路线路中连接直线与圆曲线的一段过渡性曲线，在缓和曲线的设计中，轨道的几何参数（如半径、外轨超高和轨距）会逐渐从直线的参数过渡到圆曲线的参数，从而确保列车的平稳通过，提升行车的舒适性和安全性。

缓和曲线的长度一般不应小于 20 m。这一设计长度能够保证列车在进入曲线时有足够的过渡空间，减少由于曲线半径变化过快而产生的侧向力，从而减小轮轨间磨耗。在缓和曲线段中，外轨的超高变化应当遵循一定的坡度，通常规定外轨超高的顺坡不应大于 2‰，确保外轨超高的变化不会过于陡峭，顺坡的平缓过渡有助于列车平稳过渡到圆曲线，同时减少了由于超高变化过快所引发的车辆振动和稳定性问题。

缓和曲线的设计可以减小列车通过曲线时的磨损，延长了钢轨和车轮的使用寿命；通过合理的缓和曲线设计，可以避免列车在曲线通过时产生过大的离心力，减少车轮的跳动和轨道的负担，进而保证列车的稳定行驶，降低事故发生的风险。

二、轨道不平顺

下面主要介绍轨道几何不平顺和轨道刚度不平顺。

1. 轨道几何不平顺

轨道的理想几何形态通常指的是轨道设计时所规定的标准状态，当轨道由于各种因素发生偏差时，就会导致轨道几何不平顺。这些偏差可以影响列车的行驶稳定性和舒适性，甚至对列车运行安全性产生负面影响。一般情况下，轨道几何不平顺情况分为高低不平顺、水平不平顺、方向不平顺和轨距不平顺四类，如图 2-14 所示。

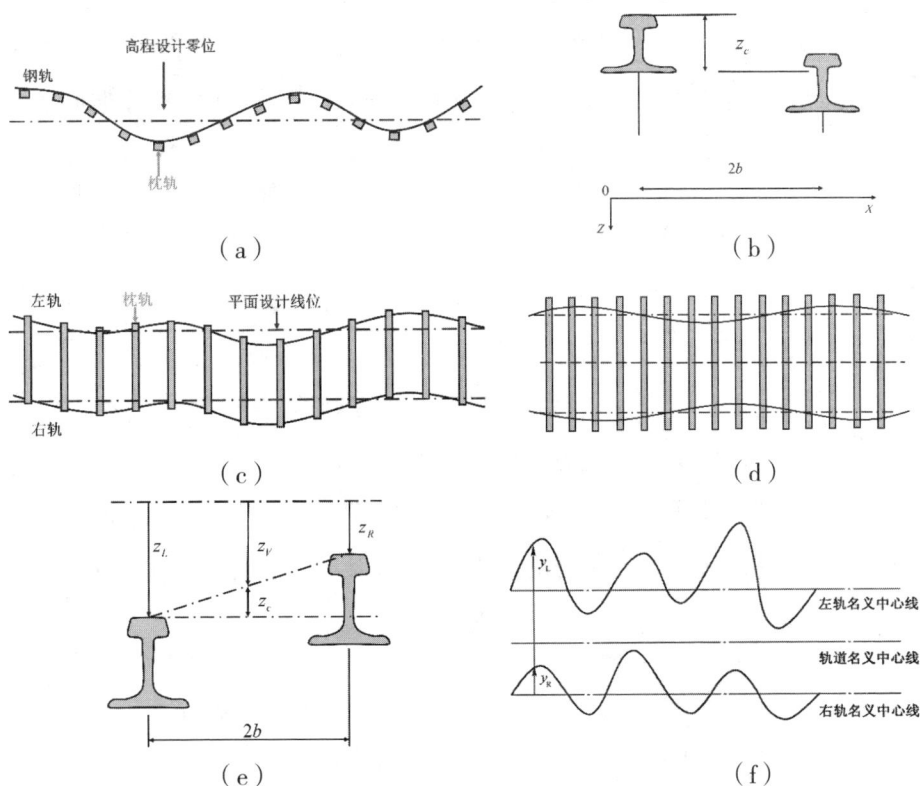

（a）轨道高低不平顺　（b）轨道水平不平顺　（c）轨道方向不平顺

（d）轨道轨距不平顺　（e）轨道几何不平顺纵向视图　（f）轨道几何不平顺横向视图

图 2-14　轨道几何不平顺示意图

（1）轨道高低不平顺是铁路轨道几何不平顺的一种表现形式，指的是钢轨顶面在轨道延长方向上的高低差异。具体来说，它是指在没有列车通过的情况下，轨道上左右两条钢轨相对于理想位置的高度变化。轨道高低不平顺可能由多个因素引起，如基础不均匀沉降、钢轨变形、道床材料不均匀等，如图2-14（a）所示。图2-14（e）中 Z_L 和 Z_R 代表左轨和右轨的高低不平顺。轨道中心线的高低不平顺可表示为：

$$Z_v = \frac{Z_L + Z_R}{2}$$

（2-28）

式中，Z_v 为轨道中心线的高低不平顺数值。

轨面不均匀的磨耗、低接头、弹性垫层和轨枕、道床、路基的弹性不均、各扣件和各部件间的扣紧程度和间隙不等、轨枕底部的暗坑、道床和路基的永久变形等因素都会造成轨道高低不平顺。这些因素会导致车辆发生垂向振动。

（2）左、右轨对应点的高度差导致的不平顺称为轨道水平不平顺，可表示为：

$$Z_c = \frac{Z_L - Z_R}{2}$$

（2-29）

其中，Z_L、Z_R 示左、右高低不平顺数值。

轨道水平不平顺也可以用左右两轨的高差所形成的倾角 θ_c 来表示，即 $\theta_c = Z_c / b$，b 是左右轮轨接触点距离的一半。

（3）轨道方向不平顺指的是轨道两侧的钢轨在横向平面内发生弯曲或偏移的现象，导致钢轨不再沿着理想的直线或弯道铺设，如图2-14（c）所示。轨道方向不平顺是轨道几何不平顺的一种重要形式，可表示为：

$$y_a = \frac{y_L + y_R}{2}$$

（2-30）

式中 y_L，y_R 分别为左、右钢轨方向不平顺数值。

在钢轨铺设过程中，由于施工工艺、环境因素或轨道材料的特性，钢轨会产生一定的横向弯曲；并可能由于温度变化、钢轨自身的弹性特性或道床支撑不均等因素进一步加剧；这些初始的弯曲如果没有及时纠正，会随着列车的运行而不断积累，导致轨道在运行过程中呈现出更为明显的不平顺。长期的车轮和轨道之间的摩擦力、车辆通过时产生的侧向力以及道床的逐步下沉等因素，会使得轨道发生形变，导致钢轨和轨枕之间的相对位置发生偏移，从而导致横向弯曲的积累。这些积累的变形通常表现为钢轨的弯曲、扭曲或不均匀沉降，进而造成轨道方向不平顺，影响轨道的几何形态。车辆的左右摇摆和侧滚振动主要是轨道方向不平顺引起的。

（4）左右钢轨沿线路方向上的轨距偏差称为轨距不平顺。可表示为：

$$y_g = \frac{y_L - y_R}{2} \tag{2-31}$$

式中，y_L，y_R 分别为左、右钢轨方向不平顺数值。

轨距不平顺是指左右两条钢轨之间的距离（轨距）不均匀，可能因为轨道变形、沉降、施工质量问题等因素，导致轨距在不同位置发生变化。轨距过大会导致列车脱轨，轨距变化过大，会导致车辆发生摇晃，轮轨间的横向作用力也会突然增大，引发车辆振动。

2. 轨道刚度不平顺

轨道刚度不平顺是指左右钢轨在竖直和横向方向上相对理想刚度形成的偏差。轨道刚度本质上是指轨道系统（包括钢轨、枕木、道床等）在荷载作用下的抵抗变形的能力。当轨道的刚度不平顺时，意味着轨道某些部位的刚度与理想标准存在差异。当列车通过时，造成轨道产生不均匀的变形，如图 2-15 所示。

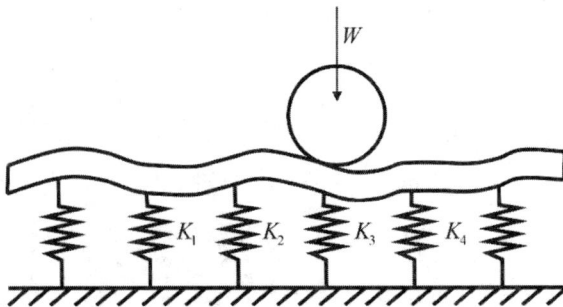

图 2-15　轨道刚度不平顺示意图

垂向方向上高低刚度不平 K_V 可表示为：

$$K_V = \frac{K_{Z_L} + K_{Z_R}}{2} \tag{2-32}$$

式中，K_{Z_L} ，K_{Z_R} 分别为左、右轨的高低刚度不平顺。

轨道中心线的水平刚度不平顺可表示为：

$$K_c = \frac{K_{Z_L} - K_{Z_R}}{2} \tag{2-33}$$

横向和垂向作用力都对轨道变形产生影响，但它们的作用效果存在明显差异。通常情况下，横向作用力产生的变形远小于垂向作用力的变形，因此在很多轨道设计和分析中，横向刚度的不平顺通常被忽略。

轨道刚度组成计算模型如图2-16所示。

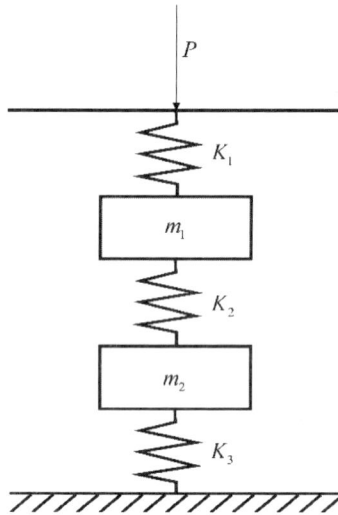

图2-16　轨道刚度组成计算模型

根据基础梁理论，假定钢轨是一根无限长的梁，并且它是连续弹性的，则钢轨在受到荷载作用时的挠度可以通过基础梁理论进行推导。钢轨接触处的挠度通常与荷载大小、钢轨的刚度以及道床的支撑条件相关。可表示为：

$$y = \frac{P\beta}{2k} \tag{2-34}$$

$$\beta = \sqrt[4]{\frac{K}{4EJ}} \tag{2-35}$$

$$k = \frac{K_R}{a} \tag{2-36}$$

式中，β 和 k 分别为轨下基础与钢轨的刚比系数（m^{-1}）和基础弹性系数（N/m^2）；EJ 为钢轨的抗弯刚度（N·m^2）；K_R 点支承刚度（N/m）。

根据图 2-16 轨下的点支承刚度可表示为：

$$K_R = \frac{K_1 K_2 K_3}{K_1 K_2 + K_2 K_3 + K_3 K_1} \tag{2-37}$$

式中，K_1 为轨下胶垫刚度，K_2 为道床刚度，K_3 为路基刚度。

定义轨道整体刚度为 K，则 K 值见式（2-38）：

$$K = \frac{P}{y} \tag{2-38}$$

代入式（2-34），可得整体刚度见式（2-39）：

$$K = 2a^{-\frac{3}{4}}(K_R)^{\frac{3}{4}}(4EJ)^{\frac{1}{4}} \tag{2-39}$$

三、轨道不平顺的测量及表达

1. 轨道不平顺的测量

为了确保列车的平稳运行和安全性，必须对不同情况下的轨道不平顺进行准确的测量和评估。轨道不平顺的测量方法根据轨道的实际状态和使用环境有所不同。通常在轨道不受载情况下测量几何不平顺；在受载情况下测量准静载不平顺；采用轨检车测量动载轨道不平顺。轨道的几何不平顺如图 2-17 所示。

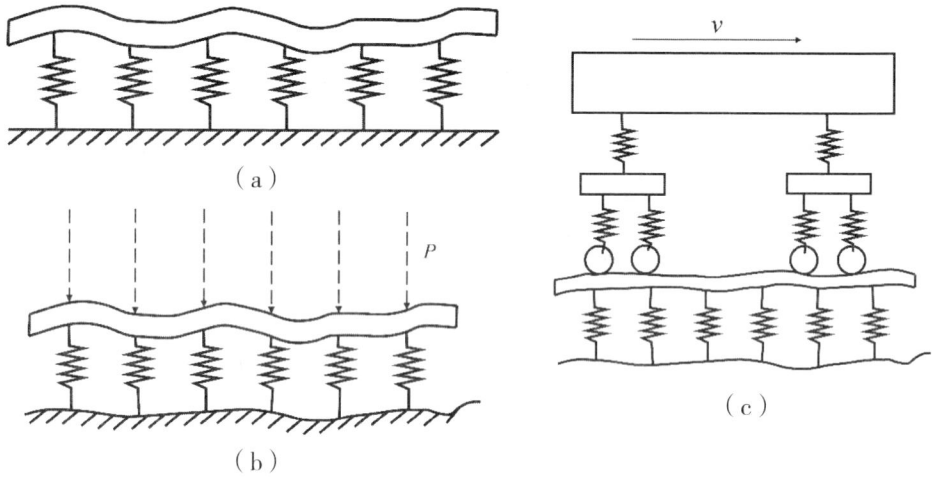

（a）空载轨道几何不平顺 （b）准静载轨道不平顺 （c）动载轨道不平顺

图 2-17 几种轨道几何不平顺

（1）空载轨道几何不平顺测量如图 2-17（a）所示，空载几何不平顺指的是轨道表面偏离设计轨道几何形状的部分，主要表现为高低起伏、轨道波动、轨道错位等，空载几何不平顺的测量方法包括小车弦测法和激光测量。但由于测量效率较低，现已不常用或仅用于波磨测量。

（2）准静载轨道不平顺测量如图 2-17（b）所示，它是在移动的静力载荷作用下测量的。由于沿线路方向的刚度不一致，钢轨不同位置在移动的静力载荷作用下出现下沉的程度是不同的。轨道的准静载不平顺就是这种不均匀变形与轨道几何不平顺共同作用的。但实际上，轮轨间的作用力通常是动态的力，这种理想的测量是不存在的。

（3）动载轨道不平顺测量如图 2-17（c）所示，动载轨道不平顺的测量涉及动态作用力的变化，因此测量难度较大，且需要高精度的设备和严格的测试控制。一般通过轨检车进行近似测量。这种测量依赖于轨检车与轨道的共同作用，需要严格控制速度。与准静载轨道不平顺不同，动载轨道不平顺的测量不仅与轨道几何形态相关，还与列车的速度和系统结构参数密切相关。

2. 轨道不平顺的描述

轨道不平顺的描述和分析常通过功率谱密度（Power Spectral Density，简称 PSD）函数来进行。通过计算轨道不平顺的功率谱密度并与系统的传递函数相结合，可以获得轨道不平顺对列车动态响应的影响。功率谱密度提供了一个强大的工具，用于分析轨道不平顺在频域上的能量分布，从而帮助预测轨道的性能和列车的运行稳定性。在动态响应分析中，功率谱密度与均方值的计算为理解轨道不平顺对系统的整体影响提供了重要的定量依据。当系统参数（传递函数）都已知时，通过输入参数，测算得到输出（即响应）的功率谱密度。根据输出得到的数据还可以求其均方值。平稳随机过程 $X(t)$ 的功率谱密度（自谱）定义为其协方差函数的傅里叶变换：

$$S_X(\omega) = \int_{-\infty}^{\infty} R_x(\tau) e^{-j\omega\tau} \mathrm{d}\tau \qquad (2\text{-}40)$$

由傅里叶变换，可得：

$$R_x(\tau) = \frac{1}{2\pi} \int_{-\infty}^{\infty} S_x(\omega) e^{j\omega\tau} \mathrm{d}\omega \qquad (2\text{-}41)$$

零均值假设下，$R_x(t)$ 表示 $X(t)$ 的均方值。令 $t=0$，可得：

$$R_x(0) = E\left[X^2(t) \right] = \int_{-\infty}^{\infty} R_x(\tau) \mathrm{d}\tau \qquad (2\text{-}42)$$

功率谱密度（PSD）描述的是信号在不同频率成分上的能量分布。对于平稳随机过程，PSD 是信号功率的频率分布，反映了信号中各频率成分的强度。对于轨道不平顺，PSD 可以帮助理解轨道表面不平顺的频率特性以及不同频段的不平顺对轨道的动态影响。

功率谱分析法是用于分析随机过程、信号或系统响应的频域特性的一种重要技术，特别适用于线性系统的分析。轨道不平顺作为一种随机过程，通常通过其功率谱密度（PSD）来描述。这种方法可以揭示轨道不平顺的频率分布特征，帮助评估轨道的动态行为对列车运行的影响。轨道不平顺的功率谱密度可表示为：

$$S_z(\omega) = \left|H_{zw}^z(\omega)\right|^2 S_{zw}(\omega) \tag{2-43}$$

式中，轨道不平顺的功率谱密度 $S_{zw}(\omega)$ 由线性系统输出的功率谱密度 $S_z(\omega)$ 和频率响应函数 $\left|H_{zw}^z(\omega)\right|^2$ 乘积得到，式中 ω 为时间频率。

轨道不平顺的功率谱通常以空间圆频率 Ω 表示。为了分析车辆运行的平稳性，需要将空间谱 $S_\Omega(\Omega)$ 转换为时间谱 $S_\omega(\omega)$。根据巴赛法尔定理（即信号在时域和频域的能量保持一致），两种谱密度在各自的谱带宽内具有相同的均方根值：

$$S_\Omega(\Omega)d\Omega = S_\omega(\omega)\mathrm{d}\omega \tag{2-44}$$

又 $\omega = v\Omega$，代入式（2-44）中，则有

$$S_\omega(\omega) = \frac{S_\Omega(\Omega)}{v} = \frac{S_\omega(\frac{\omega}{v})}{v} \tag{2-45}$$

因此在与频率响应函数（传递函数）相乘时应先换算成时间圆频率 $\omega = v\Omega$，则轨道不平顺的功率谱密度为：

$$S_{zw}(\omega) = \frac{1}{v}S_\Omega(\Omega)\left[\frac{s \cdot m^2}{\mathrm{rad}}\right] \tag{2-46}$$

在工程中，功率谱图是描述信号或过程在频域上能量分布的重要工具。轨道不平顺的功率谱图通过展示谱密度与频率（或波长）之间的关系，为轨道的分析与优化提供了有效的手段。由于轨道不平顺的随机性，获得的功率谱通常是一个统计量，可能会受到噪声和测量误差的影响。因此，需要进行平滑处理和去噪，以获得更加稳定和精确的功率谱密度。为了使功率谱密度的数据更具应用价值，通常需要对大量测得的统计数据进行曲线拟合，即通过一定的理论模型来拟合实验数据，得到简化的理论分析式。这可以使得功率谱在实际工程应用中更加易于理解与计算。

3. 轨道的功率谱反演

轨道谱反演常用的四种方法包括二次滤波法、白噪声滤波法、三角级数法

和频域法。这些方法各自有其独特的优点和适用场景，可以根据不同的轨道不平顺特性来选择合适的方法进行反演。在实际应用中，轨道不平顺通常可以视为由多个谐波函数组成，即它可以被分解为多个频率成分的组合。轨道不平顺的功率谱则是通过拟合大量实测数据得到的，从而能够准确描述轨道表面的起伏变化。为了进行精确的拟合，常用的拟合方法之一是 Blackman–Turkey 周期图法。该方法通过引入周期外推的技巧，在统计计算时对数据进行平滑处理，从而有效地利用周期函数来模拟轨道不平顺的特征。反演的核心过程，就是将测量得到的轨道不平顺信号（即轨道的功率谱密度函数）转化为周期函数的形式。

三角级数法反演轨道不平顺信号的基本原理是通过正弦和余弦周期函数来分解轨道不平顺信号。以下将介绍使用三角级数法进行轨道不平顺功率谱反演的过程。

三角级数法反演轨道不平顺信号的基本原理是通过正弦和余弦周期函数的组合，将轨道不平顺通常被视为平稳高斯过程，把复杂的轨道不平顺信号分解为多个频率成分。这些正弦和余弦函数使得反演过程更加简洁和准确，能够有效地表达轨道不平顺的周期性特征。具体来说，轨道空间域的不平顺可以表示为：

$$x(d) = \sum_{k=1}^{N} a_k \cos(\omega_k d + \phi_k) \qquad （2-47）$$

公式中变量含义见表2-6。

表2-6　式（2-47）中的变量

变量	含义	变量	含义
d	里程代表 x 方向的位移	a_k	不平顺幅值
$x(d)$	轨道不平顺空间域样本序列	ω_k	采样频率
k	取样点	ϕ_k	相位，取值范围为 $[0, \pi]$
N	总的取样点数		

对于给定的功率谱密度 $S_x(\omega)$，满足关系：

$$\Delta\omega = \frac{\omega_u - \omega_1}{N} \tag{2-48}$$

$$\omega_k = \omega_1 + (k - \frac{1}{2})\Delta\omega \tag{2-49}$$

$$a_k^2 = 4S_x(\omega_k)\Delta\omega \tag{2-50}$$

式中，ω_u 和 ω_1 为上、下截止频率。

由式（2-47）和式（2-50）可以生成高低、水平、方向、轨距等轨道随机不平顺样本。这些样本代表了轨道表面在不同方向和位置上的不平顺情况，能够较为全面地反映轨道的实际形态和表面波动特征。为了适应动力学软件的建模与模拟需求，通常需要生成单个轨道的不平顺数据，便于进一步的分析和计算。为此，首先需要生成轨道中心谱水平、高低、方向和轨距不平顺数据。获得这些数据后，依据单轨和轨道中心线之间的几何关系式进行计算，满足关系：

$$\begin{cases} Z_l = \dfrac{2Z_v + Z_c}{2} \\ Z_r = \dfrac{2Z_v - Z_c}{2} \end{cases} \tag{2-51}$$

式中，Z_v 为高低不平顺，Z_c 为水平不平顺，Z_l，Z_r 为左、右单轨垂向不平顺。

同理可得：

$$\begin{cases} y_l = \dfrac{2y_a + y_g}{2} \\ y_r = \dfrac{2y_a - y_g}{2} \end{cases} \tag{2-52}$$

式中，y_a 为方向不平顺；y_g 为轨距不平顺；y_l，y_r 为左、右单轨横向不平顺。

根据上述公式，可以求出动力学仿真的输入参数，即左、右钢轨的垂向和横向位移量。

轨道随机不平顺的统计特征只能依靠线路实地测量获得。自 20 世纪 60 年代中期以来，国外很多国家已开始了实地测试工作，对轨道不平顺的功率谱进行研究。以下简单介绍几种典型的轨道不平顺功率谱密度。

1. 美国轨道谱

美国联邦铁路管理局（FRA）根据大量实测资料得到线路不平顺功率谱密度，拟合成一个以截断频率和粗糙度常数表示的偶次函数。其波长范围可达 1.524~304.8m，轨道级别分为六级。

轨道高低不平顺：

$$S_v(\Omega) = \frac{kA_v\Omega_c^2}{\Omega^2(\Omega^2 + \Omega_c^2)} \quad \left[\mathrm{cm^2/(rad/m)}\right] \tag{2-53}$$

轨道方向不平顺：

$$S_a(\Omega) = \frac{kA_a\Omega_c^2}{\Omega^2(\Omega^2 + \Omega_c^2)} \quad \left[\mathrm{cm^2/(rad/m)}\right] \tag{2-54}$$

轨道水平及轨距不平顺：

$$S_c(\Omega) = \frac{kA_v\Omega_c^2}{(\Omega^2 + \Omega_c^2)(\Omega^2 + \Omega_s^2)} \quad \left[\mathrm{cm^2/(rad/m)}\right] \tag{2-55}$$

式中，$S(\Omega)$ 为轨道不平顺功率谱密度；Ω 为轨道不平顺的空间频率；A_v、A_a 是粗糙度常数；Ω_c、Ω_s 是截断频率；k 是安全系数，可根据要求在 0.25~1.0 之间选取，一般取为 0.25。

六个级别的轨道粗糙度参数及截断频率如表 2-7 所示，表中还同时列出了根据行车安全标准制定的不同等级路线所允许的车辆最高运行速度。

表 2-7 美国轨道谱解析参数表

参数 等级	A_a （m·rad）	A_v （m·rad）	k	Ω_c （rad/m）	Ω_s （rad/m）	货车允许 速度 （km/h）	客车允许 速度 （km/h）
1 级	3.3634	1.2107	0.25	0.8245	0.6046	16	24
2 级	1.2107	1.0181	0.25	0.8245	0.9308	40	48
3 级	0.4128	0.6816	0.25	0.8245	0.852 0	64	96
4 级	0.3027	0.5376	0.25	0.8245	1.1312	96	128
5 级	0.0762	0.2095	0.25	0.8245	0.8209	128	144
6 级	0.0339	0.0339	0.25	0.8245	0.4380	176	176

美国 5 级谱路面垂向不平顺反演如图 2-18 所示。此类反演图形可以帮助了解轨道不平顺的具体分布情况，还为轨道维护、设计优化以及车辆动力学分析提供了关键的参考数据。

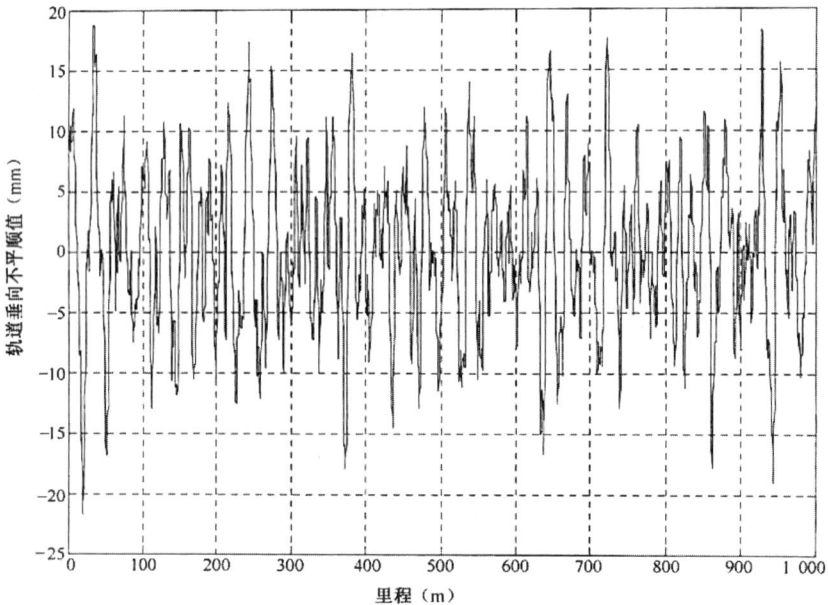

图 2-18 美国 5 级谱路面垂向不平顺反演

2. 德国高速轨道谱

德国高速轨道谱分为低干扰谱和高干扰谱两种，"低干扰"可适用于德国时速 250km/h 以上的高速铁路，"高干扰"适用于德国普通铁路。

高低不平顺：

$$S_v(\Omega) = \frac{A_v \Omega_c^2}{(\Omega^2 + \Omega_r^2)(\Omega^2 + \Omega_c^2)} \quad [\text{m}^2/(\text{rad/m})] \qquad （2-56）$$

方向不平顺：

$$S_a(\Omega) = \frac{A_a \Omega_c^2}{(\Omega^2 + \Omega_r^2)(\Omega^2 + \Omega_c^2)} \quad [\text{m}^2/(\text{rad/m})] \qquad （2-57）$$

水平不平顺：

$$S_c(\Omega) = \frac{A_v b^{-2} \Omega_c^2 \Omega^2}{(\Omega^2 + \Omega_r^2)(\Omega^2 + \Omega_c^2)(\Omega^2 + \Omega_s^2)} \quad [\text{m}^2/(\text{rad/m})] \qquad （2-58）$$

式中，$S_v(\Omega)$，$S_a(\Omega)$ 分别为高低、方向不平顺功率谱；$S_c(\Omega)$ 为水平不平顺功率谱；Ω 为轨道不平顺的空间频率；Ω_c、Ω_r、Ω_s 是截断频率；A_v，A_a 为粗糙度常数；b 为左、右滚动圆距离之半，一般取 0.75 m。

表 2-8 列出了德国轨道谱的粗糙度系数及截断频率值，其中 A_g 是基于轨距不平顺在 −3~3 mm 内变化、经试算得出的参考值。

表 2-8　德国高速轨道谱解析式参数表

轨道级别	A_a （m·rad）	A_v （m·rad）	Ω_c （rad/m）	Ω_r （rad/m）	Ω_s （rad/m）	b （m）
低干扰	2.119×10^{-7}	4.032×10^{-7}	0.8246	0.0206	0.4380	0.75
高干扰	6.125×10^{-7}	10.80×10^{-7}	0.8246	0.0206	0.4380	0.75

德国低干扰谱的轨道高低不平顺时域信号如图 2-19 所示。

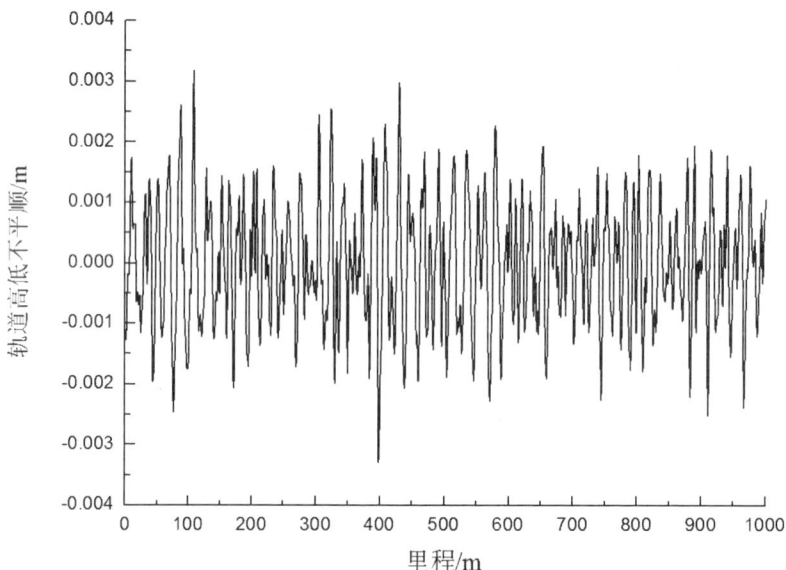

图 2-19　德国低干扰谱的轨道高低不平顺时域信号

3. 中国高速轨道不平顺功率谱

TB/T 3352-2014《高速铁路无砟轨道不平顺谱》是由国家铁路局于 2014 年 10 月 30 日发布，并于 2015 年 5 月 1 日实施的铁道行业标准。该标准规定了线路速度 300 km/h~350 km/h 的高速铁路无砟轨道不平顺谱，适用于此速度范围内的无砟轨道不平顺谱分析，但不适用于波长 2 米以下的轨道短波不平顺分析。

标准的起草单位包括中国铁道科学研究院基础设施检测研究所和西南交通大学，该标准的发布为高速铁路无砟轨道的不平顺谱分析提供了技术依据，有助于提高轨道的平顺性和乘坐舒适度。

轨道不平顺谱拟合公式

$$S(f) = \frac{A}{f^k} \left[\mathrm{mm}^2/(\mathrm{rad/m}) \right] \tag{2-59}$$

式中，f 为空间频率；A 和 k 为拟合公式系数。

轨道不平顺平均谱分段拟合公式系数采用约束非线性最小优化方法计算，见表2-9。

表2-9 高速铁路无砟轨道不平顺平均谱拟合公式系数

项目	第一段		第二段		第三段		第四段	
	A	k	A	k	A	k	A	k
轨距不平顺	5.497E-02	0.8282	5.0701E-03	5.0701E-03	5.0701E-03	5.0701E-03	–	–
水平不平顺	3.614E-03	1.7278	4.3685E-02	4.3685E-02	4.3685E-02	4.3685E-02	–	–
方向不平顺	3.9573E-03	1.8670	1.1047E-02	1.1047E-02	1.1047E-02	1.1047E-02	–	–
高低不平顺	1.0544E-05	3.3891	3.5588E-03	3.5588E-03	3.5588E-03	3.5588E-03	3.948E-04	3.4516

第三章　车辆的振动与动力学模型

　　弹簧减振装置是一种确保车辆在运行过程中保持平稳并提升稳定性的装置。弹簧通过缓解轨道不平顺对车辆簧上部分产生的动力作用，而减振器则用于抑制振动幅度。需要对车辆的振动特性进行详细分析确定弹簧和减振器参数。

　　由于车辆是一个多自由度振动系统，其振动过程受到多种因素的影响，且过程本身复杂多变。工程应用通常可以忽略一些对振动影响较小的非关键因素，专注于影响振动特性的主要因素。本章在讨论车辆的垂直振动时，根据不同的弹簧装置，将车辆分别简化为一个自由度及两个自由度的系统，分别讨论了车辆简化系统无阻尼和有阻尼时的自由振动和强迫振动。

第一节　车辆在垂直平面内的运动方程

一、具有一系弹簧装置车辆的自由振动

　　具有一系弹簧装置车辆在纵向垂直平面内的振动系统如图 3-1 所示。由

于线路的刚度比弹簧装置的刚度大得多，它对车体振幅和频率的影响甚微，因此，可将线路、车体和转向架均视为车体。通常车体重心在纵向和横向都是对称的，在对称系统中，车体的沉浮和点头振动是独立的，因此，可将两者分别作为一个自由度的振动系统进行研究。

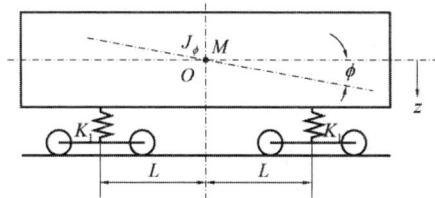

图 3-1　一系弹簧装置车辆的垂直振动系统

1. 车体的无阻尼浮沉振动

令车体的质量为 M（包括摇枕在内），每台转向架弹簧装置的刚度为 K_1，图 3-1 一系弹簧装置车辆的垂直振动系统可简化为一个自由度的浮沉振动，如图 3-2 所示。

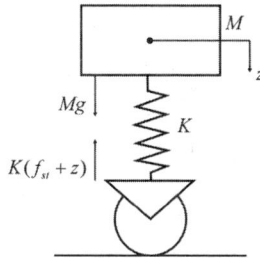

图 3-2　浮沉振动的简化系统

图中取 z 方向为正方向，坐标原点定义在车体重心在静平衡时的位置。令 f_{st} 为弹簧在车重 Mg 下的静挠度，设车体在某一激振外力作用下离开平衡位置作自由振动，振动加速度 $\ddot{z}$ 为位移 z 对时间的二次导数，则有

$$K = 2K_1 \qquad\qquad （3-1）$$

$$Mg = Kf_{st} \qquad\qquad （3-2）$$

$$M\ddot{z} = -K \cdot (f_{st} + z) + Mg \qquad (3-3)$$

式中右边的弹性力 $-Kf_{st}$ 和重力相抵消。可见，在以重心的静平衡位置为坐标原点来列振动微分方程时，重力以及和重力大小相等、方向相反的弹性力均可不必列入。

令 $p^2 = -\dfrac{K}{M}$ ，则上式成为：

$$\ddot{z} + p^2 z = 0 \qquad (3-4)$$

这是一个自由度的无阻尼自由振动微分方程，其解为：

$$z = A_1 \cos pt + A_2 \sin pt \qquad (3-5)$$

它表达了简谐振动。式中的常数取决于初始条件，设 $t=0$ 时， $z = z_0$ ， $\dot{z} = \dot{z}_0$ ，将其代入式（3-5）便得：

$$A_1 = z_0, \quad A_2 = \frac{\dot{z}_0}{P} \qquad (3-6)$$

于是，式（3-5）便成为：

$$z = z_0 \cos pt + \frac{\dot{z}_0}{P} \sin pt \qquad (3-7)$$

自振圆频率为：

$$P = \sqrt{\frac{K}{M}} = \sqrt{\frac{g}{f_{st}}} \qquad (3-8)$$

或自振频率：

$$f_n = \frac{P}{2\pi} = \frac{1}{2\pi} \sqrt{\frac{g}{f_{st}}} \qquad (3-9)$$

式中表示的振动由两部分组成：一部分与 $\cos pt$ 成正比，其值取决于车体的初位移 z_0 ；另一部分与 $\sin pt$ 成正比，其值取决于车体的初速 $\dot{z}_0$ 。这两部分分别用图 3-3（a）和图 3-3（b）中的位移对时间的简谐曲线来表示。图 3-3（c）表示其合成位移，其纵坐标系图 3-3（a）、3-3（b）的纵坐标之和。

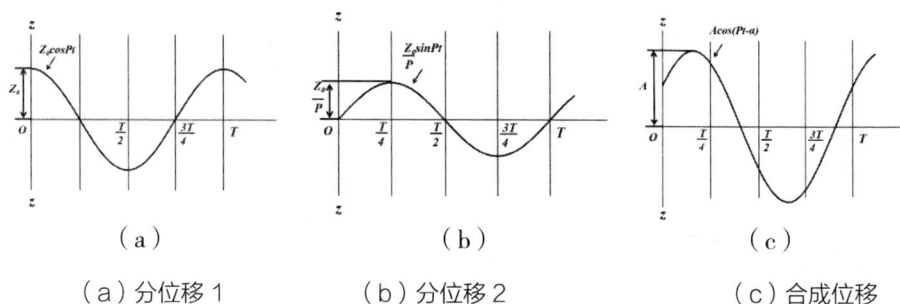

（a）分位移1　　　　（b）分位移2　　　　（c）合成位移

图3-3　简谐振动的位移曲线

　　表示振动的另一种方法是借助于转动向量。在图3-4中，设模为 z_0 的向量 $\overline{OP}$ 以等角速度 p 绕定点 O 转动，p 即为振动的自振圆频率或角频率。设在初瞬时（$t=0$），$\overline{OP}$ 与 z 轴相重合，则在任一其他时间 t 时，它与该轴所成的夹角为 pt，此向量在 z 轴上的投影等于 $z_0 \cos pt$，即代表式（3-7）的第一项。再取另一模为 $\dot{z}/p$ 且垂直于向量 $\overline{OP}$ 的向量 $\overline{OQ}$，则它在 z 轴上的投影给出式（3-7）的第二项。上述两个向量在 z 轴上的投影之和则表示振动的总位移。

　　若取 $\overline{OP}$ 与 $\overline{OQ}$ 之和的向量 $\overline{OP}$ 代替这两个向量，则合成向量在 z 轴上的投影也同样给出振动的总位移，此向量的模为 A，则由图可得：

$$A = \sqrt{z_0^2 + \left(\frac{\dot{z}_0}{p}\right)^2} \tag{3-10}$$

$\overline{OP}$ 与 z 轴的夹角为 $pt - \alpha$，α 为相位角。

$$\alpha = tg^{-1}(\dot{z}_0 / pz_0) \tag{3-11}$$

由此可见，式（3-7）亦可以下式来表示

$$z = A\cos(pt - \alpha) \tag{3-12}$$

图3-3中的合成位移的最大纵坐标 A 即等于图3-4中的合成向量的模 A，此即振幅。

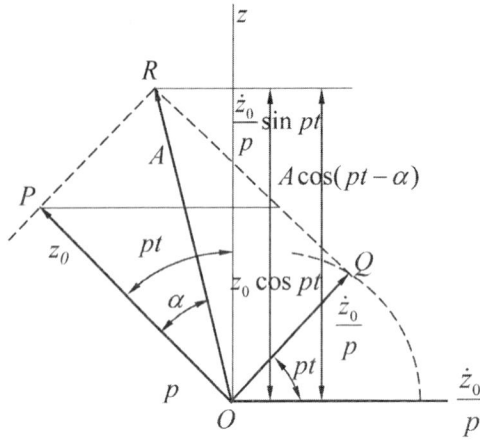

图 3-4　振动的向量表示法

可见，振动的自振频率仅和弹簧静挠度有关，而与初始条件无关。

车体浮沉自振加速度可根据式（3-10）求出，即：

$$\ddot{z} = -Ap^2 \cos(pt - \alpha) = -\frac{g}{f_{st}} A\cos(pt - \alpha) \tag{3-13}$$

振动加速度的最大值（幅值）为：

$$\ddot{z}_{max} = -\frac{g}{f_{st}} A \tag{3-14}$$

由此可见，振动中最大加速度发生在车体离开平衡位置的最大值时。上式右边的负号表明最大加速度和最大位移相差180°。并可看出，为了减小振动加速度，需降低自振频率，这就需要增大弹簧的静挠度。这也正是在设计车辆弹簧装置时所要力求达到的。

2. 车体的无阻尼点头振动

设 J_ϕ 为车体对点头振动轴的转动惯量；ϕ、$\dot{\phi}$ 和 $\ddot{\phi}$ 分别为车体点头振动的角位移、角速度和角加速度（ϕ 以顺时针方向为正）。利用力学中的动量矩定理，由图 3-1 可列出下列方程：

$$J_\phi \ddot{\phi} = -\left(l\phi K_1 \cdot l\right) + \left(-l\phi K_1 \cdot l\right) = -Kl^2\phi \tag{3-15}$$

即

$$J_\phi \ddot{\phi} + Kl^2\phi = 0 \tag{3-16}$$

或

$$\ddot{\phi} + p_\phi^2 = 0 \tag{3-17}$$

式（3-13）和式（3-4）形式完全相同，其解的形式也相同，即式（3-13）的解也可写成：

$$\phi = B_1 \cos p_\phi t + B_2 \sin p_\phi t \tag{3-18}$$

或

$$\phi = B \cos(p_\phi t - \alpha) \tag{3-19}$$

令车体的惯性半径为 ρ_ϕ，则 $J_\phi = M\rho_\phi^2$，于是，点头自振圆频率为 p_ϕ：

$$p_\phi = \sqrt{\frac{Kl^2}{M\rho_\phi^2}} = \frac{l}{\rho_\phi}\sqrt{\frac{K}{M}} \tag{3-20}$$

将式（3-16）与式（3-3）比较可见，若车体的惯性半径 ρ_ϕ 等于车辆定距之半 l，则点头振动与浮沉振动的频率相同。实用上可取 $\rho_\phi = 0.29L$，L 为车体长度，一般可取 $L = (1.4 \sim 1.5)2l$，于是 $\rho_\phi \approx (0.81 \sim 0.87)l$，则点头自振频率比浮沉自振频率稍高些。

$$p_\phi = \frac{1}{(0.81 \sim 0.87)}\sqrt{\frac{K}{M}} = (1.15 \sim 1.23)p \tag{3-21}$$

3. 具有黏性阻尼的自由振动

为了提供足够的阻尼，必须配备专门的减振器。通常，在弹簧系统中增加阻尼（即减振力）是确保车辆能够快速衰减自振的关键。尽管在车辆振动过程中会有一定的固有阻尼，如空气阻力和由于相对运动引起的摩擦阻力，但这些阻力值较小，无法有效快速地衰减振动。因此，减振器的作用变得尤为重要。当阻尼力与振动速度成正比时，我们称其为黏性阻尼。液压减振器就是提供典型黏性阻尼的设备。在数学建模中，由于黏性阻尼的处理相对简单，因此其他形式的阻尼可以通过等效黏性阻尼来代替，从而简化分析过程。图 3-5 是具有黏性阻尼的车体浮沉自振简化系统。

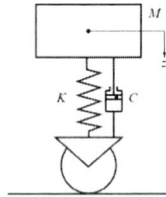

图 3-5　具有黏性阻尼的自振系统

车体的振动微分方程为：

$$M\ddot{z} = -Kz - C\dot{z} \qquad (3-22)$$

其中 C 为黏性阻尼系数，$C\dot{z}$ 前的负号表示阻尼力的方向与振动速度方向相反，式（3-22）可变化为：

$$\ddot{z} + 2n\dot{z} + p^2 z = 0 \qquad (3-23)$$

式中

$$2n = \frac{C}{M}, \quad p^2 = \frac{K}{M} \qquad (3-24)$$

设方程的解为下列形式：

$$z = Ae^{\lambda t} \qquad (3-25)$$

将其代入式（3-23）中，得：

$$\lambda^2 + 2n\lambda + p^2 = 0 \qquad (3-26)$$

由此得：

$$\lambda_{1,2} = -n \pm \sqrt{n^2 - p^2} = -n \pm jp_1 \qquad (3-27)$$

此处 $j = \sqrt{-1}$，$p_1 = \sqrt{p^2 - n^2}$。p_1 值有下列三种情况：

$$p^2 - n^2 < 0; \quad p^2 - n^2 = 0; \quad p^2 - n^2 > 0$$

将前两种情况的 λ 值（负实数）代入式（3-25），得到非周期性的解。巨大的黏性阻尼导致物体偏离平衡位置后，只会逐渐回到平衡位置，而不再发生振动。当 $p^2 < n^2$ 时，称为过阻尼，当 $p^2 = n^2$ 时，称为临界阻尼。

在车辆振动系统中，具有实际意义的是 $p^2 - n^2 > 0$ 的情况。上述特征方程有两个根 λ_1 和 λ_2，$\lambda_1 = -n + jp_1$，$\lambda_2 = -n - jp_1$，则方程（3-25）的通解为下列两特解之和

$$z = A_1' e^{\lambda_1 t} + A_2' e^{\lambda_2 t} \tag{3-28}$$

今对上述解的形式进行某些变换。由于两个特解之和或差与任一常数相乘，也为原方程的一个解，故设

$$\left.\begin{array}{l} z_1 = \dfrac{A_1}{2}\left(e^{\lambda_1 t} + e^{\lambda_2 t}\right) \\[3mm] z_2 = \dfrac{A_2}{2j}\left(e^{\lambda_1 t} - e^{\lambda_2 t}\right) \end{array}\right\} \tag{3-29}$$

因有 $e^{\pm jp} = \cos p \pm j\sin p$，将其代入上两式便得：

$$\left.\begin{array}{l} z_1 = \dfrac{A_1}{2}\left[e^{(-n+jp_1)t} + e^{(-n-jp_1)t}\right] = \dfrac{A_1}{2}e^{-nt}\left[e^{jp_1 t} + e^{-jp_1 t}\right] = A_1 e^{-nt}\cos p_1 t \\[3mm] z_2 = \dfrac{A_2}{2j}\left[e^{(-n+jp_1)t} - e^{(-n-jp_1)t}\right] = \dfrac{A_2}{2j}e^{-nt}\left[e^{jp_1 t} - e^{-jp_1 t}\right] \\[3mm] \qquad = \dfrac{A_2}{2j}e^{-nt}\left(2j\sin p_1 t\right) = A_2 e^{-nt}\sin p_1 t \end{array}\right\} \tag{3-30}$$

于是，式（3-25）的通解为上述两特解之和，即

$$z = e^{-nt}\left(A_1\cos p_1 t + A_2\sin p_1 t\right) \tag{3-31}$$

式中，A_1 和 A_2 为由初始条件决定的常数，p_1 为有阻尼的自振圆频率（Hz），其值小于无阻尼的自振圆频率 p。实际上的 n 远比 p 更小，故 p_1 接近于 p，即非过大的阻尼对自振频率并无实际上的影响。式（3-8）中的表达式与前述的无阻尼自振的解〔式（3-2）〕形式相同，代表具有圆频率为 p_1 的周期函数。式（3-9）中的 e^{-nt} 随时间 t 的增长而减小，表示振动是逐渐衰减的。

为了确定该式中的常数 A_1 和 A_2，设在初瞬 $t=0$ 时振动物体离开其平衡位置为 z_0，初速为 $\dot z_0$。将其代入式（3-9）中，便得：

$$A_1 = z_0 \text{ 和 } A_2 = \frac{\dot{z}_0 + nz_0}{p_1} \tag{3-32}$$

于是，式（3-9）可写成

$$z = e^{-nt}\left(z_0 \cos p_1 t + \frac{\dot{z}_0 + nz_0}{p_1} \sin p_1 t\right) \tag{3-33}$$

进一步可写成

$$z = Ae^{-nt}\cos\left(p_1 t - \alpha\right) \tag{3-34}$$

其中

$$\left. \begin{aligned} A &= \sqrt{{A_1}^2 + {A_2}^2} = \sqrt{{z_0}^2 + \frac{\left(\dot{z}_0 + nz_0\right)^2}{{p_1}^2}} \\ \alpha &= tg^{-1}\frac{A_2}{A_1} = tg^{-1}\left(\frac{\dot{z}_0 + nz_0}{p_1 z_0}\right) \end{aligned} \right\} \tag{3-35}$$

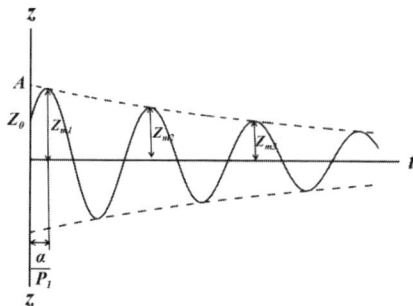

图 3-6　具有黏弹性阻尼的衰减振动模型

可见，由式（3-10）表示的有阻尼自由振动是一种具有按指数规律减小的振幅 Ae^{-nt}、频率为 p_1 和相角为 α 的衰减振动，其规律如图 3-6 所示。由图可见，两个相邻幅值 z_{mi} 和 $z_{m(i+1)}$ 之比为：

$$\frac{z_{mi}}{z_{m(i+1)}} = \frac{Ae^{-nt_i}}{Ae^{-n(t_i+T_1)}} = \frac{1}{e^{-nT_1}} = e^{nT_1} = e^{\delta} \tag{3-36}$$

而

$$\delta = \ln\frac{z_{mi}}{z_{m(i+1)}} = nT_1 \tag{3-37}$$

式中，δ 是对数衰减率；T_1 是有阻尼自振周期（s）。该振幅每经一循环按

比值 $e^{-\delta}:1$ 减小。

除用 n 值外，实际中常用相对阻尼系数来表示系统中的阻尼大小。因临界阻尼时有 $p^2 = n^2$，且有 $n = C/2M$，$p^2 = K/M$，令临界阻尼时的阻尼系数为 C_{cr}，则有

$$\frac{C_{cr}^2}{4M^2} = \frac{K}{M} \qquad (3\text{-}38)$$

即

$$C_{cr} = 2\sqrt{MK} \ \text{或} \ C_{cr} = 2Mp \qquad (3\text{-}39)$$

实际阻尼系数 C 与临界阻尼系数 C_{cr} 之比称为相对阻尼系数 D，即 $D = C/C_{cr}$，D 亦称减振因数。车辆垂直振动的 D 值通常在 0.2~0.4 之间。频率 p_1 和 p 间的关系及 δ 值亦常用 D 值来表示，即有

$$p_1 = \sqrt{p^2 - n^2} = p\sqrt{1 - \frac{C^2}{4M^2} \cdot \frac{M}{K}} = p\sqrt{1 - D^2} \qquad (3\text{-}40)$$

及

$$\delta = nT_1 = \frac{C}{2M} \cdot \frac{2\pi}{p_1} = \frac{2\pi D}{\sqrt{1 - D^2}} \qquad (3\text{-}41)$$

于是，利用以上关系，即可用实验方法来测定阻尼值。只要测出相邻振幅之比，就可求出 δ 值，从而可测定出 n 值或 D 值。

4. 具有摩擦阻尼的自由振动

摩擦式减振器广泛应用在货车转向架中，主要分为两种类型：一种是摩擦阻力恒定，另一种是摩擦阻力随振动变化并与弹簧挠度成正比。两者都通过固体表面摩擦阻力实现振动衰减。

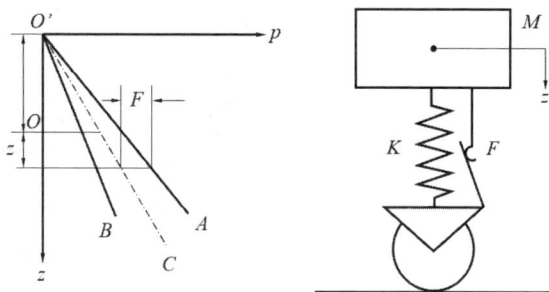

图 3-7 具有摩擦阻尼的自振系统

下面来分析摩擦阻尼与弹簧挠度成正比，即与振动位移成正比的减振器的减振作用。在图 3-7 中，变摩擦力 F 可用减振器的相对摩擦系数 φ 和弹簧力 P 的乘积来表示。左图表示弹簧挠度与受力的关系：令 O' 表示弹簧未承载时的起始位置，$O'C$ 为无摩擦阻力时的弹簧挠度与受力关系；$O'A$ 为有摩擦力时的增载线，$O'B$ 为减载线。今以车体静平衡位置时的 O 点作为坐标原点来计算垂直位移 z，于是有

$$F = \varphi \cdot P = \varphi K (f_{st} + z) \tag{3-42}$$

车体运动的微分方程为：

$$M\ddot{z} = -Kz \pm \varphi K \left(f_{st} + z \right) \tag{3-43}$$

或写成

$$M\ddot{z} + \mathrm{sgn}\left(\dot{z} \right) F + Kz = 0 \tag{3-44}$$

注：上式中的 $\mathrm{sgn}(\dot{z})$ 是一个符号，定义为：

$$当 \dot{z} > 0 时, \mathrm{sgn}\left(\dot{z} \right) = 1$$

$$当 \dot{z} < 0 时, \mathrm{sgn}\left(\dot{z} \right) = -1$$

摩擦力前取正号或负号视车体的运动方向而定，在式（3-12）中，总是取与振动速度相反的符号。该式为非线性方程，现分段求其解。

当车体由下向上振动时，摩擦阻力方向向下，则运动微分方程为：

$$M\ddot{z} - \varphi K \left(f_{st} + z \right) + Kz = 0 \tag{3-45}$$

再写成

$$M\ddot{z} + K \left(1 - \varphi \right) \left(z - \frac{\varphi f_{st}}{1 - \varphi} \right) = 0 \tag{3-46}$$

令 $\dfrac{K(1-\varphi)}{M} = P_1^2$，则上式成为：

$$\ddot{z} + P_1^2 \left(z - \frac{\varphi f_{st}}{1 - \varphi} \right) = 0 \tag{3-47}$$

其解为：

$$z = A_1 \cos p_1 t + A_2 \sin p_1 t + \frac{\varphi f_{st}}{1 - \varphi} \tag{3-48}$$

为了求出积分常数 A_1 和 A_2，取下列初始条件 $t = 0$ 时，$z = z_0$ 及 $\dot{z} = 0$，

则

$$A_1 = z_0 - \frac{\varphi f_{st}}{1-\varphi}, A_2 = 0 \tag{3-49}$$

于是式（3-48）成为：

$$z = \left(z_0 - \frac{\varphi f_{st}}{1-\varphi}\right)\cos P_1 t + \frac{\varphi f_{st}}{1-\varphi} \tag{3-50}$$

当向上振动终了即经过半个周期 $t = T_1/2 = \pi/P_1$ 时，得

$$z_1 = -z_0 + \frac{2\varphi f_{st}}{1-\varphi} = -\left(z_0 - \frac{2\varphi f_{st}}{1-\varphi}\right) \tag{3-51}$$

再观察车体由上顶点 B 开始向下振动的半个周期情况。此时摩擦阻力方向向上，运动微分方程为：

$$M\ddot{z} + \varphi K\left(f_{st} + z\right) + Kz = 0 \tag{3-52}$$

及

$$M\ddot{z} + K\left(1+\varphi\right)\left(z + \frac{\varphi f_{st}}{1+\varphi}\right) = 0 \tag{3-53}$$

令 $\dfrac{K(1+\varphi)}{M} = P_2^2$，则上式成为：

$$\ddot{z} + P_2^2\left(z + \frac{\varphi f_{st}}{1+\varphi}\right) = 0 \tag{3-54}$$

其解为：

$$z = B_1 \cos P_2 t + B_2 \sin P_2 t - \frac{\varphi f_{st}}{1+\varphi} \tag{3-55}$$

取初始条件为 $t = 0$ 时，$z = z_1$ 及 $\dot{z} = 0$

则

$$B_1 = z_1 + \frac{\varphi f_{st}}{1+\varphi}, B_2 = 0 \tag{3-56}$$

于是式（3-55）成为：

$$z = \left(z_1 + \frac{\varphi f_{st}}{1+\varphi}\right)\cos P_2 t - \frac{\varphi f_{st}}{1+\varphi} \tag{3-57}$$

用式（3-51）中的 z_1 值代入上式，得

$$z = \left(-z_0 + \frac{2\varphi f_{st}}{1-\varphi} + \frac{\varphi f_{st}}{1+\varphi}\right)\cos P_2 t - \frac{\varphi f_{st}}{1+\varphi} \tag{3-58}$$

当 $t = \pi/P_2$ 时，向下振动即结束，车体位于 C 点。此时有

$$z_2 = z_0 - 2\frac{\varphi f_{st}}{1-\varphi} - 2\frac{\varphi f_{st}}{1+\varphi} = z_0 - 4\frac{\varphi f_{st}}{1-\varphi} \tag{3-59}$$

可见，车体向下振动波形为余弦曲线 BC，其轴线由平衡位置上移了 $\frac{\varphi f_{st}}{1+\varphi}$。

减振器中的 φ 值通常小于 0.1，故得：

①前半个周期的振幅衰减值 $\Delta z_1 = 2\frac{\varphi f_{st}}{1-\varphi}$；

②后半个周期的振幅衰减值 $\Delta z_2 = 2\frac{\varphi f_{st}}{1+\varphi}$；

③一个周期的振幅衰减值 $\Delta z = 4\frac{\varphi f_{st}}{1-\varphi^2} \approx 4\varphi f_{st}$。

由此可见，在上述摩擦阻力的作用下，车体的振动是按算术级数衰减的，振动波形的同侧各顶点皆位于同一直线上。

整个衰减自振的周期为：

$$
\begin{aligned}
T &= \frac{1}{2}(T_1 + T_2) = \frac{1}{2}\left(\frac{2\pi}{p_1} + \frac{2\pi}{p_2}\right) = \pi\left(\sqrt{\frac{M}{K(1-\varphi)}} + \sqrt{\frac{M}{K(1+\varphi)}}\right) \\
&= \pi\sqrt{\frac{M}{K}}\left(\sqrt{\frac{1}{1-\varphi}} + \sqrt{\frac{1}{1+\varphi}}\right) \\
&= \pi\frac{1}{p}\frac{\sqrt{1+\varphi} + \sqrt{1-\varphi}}{\sqrt{1-\varphi^2}}
\end{aligned}
\tag{3-60}
$$

当 φ 值不大时，$T = 2\pi/p$，即小阻尼的自振周期实际上和无阻尼的自振周期相等，这和前述的黏性阻尼时的情况相同。

具有摩擦阻尼时，车体不止有一个静平衡位置，而是有一个平衡区域。由于车体静止时的振动加速度为零，故式（3-47）和式（3-54）中的 $\ddot{z} = 0$，则有

$$p_{1,2}{}^2\left(z \mp \frac{\varphi f_{st}}{1 \mp \varphi}\right) = 0 \tag{3-61}$$

因 $p_{1,2}^2$ 不等于零，故上式括号中的数值为零，于是有

$$z = \pm\frac{\varphi f_{st}}{1 \mp \varphi} \tag{3-62}$$

这一数值称为摩擦矢，它表明在离车体静平衡位置的一段距离内形成一个停滞区域，当车体振动的上下顶点落在停滞区域内时，振动就中止。

对于摩擦力为常数 F 的减振器，其阻力对振动的衰减作用可按上述同样步骤求解，结果为：

$$\left.\begin{array}{r} \Delta z = \Delta z_1 + \Delta z_2 = \dfrac{4F}{K} \\[2mm] \Delta z = \Delta z_1 + \Delta z_2 = \dfrac{4F}{K} \\[2mm] p_1 = p_2 = \sqrt{\dfrac{K}{M}} = p \\[2mm] 停滞区域\ z = \pm \dfrac{F}{M} \end{array}\right\} \qquad (3\text{-}63)$$

例 3-1　已知某四轴货车的空车车体质量为 16 t，载重时车体总质量为 76 t，每台转向架弹簧刚度为 10.5 MN/m。

①求空重车时的车体浮沉自振频率与周期；

②若采用阻力为常数的摩擦减振器，自振试验测得的一周中的振幅衰减值为 5 mm，试求转向架的摩擦减振器的阻力值；

③若采用黏性阻尼减振器，重车时自振波经过一周振幅减小了 80%，求减振因数 D。

解：①重车时

圆频率
$$p = \sqrt{\frac{K}{M}} = \sqrt{\frac{2 \times 10.5 \times 10^6}{76 \times 10^3}} = \sqrt{276} = 16.6(1/s)$$

频率
$$f_n = \frac{p}{2\pi} = \frac{16.6}{2\pi} = 2.64(Hz)$$

周期
$$T = \frac{1}{2.64} = 0.38（s）$$

空车时

$$p = \sqrt{\frac{2 \times 10.5 \times 10^3}{16}} = \sqrt{1320} = 36.3(1/s)$$

$$f_n = \frac{36.3}{2\pi} = 5.8 \, (\text{Hz})$$

$$T = \frac{1}{5.8} = 0.17 \, (\text{s})$$

②设全车的摩擦阻力为 F，则有

$$\Delta z = \frac{4F}{K}$$

即　$F = \frac{\Delta z \cdot K}{4} = \frac{0.005 \times 2 \times 10.5}{4} \, (\text{MN}) = 26.3 \, (\text{kN})$

故每台转向架的摩擦阻力值为：

$$\frac{F}{2} = 13.2 \, (\text{kN})$$

③由式（3-37），可求得具有黏性阻尼自振的对数衰减值

$$\delta = \ln \frac{z_1}{z_2} = \ln \frac{1}{0.2} = \ln 5 = 1.61$$

当阻尼不大时，根据式（3-41）可近似地求出：

$$D \approx \frac{\delta}{2\pi} = \frac{1.61}{2\pi} = 0.256$$

二、具有一系弹簧装置车辆的强迫振动

车轮在运行过程中会产生垂直方向的复杂运动，通过弹簧传递到车体后导致强迫振动。车体的频率、振幅及其变化规律受结构参数、轨道不平顺度和运行速度的影响。尽管车轮轨迹具有随机特性，但也可能会出现周期性因素，特别是在轨道接头或局部线路的动力不平顺较大且呈周期性波形时。在工程实际中，车辆共振的现象会在车轮激振的周期与车辆系统自振周期匹配时引发，导致振幅不断增大。

如同讨论自由振动；为了方便起见，在分析车体强迫振动时也取前述的简化系统。后文将证明这种简化的可行性。

1. 无阻尼的强迫振动

车体浮沉强迫振动的简化系统如图3-8所示。在此系统中，车轮的运行轨

迹呈周期性的波形曲线，其波长为 L。当轨道端存在较大的动力不平顺时，L 通常代表一节钢轨的长度；或者，L 表示轨道动力不平顺所对应的某种实际波状曲线的长度。

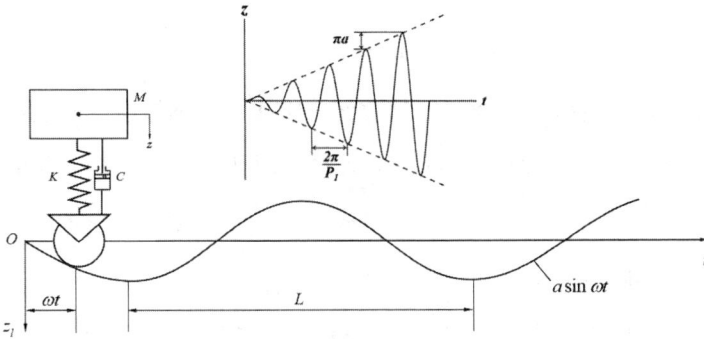

图 3-8　简化系统的强迫振动

后一种情况无论对有缝线路还是无缝线路都是存在的，而且这种情况下的 L 不是一个确定的数值，其长度和幅值已在上一章述及。当用简谐函数来描述车轮的垂直运动时，式（3-64）经坐标转换后可用正弦函数式（3-65）来表示。

$$z_1 = a(\cos \omega t - 1) \tag{3-64}$$

$$z_1 = a \sin \omega t \tag{3-65}$$

如在图 3-8 中取 $C = 0$，即为无阻尼情况时，则车体的强迫振动方程为：

$$M\ddot{z} = -K(z - z_1) = -K(z - a \sin \omega t) \tag{3-66}$$

于是有

$$\ddot{z} + p^2 z = p^2 a \sin \omega t = q \sin \omega t \tag{3-67}$$

式中

$$p^2 = K/M，\quad q = p^2 a$$

式（3-66）为二阶线性非齐次微分方程，其解由对应的齐次方程的通解和非齐次方程的特解所组成。设方程的特解为 $z_z = B \sin \omega t$，再将此 z 值及其

导数代入式（3-66）中并化简之，便得

$$B = \frac{q}{p^2 - \omega^2} \tag{3-68}$$

则式（3-66）的全解为：

$$z = A_1 \cos pt + A_2 \sin pt + \frac{q}{p^2 - \omega^2} \sin \omega t \tag{3-69}$$

它由车体的自由振动和强迫振动两部分组成。当强振频率增加到接近自振频率时，车体振幅迅速增大，当 $\omega = p$ 时，出现共振现象，车体振幅将一直增长致使弹簧全部压缩而产生刚性冲击，或增长致使弹簧折断为止。车辆共振时的运行速度称为临界速度。

现在分析一下共振时的振幅扩大规律。为此，先求出常数 A_1 和 A_2。由于初始条件并不影响共振时的振幅扩大规律，故可取下列简单的初始条件，即 $t = 0$ 时，$z = \dot{z} = 0$。将此条件代入到式（3-69）中，便得

$$A_1 = 0 \text{ 和 } A_2 = \frac{q\omega}{(p^2 - \omega^2)p} \tag{3-70}$$

故全解为：

$$z = \frac{q}{p^2 - \omega^2}(\sin \omega t - \frac{\omega}{p} \sin pt) \tag{3-71}$$

由于共振时，$p = \omega$，上式便成为0/0型的不定式。按对不定式的解法，今对上式的分子和分母都取 ω 的导数，于是得

$$
\begin{aligned}
z &= \frac{q}{-2\omega}(t \cdot \cos \omega t - \frac{1}{p} \sin pt) \\
&= \frac{p^2 a}{2\omega}(\frac{1}{p} \sin pt - t \cdot \cos \omega t) \\
&= \frac{a}{2} \sin pt - \frac{a}{2} \cdot pt \cdot \cos pt
\end{aligned}
\tag{3-72}
$$

式中，右边第一项为一常幅振动，第二项包含一乘数 pt，它随时间 t 增加而增大，一个周期中的振幅增加量为：

$$\Delta z = \frac{a}{2}[p(T + t) - pt] = \pi a \tag{3-73}$$

即共振时振幅随时间的增长而呈算术级数扩大。如果线路质量差，轨道动力不平顺大，a 值就大，振幅扩大量也随之增加。

2. 具有黏性阻尼的强迫振动

在车辆弹簧装置中，如果弹簧装置没有阻尼，车辆在接近其共振频率时会经历显著的振幅增加，导致强烈的振动。这种现象不仅影响车辆的舒适性，还可能对车体结构产生不利影响。为了有效抑制这种振动，必须在弹簧装置中引入阻尼。当弹簧装置中具有黏性阻尼时，车体的振动微分方程为：

$$M\ddot{z} = -K(z - z_t) - C(\dot{z} - \dot{z}_t) \tag{3-74}$$

即

$$M\ddot{z} + C\dot{z} + Kz = Ca\omega\cos\omega t + Ka \cdot \sin\omega t = F\sin(\omega t + \phi) \tag{3-75}$$

式中

$$F = a\sqrt{K^2 + (C\omega)^2}, \phi = \tan^{-1}\frac{C\omega}{K} \tag{3-76}$$

式（3-75）再写成

$$\ddot{z} + 2n\dot{z} + p^2 z = Q\sin(\omega t + \phi) \tag{3-77}$$

其中
$$Q = \frac{F}{M} \tag{3-78}$$

式中的 n 和 p 的意义同前。

上式的解由两部分组成：一是由式（3-10）表示的衰减自由振动；二是强迫振动。自振部分迅速衰减掉，剩下的只是稳态的强迫振动部分，其解为：

$$z = z_a \sin(\omega t + \phi - \delta) \tag{3-79}$$

现用下列的矢量法来求解强迫振动的振幅 z_a 和相位角 δ。将式（3-21）的 z 值及其导数值代入到式（3-75）中，便得

$$\begin{aligned} M\omega^2 z_a \sin(\omega t + \phi - \delta) - C\omega z_a \cos(\omega t + \phi - \delta) \\ -Kz_a \sin(\omega t + \phi - \delta) + F\sin(\omega t + \phi) = 0 \end{aligned} \tag{3-80}$$

式中，第一项表示惯性力，第二项表示阻尼力，第三项表示弹性力，第四项表示激振力。这些互相平衡的力可用四个平衡矢量来表示，如图 3-9 所示，

位移矢量滞后于激振力矢量一相位角 δ；弹性力矢量与位移矢量方向相反；阻尼力矢量与振动速度矢量方向式（3-22）相反，滞后于位移矢量 $\pi/2$；惯性力矢量与位移矢量同向，而与振动加速度矢量方向相反。上述四个力的矢量组成一封闭的四边形，在一定的 ω 下，保持某一固定的相对位置，以圆频率一同旋转。

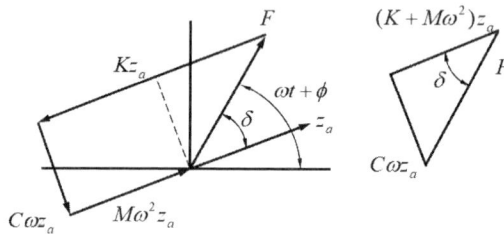

图 3-9　强迫振动的矢量表示法

从图 3-9 的力的平衡直角三角形中可得

$$z_a = \frac{F}{\sqrt{(K - M\omega^2)^2 + (C\omega)^2}} \qquad （3-81）$$

$$\tan\delta = \frac{C\omega}{K - M\omega^2} \qquad （3-82）$$

将 F 的表达式代入式（3-23），分子和分母各除以 K，便得

$$z_a = \frac{\dfrac{1}{K}a\sqrt{K^2 + (C\omega)^2}}{\sqrt{(1 - \dfrac{M\omega^2}{K})^2 + (\dfrac{C\omega}{K})^2}} \qquad （3-83）$$

$$C = 2Mp \cdot D, \quad p^2 = K/M \qquad （3-84）$$

对式（3-83）进行简化得

$$\frac{a}{K}\sqrt{K^2 + (C\omega)^2} = a\sqrt{1 + (\frac{C\omega}{K})^2} = a\sqrt{1 + (\frac{2Mp \cdot D \cdot \omega}{K})^2} = a\sqrt{1 + 4D^2 r^2} \qquad （3-85）$$

式中，r 是频率比。

$$r = \frac{\omega}{p} \tag{3-86}$$

对式（3-85）中的分母也进行同样的简化，则得

$$z_a = a \frac{\sqrt{1 + 4D^2 r^2}}{\sqrt{(1 - r^2)^2 + 4D^2 r^2}} \tag{3-87}$$

式（3-82）可化简为：

$$\tan \delta = \frac{2Dr}{1 - r^2} \tag{3-88}$$

用无因次参数 D 和 r 来表示 z_a 和 δ 是很方便和普遍的。

车体振幅 z_a 与线路波形振幅 a 之比称为振幅扩大倍率 α，即

$$\alpha = \frac{z_a}{a} = \frac{\sqrt{1 + 4D^2 r^2}}{\sqrt{(1 - r^2)^2 + 4D^2 r^2}} \tag{3-89}$$

再将上式两边乘以频率比 r 的平方，得

$$\beta = \alpha \cdot r^2 = \frac{\omega^2 z_a}{p^2 a} = r^2 \frac{\sqrt{1 + 4D^2 r^2}}{\sqrt{(1 - r^2)^2 + 4D^2 r^2}} \tag{3-90}$$

式中，β 是加速度扩大倍率，$p^2 a$ 是以 a 为振幅的无阻尼自由振动加速度的幅值，$\omega^2 z_a$ 是稳态强迫振动加速度的幅值。

图 3-10 和图 3-11 展示了车辆弹簧装置中振幅和加速度随频率比 r 的变化关系。由于轨道不平顺的波长 L 固定时，强振圆频率 ω 与车辆的运行速度 V 成正比，即 $\omega = 2\pi V / L$，故频率比 r 也与车辆运行速度 V 成正比。因此，这两张图中的横坐标 r 可以通过一定比例反映车辆的运行速度。当 $r = 1$ 时，对应的运行速度即为车辆的临界速度；当 $r = 2$ 时，对应的运行速度则是临界速度的两倍。依此类推，可以确定不同频率比下的运行速度。

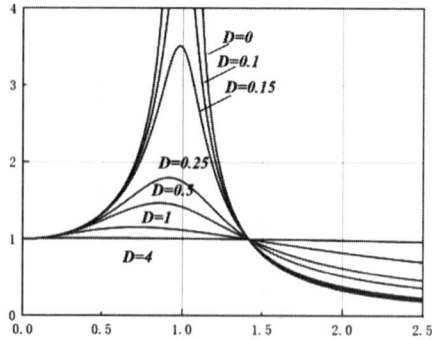

图 3-10 振幅扩大倍率与频率比的关系

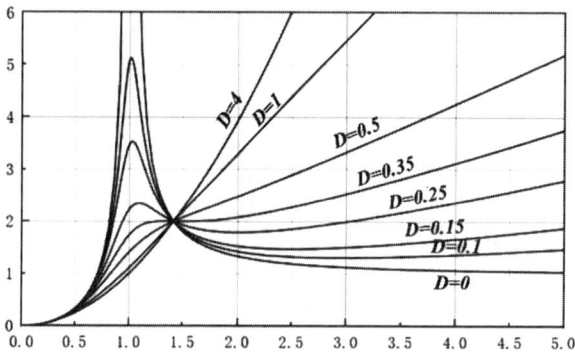

图 3-11 加速度扩大倍率与频率比的关系

由图 3-10 和图 3-11 可见，不管 D 为何值，当 $r = \sqrt{2}$ 时：振幅扩大倍率曲线均在 $\alpha=1$ 时交叉；加速度扩大倍率曲线均在 $\beta=2$ 时交叉。而这很容易从 α 和 β 的表达式中看出。由图可知：当车辆在 $\sqrt{2}$ 倍的临界速度以下运行（ $r < \sqrt{2}$ ），车体振幅大于线路波形振幅，阻尼越大则振幅越小，振动加速度也越小；在共振区附近，阻尼作用越明显，阻尼对振动起着有利作用；当 $r > \sqrt{2}$ 后，阻尼作用与上述相反，阻尼越大则不利于振动。

在实际运行中，还要考虑不同波长的轨道不平顺问题，激振波长既可能与钢轨的长度相当，也可能仅为几米或更短。当车辆以各种速度行驶并遭遇不同激振波长时，会出现 $r < \sqrt{2}$ 或 $r > \sqrt{2}$ 的情况。因此，在选择阻尼值时，需要综合考虑这两种情形。图中显示，阻尼值过大或过小都不利于减振效果。研究发现，当阻尼比 D 取值在 0.2~0.3 之间时，能够兼顾两种运行工况，是较为理想的范围。实际车辆的垂直减振因数也正是采用了这个范围的数值。在确定了适宜的 D 值后，就可以进一步计算减振器所需的阻尼系数 C 值。以上研究主要关注车体相对于空间固定坐标的绝对位移和加速度。现再来讨论一下车体相对于车轮的振动，即弹簧动挠度的变化规律。

令弹簧的挠度为 z_r，$z_r = z - z_l$，将其代入到式（3-74），便有

$$\ddot{z}_r + 2n\dot{z}_r + p^2 z_r = -\ddot{z}_l = a\omega^2 \sin\omega t \tag{3-91}$$

按前述方法可求得上式的特解为：

$$z_r = \frac{ar^2}{\sqrt{(1-r^2)^2 + 4D^2 r^2}} \sin(\omega t - \phi) \tag{3-92}$$

或

$$z_r = a \cdot \eta \sin(\omega t - \phi) \tag{3-93}$$

此处 η 为弹簧挠度振幅扩大倍率。

$$\eta = \frac{r^2}{\sqrt{(1-r^2)^2 + 4D^2 r^2}} \tag{3-94}$$

将式（3-93）中的 z_r 及其导数值代入，则得

$$\begin{aligned}
P &= K \cdot a\eta \cdot \sin(\omega t - \varphi) + Ca\eta\omega\cos(\omega t - \phi) \\
&= Ka\eta\sqrt{1 + \frac{C^2}{K^2}\omega^2}\sin(\omega t - \phi + \delta) \\
&= Ka\eta\sqrt{1 + 4D^2 r^2}\sin(\omega t - \phi + \delta) \\
&= K \cdot a \cdot \beta\sin(\omega t - \phi + \delta)
\end{aligned} \tag{3-95}$$

因此，合力的最大值为：

$$P_{\max} = Ka\beta = aP^2 M\beta = M\omega^2 z_a \tag{3-96}$$

由此可见，弹簧装置中反作用合力的最大值和车体浮沉振动时惯性力的幅值相等。

3. 瞬态振动

前述讨论主要集中在周期性强迫振动的稳态情况，并未考虑衰减的自由振动部分。然而，在实际情况下，车辆的强迫振动往往在开始阶段表现为衰减的自振和稳态强迫振动的叠加。例如，当车轮经过短的单一性的线路波状不平时，瞬态振动具有实际意义。此时，方程（3-19）的全解由式（3-9）所表示的自由振动通解与通过变换式（3-21）得到的特解共同组成。

即车体瞬态振动的解为：

$$z = e^{-nt}(A_1 \cos p_1 t + A_2 \sin p_1 t) + B_1 \cos \omega t + B_2 \sin \omega t \qquad （3-97）$$

式中，A_1、A_2、B_1 和 B_2 可由下述方法求得。先将特解代入到式（3-75），并令该式中的 $Ca\omega = q_1$，$Ka = q_2$，则得

$$(-\omega^2 B_1 + 2n\omega B_2 + p^2 B_1 - q_1)\cos \omega t + (-\omega^2 B_2 - 2n\omega B_1 + p^2 B_2 - q_2)\sin \omega t = 0$$
$$（3-98）$$

当上式两个括号中的数值皆为零时，则上式成立，故得计算且和 B_2 的联立方程：

$$\left. \begin{array}{l} -\omega^2 B_1 + 2n\omega B_2 + p^2 B_1 = q_1 \\ -\omega^2 B_2 - 2n\omega B_1 + p^2 B_2 = q_2 \end{array} \right\} \qquad （3-99）$$

由此得

$$\left. \begin{array}{l} B_1 = \dfrac{q_1(p^2 - \omega^2) - 2n\omega q_2}{(p^2 - \omega^2) + 4n^2 \omega^2} \\[3mm] B_2 = \dfrac{q_2(p^2 - \omega^2) + 2n\omega q_1}{(p^2 - \omega^2) + 4n^2 \omega^2} \end{array} \right\} \qquad （3-100）$$

再来求 A_1 和 A_2。设 $t = 0$ 时 $z = z_0$ 和 $\dot{z} = \dot{z}_0$，将其代入到式（3-29）及对该式取一次导数，则得

$$A_1 = z_0 B_1 \text{ 和 } A_2 = \frac{\dot{z}_0 + n(z_0 - B_1) - B_2 \omega}{P_1} \qquad （3-101）$$

由上可见：A_1 和 A_2 与振动初瞬时的起始条件有关；而 B_1 和 B_2 则与其无关。将 A_1、A_2、B_1 和 B_2 代入式（3-29）经整理后得到

$$z = e^{-nt}(z_0 \cos p_1 t + \frac{\dot{z}_0 + nz_0}{p_1} \sin p_1 t)$$

$$-e^{-nt}(B_1 \cos p_1 t + \frac{B_1 n + B_2 \omega}{p_1} \sin p_1 t) + B_1 \cos \omega t + B_2 \sin \omega t$$

（3-102）

这个解的第一项与初始条件有关，是一种衰减的自由振动。若初始时刻 $t = 0$ 时 $z = \dot{z}_0 = 0$，则此项也会为零。第二项是由强迫振动激起的衰减自由振动，与初始条件无关，通常称为伴随性衰减自由振动。第三项则是稳态的强迫振动。确定初始条件后，车辆任意时刻 t 的位移可由式（3-102）来确定。车体瞬态振动的变化曲线如图 3-12 所示。随着时间 t 的增加，衰减的自由振动逐渐消失，最终仅剩下稳态的强迫振动。而当车辆遇到单一性的波状轨道不平顺时，强迫振动仅持续一个周期，之后系统只剩下衰减的自由振动。

接下来探讨瞬态振动时弹簧动挠度的变化。为了获得更直观的理解，这里选取最简单的情况进行讨论。假设系统的阻尼很小，可以忽略衰减振动的影响，并且初始时刻的位移和速度均为零。轮对经过的线路凹陷不平用 $z_l = a(1 - \cos \omega t)$ 表示，这个表达式和前面所用的 $z_l = a \sin \omega t$，仅仅相差 $\pi/2$ 的相位角。

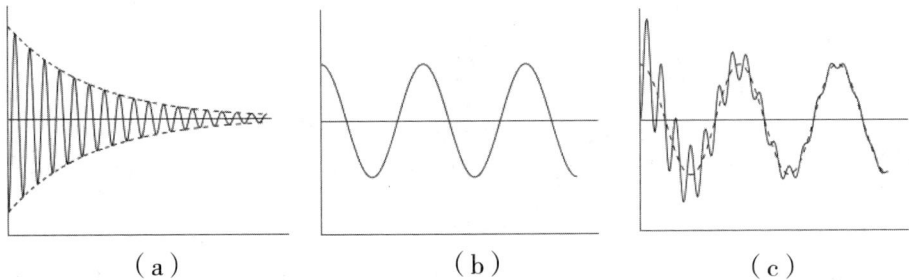

（a）　　　　　　　　（b）　　　　　　　　（c）

（a）自由振动　（b）强迫振动　（c）合成振动

图 3-12　车体瞬态振动

弹簧挠度的运动方程和式（3-27）相仿，可列式为：

$$z_r + P^2 z_r = -\ddot{z}_l = -a\omega^2 \cos \omega t = -q \cos \omega t$$

（3-103）

其解为：

$$z_r = A_1 \cos pt + A_2 \sin pt + B \cos \omega t \qquad (3\text{-}104)$$

将特解 $B \cos \omega t$ 代入到式（3-31），得

$$B = \frac{-q}{p^2 - \omega^2} = \frac{-a\omega^2}{p^2 - \omega^2} = \frac{-ar^2}{1 - r^2} \qquad (3\text{-}105)$$

取初始条件 $t = 0$ 时，$z_r = \dot{z}_r = 0$，则有

$$A_1 = -B_1 = \frac{q}{p^2 - \omega^2} \text{ 和 } A_2 = 0 \qquad (3\text{-}106)$$

于是有

$$z_r = \frac{ar^2}{1 - r^2}(\cos pt - \cos \omega t) \qquad (3\text{-}107)$$

例 3-2 设一辆四轴守车采用转 9 型转向架，弹簧静挠度 65 mm，通过长度（L）为 10 m、深度（2a）为 10 mm 的线路单一不平顺，其最不利速度为：

$$V = \frac{3}{2} \cdot \frac{L}{2\pi} \sqrt{\frac{g}{f_{st}}} = \frac{30}{4\pi} \sqrt{\frac{9.81}{0.065}} = 28.6 \text{ m/s（103 km/h）}$$

动挠度 z_r 的最大值为 14.7 mm，动荷系数为 $1.47/65 = 0.226$。

如果弹簧装置的刚度增大，例如静挠度减小到 30 mm，则在 103 km/h 速度时，相应的频率为：

$$p = \sqrt{\frac{g}{f_{st}}} = \sqrt{\frac{9.81}{0.03}} = 18.1(1/\text{s})$$

$$\omega = \frac{103 \times 1000}{3600 \times 10} \cdot 2\pi = 18(1/\text{s})$$

此时 $r = \dfrac{18}{18.1} \approx 1$，相应的最大动挠度 $z_{r\max} = 1.2 \times 10 = 12 \text{ mm}$，其动荷系数增加到 0.4。由此可见，大的弹簧刚度会导致动载荷增大和运行性能的恶化。

4. 具有非线性阻尼的强迫振动

在货车弹簧装置中，通常采用由干摩擦力产生的非线性阻尼的减振器。与黏性阻尼不同，具有干摩擦力的系统会使运动微分方程呈现出非线性特性，因此其振动行为比线性阻尼系统更为复杂。用弹簧动挠度表示的车体浮沉振动的

强迫振动微分方程为：

$$M\ddot{z}_r + \text{sgn}(\dot{z}_r)F + Kz_r = -M\ddot{z}_r \qquad （3-108）$$

精确求解这种非线性方程通常非常复杂，因此在实际问题中，研究的重点通常放在稳态强迫振动的振幅上。一种近似求解非线性阻尼系统振幅的方法是采用当量法。该方法假设非线性阻尼系统在稳态强迫振动下表现为简谐振动，并通过引入一个当量的黏性阻尼系统来替代原系统。关键是在确保两者在一个周期内所做的阻力功相等的前提下，进行替代。

设系统振动的规律为：

$$z_r = z_{ra}\sin\omega t; \quad \dot{z}_r = z_{ra}\omega\cos\omega t \qquad （3-109）$$

非线性阻尼力 $F\dot{z}_r$ 在一个周期中所做的阻力功为：

$$A_f = \int F(\dot{z}_r)\mathrm{d}z_r = \int_0^T F(\dot{z}_r)\dot{z}_r\mathrm{d}t = z_{ra}\int_0^{2\pi} F(\dot{z}_r)\cos\omega t\mathrm{d}(\omega t) \qquad （3-110）$$

黏性阻尼在一个周期中所做的阻力功为：

$$A_C = \int_0^{2\pi} C\dot{z}_r z_{ra}\cos\omega t\mathrm{d}(\omega t) = \int_0^{2\pi} Cz_{ra}^2\omega\cos^2\omega t\mathrm{d}(\omega t) = \pi C\omega z_{ra}^2 \qquad （3-111）$$

使 $A_f = A_c$ ，便得到当量黏性阻尼系数的表达式为：

$$C_e = \frac{z_{ra}}{\pi\omega z_{ra}^2}\int_0^{2\pi} F(\dot{z}_r)\cos\omega t\mathrm{d}(\omega t) \qquad （3-112）$$

在稳态强迫振动中，常值干摩擦力在一周中的阻力功为：

$$A_f = 4\int_0^{\frac{\pi}{2}} Fz_{ra}\cos\omega t\mathrm{d}(\omega t) = 4Fz_{ra} \qquad （3-113）$$

弹簧挠度成正比的干摩擦力在一周中的阻力功为：

$$\begin{aligned}
A_\varphi &= \int_0^{2\pi}\varphi K(f_{st} + z_r)\cdot z_{ra}\cos\omega t\mathrm{d}(\omega t) \\
&= \varphi Kz_{ra}\int_0^{2\pi}(f_{st} + z_r\sin\omega t)\cos\omega t\mathrm{d}(\omega t) \\
&= 4\varphi Kz_{ra}f_{st}
\end{aligned} \qquad （3-114）$$

于是，常值摩擦力的当量黏性阻尼系数为：

$$C_e = \frac{4Fz_{ra}}{\pi\omega z_{ra}^2} = \frac{4F}{\pi\omega z_{ra}} \qquad （3-115）$$

与弹簧挠度成正比的摩擦力的当量黏性阻尼系数为：

$$C_e = \frac{4\varphi K z_{ra} f_{st}}{\pi \omega z_{ra}^2} = \frac{4\varphi K f_{st}}{\pi \omega z_{ra}} \quad (3\text{-}116)$$

由上可见：当量黏性阻尼系数 C_e，不仅与摩擦力的大小有关，而且也与振幅和频率有关。应用当量黏性阻尼后，式（3-32）就可写成：

$$M\ddot{z}_r + C_e \dot{z}_r + K z_r = M a \omega^2 \sin \omega t \quad (3\text{-}117)$$

参照式（3-23），上式的解为：

$$z_r = \frac{M a \omega^2}{\sqrt{(K - M\omega^2)^2 + (C_e \omega)^2}} \sin(\omega t - \delta) = z_{ra} \sin(\omega t - \delta) \quad (3\text{-}118)$$

当摩擦力为常值时，将式（3-115）代入到式（3-118）的 z_{ra} 表达式中，得

$$z_{ra} = \frac{M a \omega^2}{\sqrt{(K - M\omega^2)^2 + (\dfrac{4F}{\pi z_{ra}})^2}} \quad (3\text{-}119)$$

对上式等号两边平方，并用 $r = \omega / p$ 代入，经整理后得

$$z_{ra} = \frac{a r^2}{|1 - r^2|} \sqrt{1 - (\frac{4F}{\pi K a})^2 (\frac{1}{r^2})^2} \quad (3\text{-}120)$$

当摩擦力与弹簧挠度成正比时，仿照上述步骤可得

$$z_{ra} = \frac{a r^2}{|1 - r^2|} \sqrt{1 - (\frac{4\varphi f_{st}}{\pi a})^2 (\frac{1}{r^2})^2} \quad (3\text{-}121)$$

式（3-120）和（3-121）可写成下列同一个式子

$$z_{ra} = \frac{a r^2}{|1 - r^2|} \sqrt{1 - (\frac{D_f}{r^2})^2} = a \eta_f \quad (3\text{-}122)$$

式中，D_f 是干摩擦力的相对摩擦系数，对应于式（3-120）的 $D_f = \dfrac{4F}{\pi K a}$；对应于式（3-121）的 $D_f = \dfrac{4\varphi f_{st}}{\pi a}$；$\eta_f$ 是车体浮沉振动时弹簧挠度扩大倍率。

5. 车辆的强迫振动

以上讨论强迫振动时，皆采用单轮对式的车辆简化系统。现来讨论具有转

向架的实际车辆的强迫振动，并比较这两种系统的强迫振动特性是否有区别。

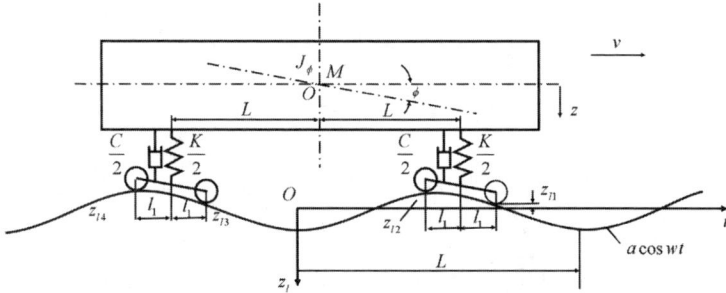

图 3-13　车辆沿波形线路运行时的强迫振动系统

重心对称的四轴车辆沿波形线路运行时的振动系统如图 3-13 所示。图中的波状线路用 $a\cos\omega t$ 表示，系统中符号除前述者外，尚有 z_{l1}、z_{l2}、z_{l3} 和 z_{l4}，它们按前进方向依次为四个轮对的垂直位移，其表达式为：

$$\left.\begin{aligned}
z_{l1} &= a\cos\omega t \\
z_{l2} &= a\cos(\omega t - \beta_1) \\
z_{l3} &= a\cos(\omega t - \beta_2) \\
z_{l4} &= a\cos(\omega t - \beta_3)
\end{aligned}\right\} \tag{3-123}$$

式中

$$\beta_1 = \frac{4\pi l_1}{L}; \beta_2 = \frac{4\pi l}{L}; \beta_3 = \frac{2\pi(2l + 2l_1)}{L} \tag{3-124}$$

弹簧下部支承点的垂直位移为：

$$\left.\begin{aligned}
z_{l1} &= \frac{1}{2}(z_{l1} + z_{l2}) = a\cos\frac{\beta_1}{2}\cos(\omega t - \frac{\beta_1}{2}) \\
z_{l2} &= \frac{1}{2}(z_{l3} + z_{l4}) = a\cos\frac{\beta_1}{2}\cos(\omega t - \frac{\beta_2}{2} - \frac{\beta_3}{2})
\end{aligned}\right\} \tag{3-125}$$

车体的运动微分方程为：

$$\left.\begin{aligned} M\ddot{z} &= -\frac{K}{2}(z + l\phi - z_{l1}) - \frac{C}{2}(\dot{z} + l\dot{\phi} - \dot{z}_{l1}) \\ &\quad -\frac{K}{2}(z - l\phi - z_{l2}) - \frac{C}{2}(\dot{z} - l\dot{\phi} - \dot{z}_{l2}) \\ J\ddot{\phi} &= -\frac{K}{2}(z + l\phi - z_{l1})l - \frac{C}{2}(\dot{z} + l\dot{\phi} - \dot{z}_{l1})l \\ &\quad +\frac{K}{2}(z - l\phi - z_{l2})l + \frac{C}{2}(\dot{z} - l\dot{\phi} - \dot{z}_{l2})l \end{aligned}\right\} \quad (3\text{-}126)$$

上式经化简后得

$$\left.\begin{aligned} M\ddot{z} + C\dot{z} + Kz &= \frac{K}{2}(z_{l1} + z_{l2}) + \frac{C}{2}(\dot{z}_{l1} + \dot{z}_{l2}) \\ J\ddot{\phi} + Cl^2\dot{\phi} + Kl^2\phi &= \frac{K}{2}l(z_{l1} - z_{l2}) + \frac{C}{2}l(\dot{z}_{l1} - \dot{z}_{l2}) \end{aligned}\right\} \quad (3\text{-}127)$$

该式右边部分可作如下简化：

$$\left.\begin{aligned} z_{l1} + z_{l2} &= 2a\cos\frac{\beta_1}{2}\cos\frac{\beta_2}{2}\cos(\omega t - \frac{\beta_3}{2}) \\ \dot{z}_{l1} + \dot{z}_{l2} &= -2a\omega\cos\frac{\beta_1}{2}\cos\frac{\beta_2}{2}\sin(\omega t - \frac{\beta_3}{2}) \\ z_{l1} - z_{l2} &= -2a\cos\frac{\beta_1}{2}\sin\frac{\beta_2}{2}\cos(\omega t - \frac{\beta_3}{2}) \\ \dot{z}_{l1} - \dot{z}_{l2} &= -2a\omega\cos\frac{\beta_1}{2}\sin\frac{\beta_2}{2}\cos(\omega t - \frac{\beta_3}{2}) \end{aligned}\right\} \quad (3\text{-}128)$$

令上式中的
$$\cos\frac{\beta_1}{2}\cos\frac{\beta_2}{2} = m$$
$$\cos\frac{\beta_1}{2}\sin\frac{\beta_2}{2} = n$$

则得

$$
\left.\begin{aligned}
z_{l1} + z_{l2} &= 2am\cos(\omega t - \frac{\beta_3}{2}) \\
\dot{z}_{l1} + \dot{z}_{l2} &= -2a\omega m\sin(\omega t - \frac{\beta_3}{2}) \\
z_{l1} - z_{l2} &= -2an\sin(\omega t - \frac{\beta_3}{2}) \\
\dot{z}_{l1} - \dot{z}_{l2} &= -2a\omega n\cos(\omega t - \frac{\beta_3}{2})
\end{aligned}\right\} \tag{3-129}
$$

于是有

$$
\left.\begin{aligned}
&\frac{K}{2}(z_{l1} + z_{l2}) + \frac{C}{2}(\dot{z}_{l1} + \dot{z}_{l2}) = aKm\cos(\omega t - \frac{\beta_3}{2}) \\
&-aC\omega m\sin(\omega t - \frac{\beta_3}{2}) = F_1\cos(\omega t - \frac{\beta_3}{2} + \alpha) \\
&\frac{K}{2}l(z_{l1} - z_{l2}) + \frac{C}{2}l(\dot{z}_{l1} - \dot{z}_{l2}) = -aKnl\sin(\omega t - \frac{\beta_3}{2}) \\
&-aC\omega nl\cos(\omega t - \frac{\beta_3}{2}) = -F_2\sin(\omega t - \frac{\beta_3}{2} + \alpha)
\end{aligned}\right\} \tag{3-130}
$$

式中

$$
\begin{aligned}
F_1 &= am\sqrt{K^2 + (C\omega)^2} \\
F_2 &= anl\sqrt{K^2 + (C\omega)^2} \\
a &= \tan^{-1}\frac{C\omega}{K}
\end{aligned} \tag{3-131}
$$

将式（3-130）代入到式（3-127）便得

$$
\left.\begin{aligned}
M\ddot{z} + C\dot{z} + Kz &= F_1\cos(\omega t - \frac{\beta_3}{2} + \alpha) \\
J\ddot{\phi} + Cl^2\dot{\phi} + Kl^2\phi &= -F_2\sin(\omega t - \frac{\beta_3}{2} + \alpha)
\end{aligned}\right\} \tag{3-132}
$$

把上式的表示车体浮沉振动的第一个式子和式（3-75）比较一下，可以发现，两者在等号左侧的形式完全相同，且等号右侧的激振力均为简谐性质，只是激振力的幅值在有转向架时由于多了小于 1 的乘积因子 m 而要小一些。

因此，转向架式车辆的浮沉振动系统完全可用前述的简化系统来代替，简化系统波形线路的幅值 a 用一较小值 ma 来代替即可。因此，可以用前述的简化模型来代替转向架式车辆的浮沉振动系统，只需将线路不平顺波形的幅值 a 调整为较小的值 ma 即可。

车体点头强迫振动的方程也和浮沉强迫振动方程具有相同的形式，因此，后者的振动特性分析也同样适用于前者。

由此可见，当车体重心在纵向垂直平面内对称时，车体的浮沉和点头振动是各自独立的，但在一般情况下又是同时产生的，车体在纵向垂直平面内的强迫振动即由浮沉和点头振动两者所合成。已知式（3-132）的 z 和 ϕ 的两个独立解，便可用矢量法很方便地求出合成解。

三、具有二系弹簧装置车辆的自由振动

在客车转向架中，通常采用串联的双级弹簧悬挂装置，以提高系统的总静挠度，从而改善车辆的振动性能。双级弹簧悬挂系统由于包含中间质量，使得系统的自由度增加，振动特性也变得比单自由度系统更复杂。下面来讨论一下客车垂直自由振动的特性。

1. 重心对称时的无阻尼自由振动

车辆垂直振动系统如图 3-14 所示，图中参数及定义见表 3-1。当车体重心对称时，其浮沉和点头振动彼此独立。

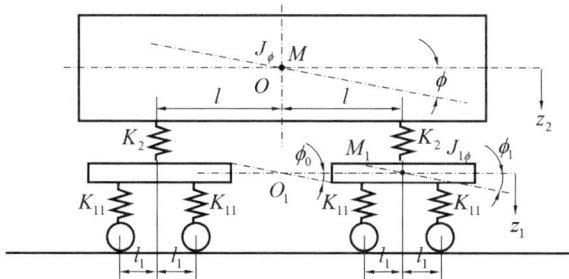

图 3-14 二系弹簧装置车辆的垂直振动系统

表 3-1 二系弹簧装置车辆的垂直振动系统相关参数及定义

参数	单位	定义
M	kg	车体质量
M_1	kg	转向架簧上部分质量
K_1	N/m	转向架轴箱弹簧并联刚度
K_{11}	N/m	一根车轴的轴箱弹簧刚度（$K_1 = 2K_{11}$）
K_2	N/m	转向架中央弹簧并联刚度
z_1	m	转向架质量 M_1 的垂直位移
z_2	m	车体质量的垂直位移
ϕ	rad	车体相对于通过其重心的横向水平轴的角位移
J_ϕ	kg·m²	车体相对于通过其重心的横向水平轴的转动惯量
$J_{1\phi}$	kg·m²	转向架簧上部分相对于通过其重心的横向水平轴的转动惯量
ϕ_0	rad	转向架质量 M_1 相对于通过其组合重心 O_1 点的横向水平轴的角位移
ϕ_1	rad	转向架簧上部分相对于通过其重心的横向水平轴的角位移
$2l$	m	车辆定距
$2l_1$	m	转向架固定轴距

先来讨论车辆的浮沉动，有

$$\left.\begin{array}{l} M\ddot{z}_2 = -2K_2(z_2 - z_1) \\ 2M_1\ddot{z}_1 = 2K_2(z_2 - z_1) - 2K_1z_1 \end{array}\right\} \qquad (3\text{-}133)$$

$$\left.\begin{array}{l} M\ddot{z}_2 + 2K_2(z_2 - z_1) = 0 \\ M_1\ddot{z}_1 + K_1z_1 - K_2(z_2 - z_1) = 0 \end{array}\right\} \qquad (3\text{-}134)$$

进一步写成
$$\left.\begin{array}{l} \ddot{z}_2 + a_1z_2 - a_1z_1 = 0 \\ \ddot{z}_1 + a_2z_1 - a_3z_2 = 0 \end{array}\right\} \qquad (3\text{-}135)$$

式中
$$a_1 = \frac{2K_2}{M}; a_2 = \frac{K_1 + K_2}{M_1}; a_3 = \frac{K_2}{M_1} \qquad (3\text{-}136)$$

这是一个联立的二阶常系数齐次线性微分方程组，设其解为：

$$\left.\begin{array}{l} z_1 = A\sin(pt + \alpha) \\ z_2 = B\sin(pt + \alpha) \end{array}\right\} \qquad (3\text{-}137)$$

式中，A、B 为振幅，p 为自振频率，α 为相位角，且 A、B 和 α 皆由初始条件决定。将方程的解代入到式（3-135）中，消去共同项后得

$$\left.\begin{array}{l} a_1A - (a_1 - p^2)B = 0 \\ (a_2 - p^2)A - a_3B = 0 \end{array}\right\} \qquad (3\text{-}138)$$

式中，A 和 B 都为零时也是一组解，但它是对应于系统静平衡时的解，系统振动时，A 和 B 显然不能为零，要求出 A 和 B 的非零解，必须满足下列行列式为零的条件

$$\begin{vmatrix} a_1 & -(a_1 - p^2) \\ (a_2 - p^2) & -a_3 \end{vmatrix} = 0$$

展开得 $\qquad (a_1 - p^2)(a_2 - p^2) - a_1a_3 = 0$

即 $\qquad p^4 - (a_1 + a_2)p^2 + a_1(a_2 + a_3) = 0 \qquad (3\text{-}139)$

这就是用来求自振频率的频率方程式（特征方程），方程的两个根（特征值）为：

$$p_{1,2}^2 = \frac{1}{2}[(a_1 + a_2) \mp \sqrt{(a_1 + a_2)^2 - 4a_1(a_2 - a_3)}] \qquad (3\text{-}140)$$

将 a_1、a_2 和 a_3 的值代入上式得

$$p_{1,2} = \sqrt{\frac{K_2}{M} + \frac{K_1 + K_2}{2M_1} \mp \sqrt{(\frac{K_2}{M} + \frac{K_1 + K_2}{2M_1})^2 - \frac{2K_1K_2}{M_1M}}} \qquad （3-141）$$

用二项式定理对根号中的根号项展开，并考虑到 $M \gg M_1$，得

$$\sqrt{(\frac{K_2}{M} + \frac{K_1 + K_2}{2M_1})^2 - \frac{2K_1K_2}{M_1M}} \approx \frac{K_2}{M} + \frac{K_1 + K_2}{2M_1} - \frac{1}{2} \times \frac{\dfrac{2K_1K_2}{M_1M}}{\dfrac{K_2}{M} + \dfrac{K_1 + K_2}{2M_1}} \qquad （3-142）$$

则　$p_1 = \sqrt{\dfrac{1}{2} \times \dfrac{\dfrac{2K_1K_2}{M_1M}}{\dfrac{K_2}{M} + \dfrac{K_1 + K_2}{2M_1}}} + \sqrt{\dfrac{2K_1K_2}{2M_1K_2 + M(K_1 + K_2)} \times \dfrac{\dfrac{g}{2K_1K_2}}{\dfrac{g}{2K_1K_2}}}$ $\qquad （3-143）$

$$= \sqrt{\frac{g}{\dfrac{(2M_1 + M)g}{2K_1} + \dfrac{Mg}{2K_2}}} = \sqrt{\frac{g}{f_{s1} + f_{s2}}}$$

式中，f_{s1} 和 f_{s2} 分别是轴箱弹簧和中央弹簧的静挠度。

$$p_2 = \sqrt{2(\frac{K_1 + K_2}{2M_1} + \frac{K_2}{M}) - \frac{1}{2} \frac{\dfrac{2K_1K_2}{M_1M}}{\dfrac{K_2}{M} + \dfrac{K_1 + K_2}{2M_1}}} \qquad （3-144）$$

上式根号中的第二项比第一项要小得多，可以略去。并且用

$$K_2 = \frac{Mg}{2f_{s2}} \text{ 和 } K_2 = \frac{(M + 2M_1)g}{2f_{s1}} \qquad （3-145）$$

代入上式，则得

$$p_2 = \sqrt{\frac{\dfrac{Mg}{2K_2} + \dfrac{(M + 2M_1)g}{2K_1}}{\dfrac{M_1Mg}{2K_1K_2}}} = \sqrt{\frac{(f_{s1} + f_{s2})(M + 2M_1)g}{f_{s1} \cdot f_{s2} \cdot 2M_1}} \qquad （3-146）$$

$$= \sqrt{(\frac{1}{f_{s1}} + \frac{1}{f_{s2}})(1 + \frac{M}{2M_1})g}$$

由此可见：两个自由度的振动系统就有两个自振频率，低频 p_1 只和系统

的总静挠度有关，与静挠度在二系中的分配无关；高频 p_2 除和总静挠度有关外，还与静挠度在二系中的分配及二系质量比有关。现代客车转向架在载重时的总静挠度在 160~200 mm 之间，浮沉自振频率 $f_{n1}(p_1/2\pi)$ 为 1~1.5 Hz，$f_{n2}(p_2/2\pi)$ 为 8~11 Hz。

两个自由度系统有两个自振频率，振动位移的通解为：

$$\left. \begin{array}{l} z_1 = A_1 \sin(p_1 t + \alpha_1) + A_2 \sin(p_2 t + \alpha_2) \\ z_2 = B_1 \sin(p_1 t + \alpha_1) + B_2 \sin(p_2 t + \alpha_2) \end{array} \right\} \tag{3-147}$$

这表明，系统的两个质量的自由振动由两种频率的自由振动叠加而成。

再来分析一下两个质量的振幅比与相位关系。从式（3-138）可见

$$\frac{A_1}{B_1} = \frac{a_1 - p_1^2}{a_1} \quad \text{及} \quad \frac{A_2}{B_2} = \frac{a_1 - p_2^2}{a_1} \tag{3-148}$$

今研究 $a_1 - p_1^2$ 和 $a_1 - p_2^2$ 的符号，从式（3-140）可得

$$a_1 - p_1^2 = a_1 - \frac{1}{2}[(a_1 + a_2) - \sqrt{(a_1 + a_2)^2 - 4a_1(a_2 - a_3)}] \tag{3-149}$$

因 $\quad \sqrt{(a_1 + a_2)^2 - 4a_1(a_2 - a_3)]} = \sqrt{(a_1 - a_2)^2 + 4a_1 a_3} \tag{3-150}$

故 $\quad a_1 - p_1^2 = \frac{1}{2}[(a_1 - a_2) + \sqrt{(a_1 - a_2)^2 + 4a_1 a_3}] > 0 \tag{3-151}$

同样有

$$a_1 - p_2^2 = \frac{1}{2}[(a_1 - a_2) - \sqrt{(a_1 - a_2)^2 + 4a_1 a_3}] < 0 \tag{3-152}$$

于是有

$$\left. \begin{array}{l} \dfrac{A_1}{B_1} = \dfrac{a_1 - p_1^2}{a_1} > 0 \\[4mm] \dfrac{A_2}{B_2} = \dfrac{a_1 - p_2^2}{a_1} < 0 \end{array} \right\} \tag{3-153}$$

亦即当以低频 p_1 振动时，车体和转向架构架的位移为同向，以高频 p_2 振动时，车体和转向架构架的位移为反向。振幅的比值 A/B 只和系统的参数有关，而与振幅本身的大小无关。两个自由度的车辆浮沉振动规律如图 3-15 所示，图中的（a）表示系统作低频振动时车体和构架的振幅比值，两者作同向

振动；图（b）表示系统作高频振动时车体和构架的振幅比值，两者作反向振动。这两种振动型式分别称为低频主振型和高频主振型。

表 3-2 列入了具有代表性的客车振动系统在不同挠度比时的有关计算数值。该表是设 $M = 45\,t$，$2M_1 = 4.5\,t$，弹簧总静挠度 $f_{s1} + f_{s2} = 170$（mm）时作出的。由表可见：在低频主振型中，$B_1 > A_1$；在高频主振型中，$B_2 < A_2$。研究还表明：车体的低频振幅 B_1 大于高频振幅 B_2；构架的高频振幅 A_2 大于低频振幅 A_1。即车体以低频振动为主，构架以高频振动为主。

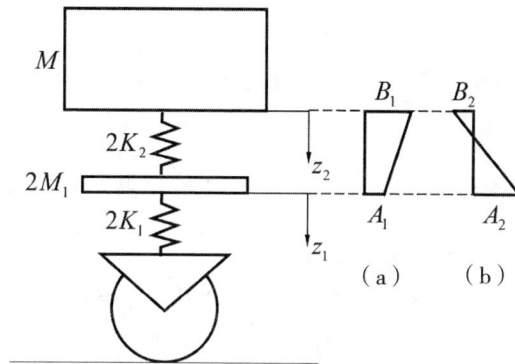

（a）低频振动时车体和构架的振幅比值　（b）高频振动时车体和构架的振幅比值

图 3-15　车体和转向架浮沉振动的主振型及波形

表 3-2　不同弹簧挠度比时的频率和振幅比

f_{s2}/f_{s1} 项目	83/17	76/24	69/31	65/35	55/45	52/48	40/60	25/75
低频 $\dfrac{p_1}{2\pi}$（Hz）	1.21	1.21	1.21	1.21	1.21	1.21	1.21	1.21
低频 $\dfrac{p_2}{2\pi}$（Hz）	11.3	10.0	9.2	8.9	8.5	8.5	8.7	9.8
$\dfrac{B_1}{A_1}$	5.9	4.2	3.2	2.9	2.2	2.1	1.7	1.3
$\dfrac{B_2}{A_2}$	0.016	0.023	0.030	0.034	0.043	0.046	0.059	0.075

在挠度比的分配上，通常是将静挠度的大部分分配在中央弹簧这一系。再观察一下低频振幅比 B_1/A_1 的规律，从式（3–153）可得

$$\frac{B_1}{A_1} = \frac{a_1}{a_1 - p_1^2} = \frac{2K_2/M}{2K_2/M - p_1^2} \approx \frac{g/f_{s2}}{g/f_{s2} - g/f_{s1} + f_{s2}}$$

$$= \frac{f_{s1} + f_{s2}}{f_{s1}} = \frac{f_{st}}{f_{s1}} \tag{3-154}$$

可见，低频主振型中 M 和 M_1 的振幅比 B_1/A_1 就近似等于两质量下面的弹簧静挠度比，即总静挠度和轴箱弹簧的静挠度比。表中的 B_1/A_1 值即是按该法求得的。

由上可知，弹簧静挠度的大小和分配决定了系统的自振频率和主振型，即决定了系统的自振特性。

再来讨论车体的点头振动。根据图 3–14 可列出下列运动微分方程

$$\left.\begin{array}{l} J_\phi \ddot{\phi} + 2K_2 l^2(\phi - \phi_0) = 0 \\ 2M_1 l^2 \ddot{\phi}_0 + 2K_1 l^2 \phi_0 - 2K_2 l^2(\phi - \phi_0) = 0 \end{array}\right\} \tag{3-155}$$

若令 $J_\phi = M\rho_\phi^2$，则上式可写成

$$\left.\begin{array}{l} \ddot{\phi} + (\frac{l}{\rho_\phi})^2 a_1 \phi - (\frac{l}{\rho_\phi})^2 a_1 \phi_0 = 0 \\ \ddot{\phi}_0 + a_2 \phi_0 - a_3 \phi = 0 \end{array}\right\} \tag{3-156}$$

把上式和式（3–135）比较一下可见：两式的形式完全一样，只是式（3–156）中的系数 a_1 前多了一个常数因子 $(l/\rho_\phi)^2$。于是，式（3–156）的解法则完全和式（3–135）一样，其解的形式当然也相同，于是有

$$p_{\phi 1} = \sqrt{\frac{g}{f_{s1} + f_{s2}(\frac{\rho_\phi}{l})^2}} \tag{3-157}$$

$$p_{\phi 2} = \sqrt{\frac{f_{s1} + f_{s2}(\frac{\rho_\phi}{l})^2}{f_{s1} \cdot f_{s2}(\frac{\rho_\phi}{l})^2}(1 + \frac{M}{2M_1})g} \tag{3-158}$$

前已述及，通常 ρ_ϕ 小于1，故点头振动频率也稍高于浮沉振动频率。

转向架簧上部分的点头振动是独立的，略去中央弹簧的作用，可得下列方程

$$J_{1\phi}\ddot{\phi}_1 + K_1 l_1^2 \phi_1 = 0 \qquad （3-159）$$

点头振动频率为：

$$p_{1\phi} = \sqrt{\frac{K_1 l_1^2}{J_{1\phi}}} \qquad （3-160）$$

转向架簧上部分的转动惯量 $J_{1\phi}$ 可根据构架及其连挂部分的质量和尺寸求出。

2. 重心不对称时的无阻尼自由振动

当车体重心在纵向垂直平面内不对称时，可以采用以下方法来分析车体的自由振动特性。由于车体以低频振型为主，并且该低频仅与弹簧装置的总静挠度有关，因此在研究车体振动时，可以忽略转向架部分的质量，而用图 3-16 所示的弹簧串联的当量系统来代替。

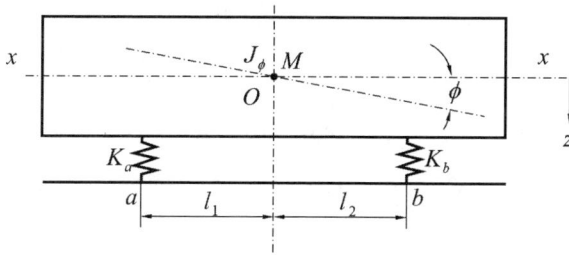

图 3-16　重心不对称时的车体振动简化系统

当车辆两端转向架的弹簧参数不同时，其当量刚度分别为各端轴箱弹簧与中央弹簧的串联刚度，即

$$K_a（或 K_b）= \frac{K_1 K_2}{K_1 + K_2} \qquad （3-161）$$

式中，K_1 和 K_2 的意义同前。

车体在纵向垂直平面内的运动可视为由下列运动所合成：沿 x 轴作平行于 x 轴的位移和绕通过重心 O 的横向水平轴的角位移。车体两端弹簧上支承点的位移分别为：

$$z_a = z - l_1 \phi \ 及 \ z_b = z + l_2 \phi \qquad （3-162）$$

于是，可列出下列运动微分方程

$$\left.\begin{aligned}
M\ddot{z} &= -K_a z_a - K_a z_b = -K_a(z - l_1\phi) - K_b(z - l_2\phi) \\
J_\phi\ddot{\phi} &= K_a z_a l_1 - K_b z_b l_2 = K_a l_1(z - l_1\phi) - K_b l_2(z + l_2\phi)
\end{aligned}\right\}$$
（3-163）

上式经整理后成为：

$$\left.\begin{aligned}
\ddot{z} + \frac{(K_a + K_b)}{M}z + \frac{(K_b l_2 - K_a l_1)}{M} &= 0 \\
\ddot{\phi} + \frac{(K_b l_2^2 + K_a l_1^2)}{J_\phi}\phi + \frac{(K_b l_2 - K_a l_1)}{J_\phi}z &= 0
\end{aligned}\right\}$$
（3-164）

以上包括了 z 和 ϕ 的联立方程，说明 z 和 ϕ 的运动是耦合在一起的，两者不能单独产生，只有在满足 $K_b l_2 - K_a l_1 = 0$ 的条件时，z 和 ϕ 才是独立的。上式也可写成：

$$\left.\begin{aligned}
\ddot{z} + a_1 z + a_2\phi &= 0 \\
\ddot{\phi} + a_3\phi + a_4 z &= 0
\end{aligned}\right\}$$
（3-165）

式中，

$$\left.\begin{aligned}
a_1 &= \frac{K_a + K_b}{M} \\
a_2 &= \frac{K_b l_2 - K_a l_1}{M} \\
a_3 &= \frac{K_b l_2^2 + K_a l_1^2}{J_\phi} \\
a_4 &= \frac{K_b l_2 - K_a l_1}{J_\phi}
\end{aligned}\right\}$$
（3-166）

设上述方程的解为：

$$\left.\begin{aligned}
z &= A\sin(pt + \alpha) \\
\phi &= B\sin(pt + \alpha)
\end{aligned}\right\}$$
（3-167）

将其代入到式（3-165）中后便得

$$\left.\begin{aligned}
(a_1 - p^2)A + a_2 B &= 0 \\
a_4 A + (a_3 - p^2)B &= 0
\end{aligned}\right\}$$
（3-168）

于是得频率方程式

$$p^4 - (a_1 + a_3)p^2 + (a_1 a_3 - a_2 a_4) = 0 \qquad (3-169)$$

自振频率为：

$$p_{1,2}^2 = \frac{1}{2}\left[(a_1 + a_3) \mp \sqrt{(a_1 + a_3)^2 - 4(a_1 a_3 - a_2 a_4)}\right] \qquad (3-170)$$

$$= \frac{1}{2}\left[(a_1 + a_3) \mp \sqrt{(a_1 - a_3)^2 + 4 a_2 a_4}\right]$$

现来观察一下两个自振频率所对应的主振型。因有

$$a_1 - p_1^2 = \frac{1}{2}\left[(a_1 - a_3) + \sqrt{(a_1 - a_3)^2 + 4 a_2 a_4}\right] > 0 \qquad (3-171)$$

及
$$a_1 - p_2^2 = \frac{1}{2}\left[(a_1 - a_3) - \sqrt{(a_1 - a_3)^2 + 4 a_2 a_4}\right] < 0 \qquad (3-172)$$

当 a_2 为正值时，则有下列关系存在：

$$\left.\begin{array}{l}
\dfrac{z_1}{\phi_1} = \dfrac{A_1}{B_1} = \dfrac{-a_2}{a_1 - p_1^2} = l_m < 0 \\[3mm]
\dfrac{z_2}{\phi_2} = \dfrac{A_2}{B_2} = \dfrac{-a_2}{a_1 - p_2^2} = l_n > 0
\end{array}\right\} \qquad (3-173)$$

当 a_2 为负值时，则 $l_m > 0$，$l_n < 0$。如 a_2 为正值时，对已定的坐标来说，在 p_1 的主振型中，z_1 和 ϕ_1 是反向振动的，当 z_1 为负值，即车体位于平衡位置的上方时，则 ϕ_1 也为正值，即车体同时按顺时针方向旋转，反之亦然。图 3-17（a）表示了这种振型，此时，整个车体系绕重心右方的 O_1 点转动，车体重心至转动中心 O_1 的距离为 l_m，这种振型类似于车体浮沉振动。在 p_2 的主振型中，z_2 和 ϕ_2 是同向振动的，当 z_2 为负值时，则 ϕ_2 也为负值，即车体同时沿逆时针方向旋转，z_2 为正值时，ϕ 也为正值。图 3-17（b）表示了这种振型，此时，整个车体系统重心左方的 O_2 点转动，O_2 点至车体重心的距离为 l_n，这种振型类似于车体点头振动。

由上可见，车体重心不对称时，就没有前述的重心对称时的浮沉和点头振动了，取而代之的是以 p_1 和 p_2 为频率的两种振动型式。如果重心偏移大，则上述的 l_m 变小，l_n 变大，将导致车体两端振幅差别增大，对一端的动载荷和平稳性不利。因此，在车辆的设计和运用中应限制重心的偏移值。当由于车体结

构特点而存在着重心偏移时，减小重心偏移影响的一个方法是使两端转向架的弹簧参数不等，使之满足 $K_a l_1 = K_b l_2$ 的条件。从式（3-164）可见，此时 z 和 ϕ 成为独立的振动，车体作浮沉振动，另外又可绕重心 O 点作点头振动，两者可以同时存在，也可单独只产生一种。通过这种方法，车辆可以在重心偏移的情况下依然保持较好的振动性能，减小不利影响，从而提高整体的行驶平稳性和安全性。

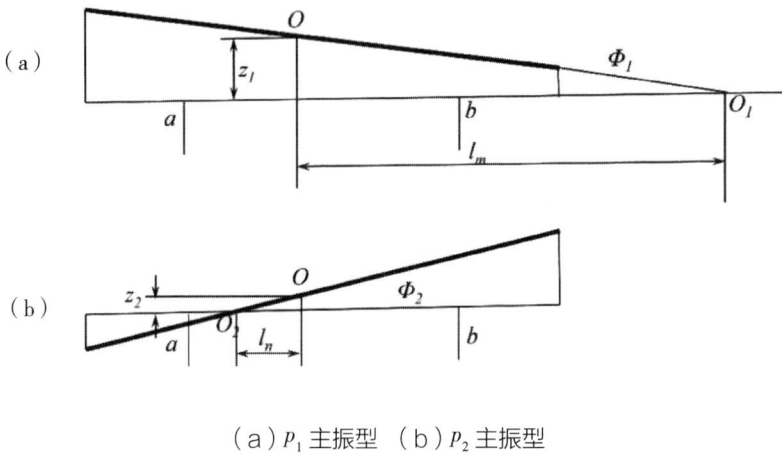

（a）P_1 主振型 （b）P_2 主振型

图 3-17 车体重心不对称时的两种主振型

例 3-3 某餐车车体重心沿纵向偏移 0.8 m，按图 3-16 的符号有：$l_1 = 7.7$ m，$l_2 = 9.3$ m，每一台转向架轴箱弹簧刚度 $K_1 = 4.61$ MN/m（461 kg/mm），轻载端转向架中央弹簧刚度 $K_2 = 1.54$ MN/m，重载端的 $K_2 = 1.87$ MN/m，车体质量 $M = 38$ t，车体对重心的转动惯量 $J_\phi = 2.05$ kt·m²（2.05×10^5 kg·m·s²）。今求车体的垂直自由振动低频及主振型。

解：根据以上的公式有

$$K_a = \frac{4.61 \times 1.87}{4.61 + 1.87} = 1.33 \text{ MN/m}$$

$$K_b = \frac{4.61 \times 1.54}{4.61 + 1.54} = 1.16 \text{ MN/m}$$

$$a_1 = \frac{1.16 + 1.13}{38} \frac{\text{MN/m}}{\text{t}} = \frac{2.49}{38} \times \frac{10^6}{10^3} \frac{\text{N/m}}{\text{kg}}$$

$$= 65 \frac{\frac{\text{kg} \cdot \text{m}}{\text{s}^2} \times \frac{1}{\text{m}}}{\text{kg}} = 65 \, (1/\text{s}^2)$$

$$a_2 = \frac{(1.16 \times 9.3 - 1.33 \times 7.7)}{38} \times \frac{10^6}{10^3} = 13.6 \, (\text{m/s}^2)$$

$$a_3 = \frac{1.16 \times (9.3)^2 + 1.33 \times (7.7)^2}{2.05} \times \frac{10^6}{10^6} = 87 \, (1/\text{s}^2)$$

$$a_4 = \frac{(1.16 \times 9.3 - 1.33 \times 7.7)}{2.05} \times \frac{10^6}{10^6} = 0.25 \, (1/\text{s}^2 \cdot \text{m})$$

从式（3-170）可得：

$$p_{1,2}^2 = \frac{1}{2}\left[65 + 87 \pm \sqrt{(65 - 87)^2 + 4 \times 13.6 \times 0.25} \right]$$

$$p_1^2 = 64.8 \, (1/\text{s}^2); \quad p_1 = 8.05 \, (1/\text{s}); \quad f_{n1} = 1.28 \, (\text{Hz})$$

$$p_2^2 = 87.3 \, (1/\text{s}^2); \quad p_2 = 9.35 \, (1/\text{s}); \quad f_{n2} = 1.5 \, (\text{Hz})$$

从式（3-173）可得：

$$l_m = \frac{-13.6}{65 - 64.8} = -68 \, (\text{m}); \quad l_n = \frac{-13.6}{65 - 87.3} = 0.61 \, (\text{m})$$

由图 3-17（a）可知，在 p_1 的振型中，车体两端的振幅比为：

$$\left(\frac{z_1}{z_2}\right)_1 = \frac{68 + 7.7}{68 - 9.3} = 1.3$$

由图 3-17（b）可知，在 p_2 的振型中，有

$$\left(\frac{z_1}{z_2}\right)_2 = \frac{7.7 - 0.61}{9.3 + 0.61} = 0.72$$

由上述例题可见，$p_1^2 \approx a_1$，$p_2^2 \approx a_3$。$\sqrt{a_1}$ 和 $\sqrt{a_2}$ 的物理意义是明显的，它们分别为不考虑 z 和 ϕ 耦合时车体单独的浮沉和绕重心轴的点头自振频率。于是，当车体重心偏移不大时，就可用 $\sqrt{a_1}$ 和 $\sqrt{a_2}$ 来代替耦合频率 p_1 和 p_2。此外，由于 $p_1 > p_2$，故车体轻载端的振动以 p_2 的振型为主，这就使得轻载端的振动加速度要比重载端大些。

3. 具有黏性阻尼的自由振动

现代客车转向架在二系弹簧中通常安装液压减振器，采用黏性阻尼。图 3-18 是客车转向架的车辆浮沉自振系统。设车体质量为 M，图中的 M_2 为 M 的一半，中央弹簧与减振器并联配置，单个转向架上减振器的阻尼系数用 C 表示，其余符号的意义同前。

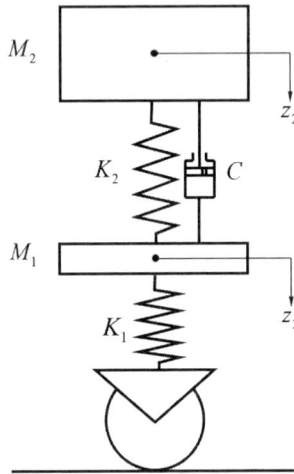

图 3-18　具有黏性阻尼的两自由度车辆浮沉自振系统

该系统的运动微分方程为：

$$\left.\begin{array}{l} M_2\ddot{z}_2 + C\dot{z}_2 + K_2z_2 - C\dot{z}_1 - K_2z_1 = 0 \\ M_1\ddot{z}_1 + C\dot{z}_1 + (K_1+K_2)z_1 - C\dot{z}_2 - K_2z_2 = 0 \end{array}\right\} \quad (3\text{-}174)$$

再将上式写成

$$\left.\begin{array}{l} \ddot{z}_2 + 2n_{01}\dot{z}_2 + a_1z_2 - 2n_{01}\dot{z}_1 - a_1z_1 = 0 \\ \ddot{z}_1 + 2n_{02}\dot{z}_1 + a_2z_1 - 2n_{02}\dot{z}_2 - a_3z_2 = 0 \end{array}\right\} \quad (3\text{-}175)$$

式中

$$\left.\begin{array}{l} 2n_{01} = \dfrac{C}{M_2}; \quad 2n_{02} = \dfrac{C}{M_1} \\[3mm] a_1 = \dfrac{K_2}{M_2}; \quad a_2 = \dfrac{K_1+K_2}{M_1}; \quad a_3 = \dfrac{K_2}{M_1} \end{array}\right\} \quad (3\text{-}176)$$

如同前面讨论具有黏性阻尼的单自由度系统时一样，设上述方程组的解具有下列形式

$$\left.\begin{array}{l} z_1 = Ae^{\lambda t} \\ z_2 = Be^{\lambda t} \end{array}\right\} \qquad (3\text{-}177)$$

将上式及其导数值代入到式（3-175）中，并使 A 和 B 的系数行列式等于零，则得下列特征方程

$$\lambda^4 + 2(n_{01} + n_{02})\lambda^3 + (a_1 + a_2)\lambda^2 + 2n_{01}(a_2 - a_3)\lambda + a_1(a_2 - a_3) = 0 \qquad (3\text{-}178)$$

该特征方程的根为下列共轭复数

$$\left.\begin{array}{l} \lambda_{1,2} = -n_1 \pm jp_{1C} \\ \lambda_{3,4} = -n_2 \pm jp_{2C} \end{array}\right\} \qquad (3\text{-}179)$$

上述公式中的 n_1、n_2 为阻尼强度，负号表示振动会逐渐减弱。在有阻尼的系统中，分别用 p_{1C} 和 p_{2C} 表示低的自振频率和高的自振频率。这些值共同决定了系统的自振特性。

式（3-174）的解即为

$$\left.\begin{array}{l} z_1 = A_1 e^{-n_1 t} \sin(p_{1C}t + \alpha_1) + A_2 e^{-n_2 t} \sin(p_{2C}t + \alpha_2) \\ z_2 = B_1 e^{-n_1 t} \sin(p_{1C}t + \alpha_1) + B_2 e^{-n_2 t} \sin(p_{2C}t + \alpha_2) \end{array}\right\} \qquad (3\text{-}180)$$

上面式中的 n_1、n_2、p_{1C} 和 p_{2C} 可用数学方法（如用后面要讲到的矩阵方法来解特征方程的特征值或其他方法）解出。但对车辆振动系统而言，由于车体质量远远大于转向架构架质量，这就决定了可用相当近似的计算方法来求出 n 值和 p_C 值，而不必去解上述的特征方程，从而简化运算过程。

由前述的无阻尼自振特性可知：车辆浮沉自振低频只取决于弹簧总静挠度；高频 p_2 远远大于低频 p_1；高频主振型中构架振幅远远大于车体振幅。故可将原两个自由度的系统简化成图 3-19 所示的两个各具有一个自由度的当量系统，从而分别求解 n_1、p_{1C} 和 n_2、p_{2C} 的近似值。

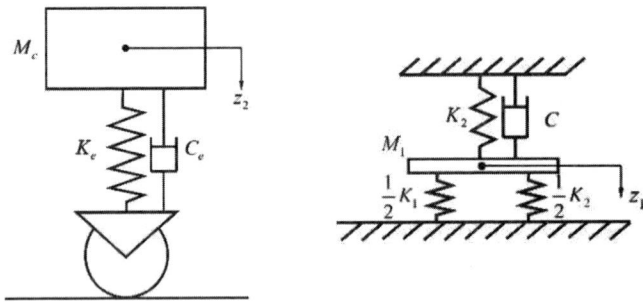

（a）低频自振系统　（b）高频自振系统

图 3-19　两个自由度的当量简化系统

求解低频自振的 n_1 和 p_{1c} 的当量简化系统如图 3-19（a）所示，该简化系统与图 3-18 中的原系统之间的关系遵守下列条件：

①简化系统的弹簧刚度为原系统二系弹簧的串联刚度，即

$$K_e = \frac{K_1 K_2}{K_1 + K_2} \qquad (3-181)$$

②简化系统与原系统的弹簧静挠度相等，以保持简化系统的自振频率与原系统的低自振频率相同，即

$$\frac{M_e}{K_c} = \frac{M_2 + M_1}{K_1} + \frac{M_2}{K_2} \qquad (3-182)$$

若令 $\psi = \dfrac{K_1}{K_2}$，则有

$$M_e = M_2 + \frac{M_1}{1 + \psi} \qquad (3-183)$$

③两个系统的减振器效能相等，即两个系统中的黏性阻尼的阻力功相等。

为了确定 C_e，今分析如下。如前所述，当系统作 $z_a \sin pt$ 的简谐振动时，阻尼 C 在一个周期中所吸收的能量即阻力功

$$R = \pi C p z_a^2 \qquad (3-184)$$

在简化系统中则成为：

$$R_e = \pi C_e p_{1c} B^2 \qquad (3-185)$$

　　此处 B 为车体振幅。在原二系弹簧装置中，车体与构架作低频同向振动，两者相对位移的振幅为 $B-A$，则相应的阻力功

$$R = \pi C p_{1C}(B-A)^2 \qquad （3-186）$$

今使 $R_e = R$，则得

$$C_e B^2 = C(B-A)^2 \qquad （3-187）$$

$$C_e = C(\frac{B-A}{B})^2 \qquad （3-188）$$

由于在原系统中的无阻尼低频振幅比即等于弹簧静挠度比，参见式（3-154），这个比值由于阻尼而影响不大，故上式可写成

$$C_e = C(\frac{f_{st}-f_{s1}}{f_{st}})^2 = C(\frac{f_{s2}}{f_{st}})^2 \qquad （3-189）$$

于是，按上述三个条件就可将给定参数的原系统转换为当量简化系统来讨论。

在当量简化系统中，有

$$2n_{e1} = \frac{C_e}{M_e} \quad 及 \quad p_{e1} = \sqrt{\frac{K_e}{M_e} - n_{e1}^2} \qquad （3-190）$$

从而，可用当量简化系统中的 n_{e1} 和 P_{e1} 值来代替原系统中所要求解的 n_1 和 P_{1c}，即

$$n_1 \approx n_{e1}, \quad p_{1c} \approx p_{e1} \qquad （3-191）$$

求解高频自振时的 n_2 和 P_{2c} 的当量简化系统如图 3-19（b）所示，易得

$$2n_{e2} = \frac{C}{M_1} \quad 及 \quad p_{e2} = \sqrt{\frac{K_1+K_2}{M_1} - n_{e2}^2} \qquad （3-192）$$

从而，原系统中所要求解的 n_2 和 p_{2c} 就可求出

$$n_2 \approx n_{e2}, \quad p_{2c} \approx p_{e2} \qquad （3-193）$$

这样，式（3-179）中的四个未知值就可求出。上述近似计算方法不仅大大简化了求特征方程根的过程，而且将特征根的表达式直接用原系统的参数来表示，从而可根据原系统的参数来判定系统的衰减自振特性。

　　例 3-4　已知某客车的 $M = 45\,\text{t}$，$2M_1 = 4.5\,\text{t}$，$f_{s2} = 117\,\text{mm}$，$C = 200000\,\text{kg/s}$

（200 kN · s/m），求该振动系统的 n_1、n_2、P_{1C} 和 P_{2C} 的数值。

解：今用上述的近似方法来解。根据上述公式，先求出系统的弹簧刚度如下：

$$K_2 = \frac{22.5 \times 10^3 \times 9.81}{0.117} = 1.92 (\text{MN} / \text{m})$$

$$K_1 = \frac{(22.5 + 2.25) \times 10^3 \times 9.81}{0.053} = 4.65 (\text{MN} / \text{m})$$

$$K_e = \frac{4.65 \times 1.92}{4.65 + 1.92} = 1.36 (\text{MN} / \text{m})$$

$$M_e = 22.5 + \frac{2.25}{1 + (4.65 / 1.92)} = 23.2 (\text{t})$$

由式（3-189）得

$$C_e = 200,000 (\frac{0.117}{0.170})^2 = 95,000 (\text{kg} / \text{s})$$

对于系统的低频振动分量，从式（3-190）可求得

$$n_1 \approx n_{e1} = \frac{95 \times 10^3}{2 \times 23.2 \times 10^3} = 2.1 (1 / \text{s})$$

$$p_{1C} \approx p_{e1} = \sqrt{\frac{1.36 \times 10^6}{23.2 \times 10^3} - (2.1)^2} = 7.4 (1 / \text{s})$$

以及

$$p_1 = \sqrt{\frac{9.81}{0.170}} = 7.6 (1 / \text{s})$$

减振因数为：

$$D_1 = \frac{C_e}{2 M_e p_1} = \frac{n_{e1}}{p_1} = \frac{2.1}{7.6} = 0.28$$

对于系统的高频振动分量，由式（3-192）可得

$$n_2 \approx n_{e2} = n_{02} = \frac{200 \times 10^3}{4.5 \times 10^3} = 44.3 (1 / \text{s})$$

$$p_{2c} \approx p_{e2} = \sqrt{\frac{(1.92 + 4.65) \times 10^6}{2.25 \times 10^3} - (44.3)^2} = 33 (1 / \text{s})$$

以及 $\quad p_2 = \sqrt{\frac{(1.92 + 4.65) \times 10^6}{2.25 \times 10^3}} = 54 (1 / \text{s})$

$$D_2 = \frac{C}{2M_1 p_2} = \frac{n_e}{p_2} = \frac{44.3}{54} = 0.78$$

由上可知，在低频振动中，阻尼对自振频率值的影响很小，即有阻尼的 p_{1c} 几乎不受阻尼变化的影响。但在高频振动中却不同，由于 D_2 值大，从而使得阻尼对 p_2 的影响就很大，使 p_{2c} 显著地低于无阻尼的 p_2。此外，由于 D_2 明显地大于 D_1，且 p_{2c} 也比 p_{1c} 大几倍，故高频振动分量的衰减要比低频分量快得多。

值得注意的是，在为车辆垂直振动选择合适的阻尼系数时，弹簧静挠度在二系间的分配是一个关键因素。当弹簧总静挠度一定时，尽管不同的分配方式可以实现相同的低自振频率，但其对阻尼效果的影响却存在显著差异。减振器安装在任何一系弹簧上都可以有效衰减高频振动，如图 3-19（b）所示。然而，如果阻尼仅存在于轴箱弹簧系中，那么对车体振动的衰减效果就很有限。这样微弱的阻尼效果不足以使低频振动的减振因数 D_1 达到理想水平。因此，在中央弹簧系统中设置阻尼是必要的。为了使中央弹簧系统的阻尼达到所需的 D_1 值，需要将弹簧静挠度的大部分分配到该系统中。由式（3-189）可知，这样只需要相对较小的阻尼系数 C 即可实现所需的当量阻尼 C_e 值。如果将大部分静挠度分配给轴箱弹簧系统，那么为了达到相同的 C_e 值，将需要大幅增加阻尼系数 C 值。而为了增加 C 值就需要增加中央弹簧处的减振器数目，或是加大每一减振器的阻尼系数，这两种方案都存在问题：增加减振器数量不现实，而提高阻尼系数也不理想。即使通过这些方法达到了提高 C 值的目的，过大的阻尼会导致高频减振因数 D_2 增大，进而引发新的问题。因此，合理的设计策略是将减振器安装在中央弹簧系统中，并使弹簧总静挠度的大部分也分配在这一系上。现代客车的转向架设计正是遵循了这一原则，从而在保证振动性能的同时避免了过度复杂的结构设计。

对于高速运行的客车，由于转向架构架的点头振动加剧，通常需要在轴箱弹簧系统中也安装减振器。此时，系统的振动方程及求解要比上述更加复杂。

四、具有二系弹簧装置车辆的强迫振动

1. 无阻尼的强迫振动

如前所述，在讨论强迫振动时，轮对与簧上载重系统可视为一系弹簧装置的替代。同样地，二系弹簧装置也可采用此方法，其简化模型如图 3-20 所示。

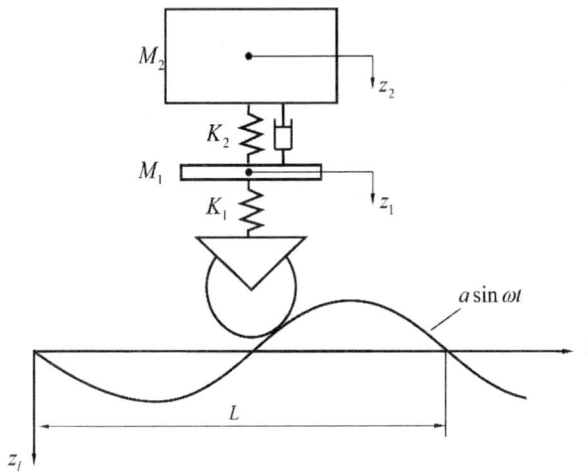

图 3-20　两个自由度的强迫振动系统

先讨论当 $C=0$ 时图中的无阻尼情况。车体和转向架构架的运动微分方程为：

$$\left.\begin{array}{l} M_2\ddot{z}_2 + K_2z_2 - K_2z_1 = 0 \\ M_1\ddot{z}_1 + (K_1+K_2)z_1 - K_2z_2 = K_1a\sin\omega t \end{array}\right\} \tag{3-194}$$

上式进一步写成

$$\left.\begin{array}{l} \ddot{z}_2 + a_1z_2 - a_1z_1 = 0 \\ \ddot{z}_1 + a_2z_1 - a_3z_2 = q\sin\omega t \end{array}\right\} \tag{3-195}$$

式中

$$a_1 = \frac{K_2}{M_2}; a_2 = \frac{K_1+K_2}{M_1}; a_3 = \frac{K_2}{M_1}; q = \frac{K_1a}{M_1} \tag{3-196}$$

上述方程的特解可取为：

$$z_1 = A\sin\omega t \quad z_2 = B\sin\omega t$$

将该特解代入到式（3-195）中，便得

$$\left.\begin{array}{r} -a_1A + (a_1 - \omega^2)B = 0 \\ (a_2 - \omega^2)A - a_3B = q \end{array}\right\} \qquad (3\text{-}197)$$

由此可得

$$\left.\begin{array}{l} A = \dfrac{q(a_1 - \omega^2)}{(a_1 - \omega^2)(a_2 - \omega^2) - a_1a_3} \\[4mm] B = \dfrac{a_1q}{(a_1 - \omega^2)(a_2 - \omega^2) - a_1a_3} \end{array}\right\} \qquad (3\text{-}198)$$

当强迫振动频率和系统的自由振动频率相等，即 $\omega = p_1$ 或 $\omega = p_2$ 时，则上式中的分母便和式（3-139）相等成为零，即共振时有

$$(a_1 - p_{1,2}^2)(a_2 - p_{1,2}^2) - a_1a_3 = 0 \qquad (3\text{-}199)$$

于是，振幅 A 和 B 将成为无穷大。由此可知，两个自由度系统就有两个共振频率，每一个对应于两个自振频率之一。

由式（3-198）得到两个质量强迫振动的振幅比值为：

$$\frac{A}{B} = \frac{a_1 - \omega^2}{a_1} \qquad (3\text{-}200)$$

对于任一共振条件，即当 $\omega = p_1$ 或 $\omega = p_2$ 时，上式的比值就和式（3-153）相同，也就是说，在任一共振条件时，两质量的强迫振动就按对应的自振主振型进行振动。

2. 具有黏性阻尼的强迫振动

中央弹簧系统中的减振器不仅能有效抑制车体和转向架的自由振动，还能限制强迫振动中的振幅和加速度。此设计旨在避免车辆接近临界速度时振动加剧，确保平稳运行。在图 3-20 所示系统中，若配备黏性阻尼减振器，则可推导出系统的运动微分方程：

$$\left.\begin{array}{l} M_2\ddot{z}_2 + K_2(z_2 - z_1) + C(\dot{z}_2 - \dot{z}_1) = 0 \\ M_1\ddot{z}_1 + K_1z_1 + K_2(z_1 - z_2) + C(\dot{z}_2 - \dot{z}_1) = K_1a\sin\omega t \end{array}\right\} \qquad (3\text{-}201)$$

上述方程的整体解由两部分组成：特解和齐次方程（3-175）的通解。由于阻尼作用，齐次方程的通解会逐渐衰减，因此主要关注强迫振动的特解。该特解与无阻尼情况相同，是频率为 ω 的谐振动，可用矢量表示。值得注意的是，在相同频率下，系统有无阻尼时的振幅不同。

因复数表示谐振动，为了使求解方便，今用复数来表示激振函数 z_i 和方程的特解，即：

$$\left.\begin{aligned}
z_1 &= ae^{j\omega t} = a(\cos\omega t + j\sin\omega t) \\
z_1 &= A(\cos\omega t + j\sin\omega t) \\
z_2 &= B(\cos\omega t + j\sin\omega t) \\
\dot{z}_1 &= j\omega A(\cos\omega t + j\sin\omega t) = j\omega z_1 \\
\dot{z}_2 &= j\omega B(\cos\omega t + j\sin\omega t) = j\omega z_2 \\
\ddot{z}_1 &= -\omega^2 A(\cos\omega t + j\sin\omega t) = -\omega^2 z_1 \\
\ddot{z}_2 &= -\omega^2 B(\cos\omega t + j\sin\omega t) = -\omega^2 Z_2
\end{aligned}\right\} \quad （3-202）$$

将上式代入到式（3-201）中，消去共同项便得

$$\left.\begin{aligned}
-M_2\omega^2 B + K_2(B - A) + j\omega C(B - A) &= 0 \\
-M_1\omega^2 A + K_1 A + K_2(A - B) + j\omega C(A - B) &= K_1 a
\end{aligned}\right\} \quad （3-203）$$

整理后得

$$\left.\begin{aligned}
-(K_2 + j\omega C)A + (-M_2\omega^2 + K_2 + j\omega C)B &= 0 \\
(-M_1\omega^2 + K_1 + K_2 + j\omega C)A - (K_2 + j\omega C)B &= K_1 a
\end{aligned}\right\} \quad （3-204）$$

今用上述方程第一式中的 A 来表示 B，然后将其代入第二式，即

$$B = \frac{(K_2 + j\omega C)}{(-M_2\omega^2 + K_2 + j\omega C)}A \quad （3-205）$$

及

$$A\left[(-M_1\omega^2 + K_1 + K_2 + j\omega C) - \frac{(K_2 + j\omega C)^2}{(-M_2\omega^2 + K_2 + j\omega C)}\right] = K_1 a \quad （3-206）$$

整理后得

$$A = K_1 a \frac{(K_2 - M_2\omega^2) + j\omega C}{\left\{M_1 M_2\omega^4 - \left[(K_1 + K_2)M_2 + K_2 M_1\right]\omega^2 + K_1 K_2\right\} + j\omega C\left[-(M_1 + M_2)\omega^2 + K_1\right]}$$

$$（3-207）$$

上述为复数关系式，它具有以下形式：

$$A = K_t a \frac{E + jF}{G + jH}$$

（3-208）

并可化为：

$$A = K_1 a \frac{(E + jF)(G - jH)}{(G + jH)(G - jH)} = K_1 a \frac{(EG + FH) + j(FG - EH)}{G^2 + H^2}$$

（3-209）

因矢量 A 长度的平方即为其实部与虚部模数的平方和，即有

$$A = K_1 a \sqrt{\left(\frac{EG + FH}{G^2 + H^2}\right)^2 + \left(\frac{FG - EH}{G^2 + H^2}\right)^2}$$

$$= K_1 a \sqrt{\frac{E^2 + F^2}{G^2 + H^2}}$$

（3-210）

将上面的表达式应用于式（3-207），最后就可求得振幅 A 的数值

$$A = a \sqrt{\frac{K_1^2 (K_2 - M_2 \omega^2)^2 + (K_1 C \omega)^2}{\left\{M_1 M_2 \omega^4 - \left[(K_1 + K_2)M_2 + K_2 M_1\right]\omega^2 + K_1 K_2\right\}^2 + \left[K_1 C \omega - C(M_1 + M_2)\omega^3\right]^2}}$$

（3-211）

同理可求得振幅 B 的数值

$$B = \sqrt{\frac{(K_1 K_2)^2 + (K_1 C \omega)^2}{\left\{M_1 M_2 \omega^4 - \left[(K_1 + K_2)M_2 + K_2 M_1\right]\omega^2 + K_1 K_2\right\}^2 + \left[K_1 C \omega - C(M_1 + M_2)\omega^3\right]^2}}$$

（3-212）

振幅比为：

$$\frac{A}{B} = \sqrt{\frac{K_1^2 (K_2 - M_2 \omega^2)^2 + (K_1 \omega C)^2}{(K_1 K_2)^2 + (K_1 \omega C)^2}}$$

（3-213）

第二节　车体在横向平面内的运动方程

　　车辆悬挂装置的结构型式多种多样，在具有代表性的客车结构中，车体通过摇动台装置悬挂在转向架构架上，而构架则借助轴箱弹簧坐于轴箱上（图3-21）。但一些新型车辆的车体由装设在转向架构架上的空气弹簧支承。此外，还有一些其他型式的支承车体的悬挂装置。无论是摇动台还是空气弹簧或其他悬挂形式都是一种弹性复原装置。在车辆运行过程中，轨道不平顺和轮对蛇行引起的激扰会导致车体及弹性复原装置产生横向自由振动和强迫振动。

　　当车体重心位于纵向和横向对称位置时，摇头振动可能作为独立模式出现。然而，如前所述，横摆振动与侧滚振动通常是同时发生的，因为横摆时车体重心的偏移会引起侧滚，而侧滚时车体重心的移动又会引发横摆，这两种振动模式在实际情况中始终是耦合的。

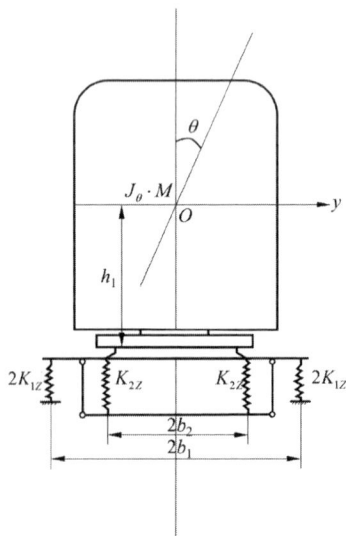

图 3-21　具有摇动台装置的客车示意图

一、车体的横向自由振动

车辆行驶时，一旦受到横向的外力冲击，便会引起车体的横向自由振动。其特性主要由悬挂系统的参数决定。为深入了解横向弹性复原装置的作用，现以摇动台装置为例来讨论它的工作原理。

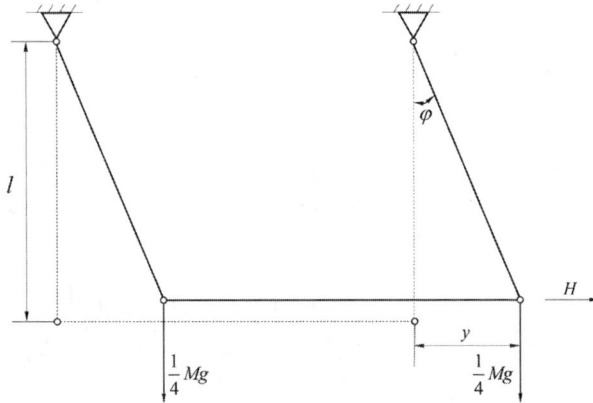

图 3-22　吊杆位移与横向力的关系

图 3-21 中，M 是车体质量（kg）；J_θ 是车体对通过其重心的纵向轴的转动惯量；l 是摇动台吊杆长度（m）；$2b_1$ 是轴箱弹簧的横向间距（m）；$2b_2$ 是中央弹簧的横向间距（m）；K_{2z} 是一台转向架中央弹簧的垂直刚度（N/m）；$2K_{1z}$ 是一台转向架轴箱弹簧的垂直刚度（N/m）；K_1 是一台转向架摇动台吊杆的当量横向刚度（N/m）；K_y 是一台转向架中央弹簧的合成横向刚度（N/m）；h_1 是车体重心到中央弹簧上支承平面的距离（m）。在图 3-22 中，摇动台吊杆的一端销结在转向架构架上，另一端则与弹簧托板相销结。一台转向架的一侧吊杆承受 $\frac{1}{4}Mg$ 载重，吊杆在横向力 H 的作用下摆动 φ 角，相应的吊杆下端横向位移为 y，如摆角不大时，则有

$$\text{tg}\varphi \approx \frac{y}{l} \qquad\qquad （3-214）$$

因为

$$\frac{\frac{1}{2}H}{\frac{1}{4}Mg} = \mathrm{tg}\varphi \qquad (3-215)$$

所以

$$\frac{y}{l} = \frac{2H}{Mg} \qquad (3-216)$$

由此得出吊杆的当量横向刚度为:

$$K_1 = \frac{H}{y} = \frac{Mg}{2l} \qquad (3-217)$$

可见吊杆的作用相当于横向弹簧的作用。式(3-214)表明吊杆越长,摇动台的当量横向刚度越小。

当采用斜吊杆时,摇动台的当量横向刚度可近似地表示为:

$$K_1 = \frac{\frac{1}{2}Mg^*}{l(\cos a - \frac{h_0'}{b_0}\sin \alpha)} \qquad (3-218)$$

式中, a 是斜吊杆的倾角(°); h_0' 是车体重心至弹簧托板间的距离(m); b_0 是两侧吊杆下端间距离的一半(m)。

因为斜吊杆的倾角不大,一般为 5°~7°(如 202 型转向架上的为 5° 54′,205 型转向架上的为 6° 34′),故 $(\cos \alpha - \frac{h_0'}{b_0}\sin \alpha)$ 比 1 稍小。因此,比较式(3-214)与式(3-215)可见,长度均为 l 的斜吊杆相较于垂直吊杆,斜吊杆的当量横向刚度略大。

至于圆柱形螺旋弹簧或空气弹簧及其他弹性元件的横向刚度都有专用公式可供计算,将在后文详述。

现在来讨论车体在横向平面内的自由振动。研究表明,低频振动对车体影响较大,转向架构架的质量可忽略不计,以简化分析,可用图 3-23 所示的简化系统来代替图 3-21 的原系统。简化系统中的中央弹簧与轴箱弹簧串联后,一台转向架（也即整车一侧的）当量垂直刚度 K_z ，须按简化前后两个系统的角刚度相等的条件来确定，以便和原系统的侧滚振动具有等效作用。

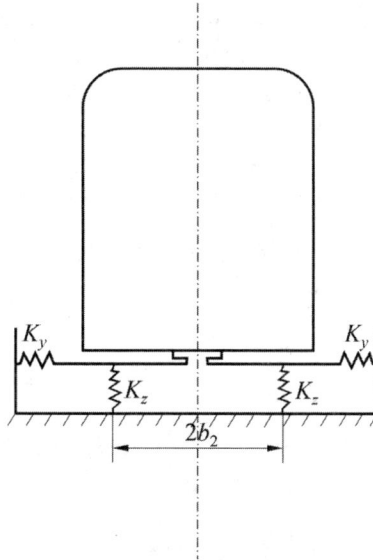

图 3-23 车体滚摆振动简化系统

首先观察图 3-21 的原系统，在外力矩 M_0 的作用下，假定车体相对于构架转动一角度 θ_1 ，构架相对于轮对转动一角度 θ_2 ，所以车体相对于轮对的转角为 $\theta = \theta_1 + \theta_2$ ，其相应的关系式如下：

$$M_0 = 2K_{2z} \cdot b_2^2 \cdot \theta_1 \qquad （3-219）$$

又

$$M_0 = 4K_{1z} \cdot b_1^2 \cdot \theta_2 \qquad （3-220）$$

在简化当量系统中，设一台转向架的当量垂直刚度为 K_z ，在 M_0 作用下，车体的转角应仍为 θ ，则有

$$M_0 = 2K_z \cdot b_2^2 \cdot \theta \qquad （3-221）$$

根据 $\theta = \theta_1 + \theta_2$ 的条件，可得串联后的当量垂直刚度 K_z 为：

$$K_z = \frac{2K_{1z}K_{2z}}{2K_{1z} + K_{2z}(\frac{b_2}{b_1})^2} \qquad （3-222）$$

在简化系统中，由于吊杆通常较长，远大于中央弹簧和轴箱弹簧的横向刚度，因此可忽略其影响，故可认为 $K_y = K_l$。

车体在横向力作用下的运动为横向平移 y 与绕重心 O 转动的合成（图 3-24），两者同时发生。

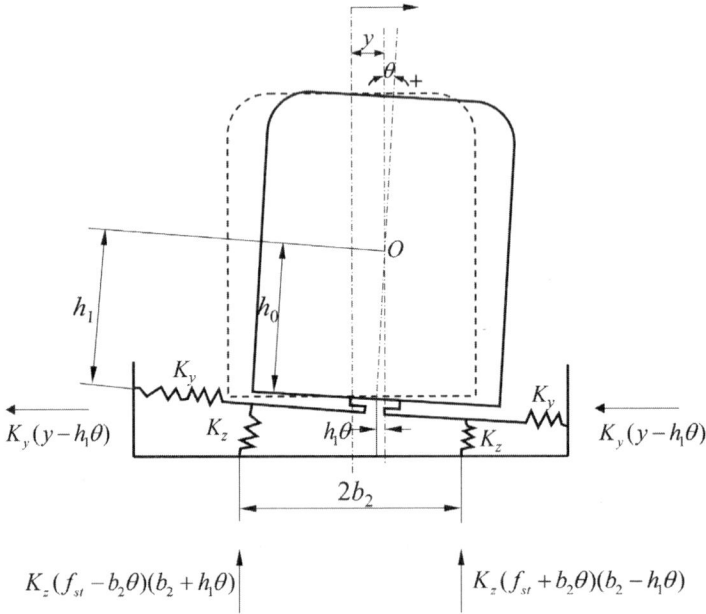

图 3-24　车体滚摆自由振动简图

图 3-24 中的 f_{st} 为弹簧静挠度。

由图 3-24 可得车体横摆振动和侧滚振动的微分方程如下：

$$\left.\begin{array}{l} M\ddot{y} + 2K_y \cdot y - 2K_y h_1 \theta = 0 \\ J_\theta \ddot{\theta} - 2K_y h_1 y + (2K_z b_2^2 + 2K_y h_1^2 - Mgh_1)\theta = 0 \end{array}\right\} \quad (3\text{-}223)$$

令

$$a_1 = \frac{2K_y}{M} ; \quad a_2 = \frac{2K_y h_1}{M} ;$$

$$a_3 = \frac{2K_y h_1}{J_\theta} ; \quad a_4 = \frac{2K_z b_2^2 + 2K_y h_1^2 - Mgh_1}{J_\theta} 。$$

则式（3-217）可改写成

$$\left.\begin{array}{l} \ddot{y} + a_1 y - a_2 \theta = 0 \\ \ddot{\theta} - a_3 y + a_4 \theta = 0 \end{array}\right\}$$ （3-224）

设联立方程组的解为：

$$\begin{array}{l} y = A \sin(pt + \beta) \\ \theta = B \sin(pt + \beta) \end{array}$$ （3-225）

于是可得滚摆振动的两个自振频率如下：

$$p_{1,2}^2 = \frac{1}{2}\left[(a_1 + a_4) \mp \sqrt{(a_1 - a_4)^2 + 4a_2 a_3} \right]$$ （3-226）

类似于两个自由度系统的垂直振动，滚摆自振系统有两个自振频率和主振型 p_1 和主振型 p_2。 y 和 θ 的位移都由两种频率的摄动组成，即

$$\begin{array}{l} y = A_1 \sin(p_1 t + \beta_1) + A_2 \sin(p_2 t + \beta_2) \\ \theta = B_1 \sin(p_1 t + \beta_1) + B_2 \sin(p_2 t + \beta_2) \end{array}$$ （3-227）

每一主振型的振幅比为：

$$\frac{A_1}{B_1} = \frac{a_2}{a_1 - p_1^2}; \frac{A_2}{B_2} = \frac{a_2}{a_1 - p_2^2}$$ （3-228）

由于车体既有横向摆动又有绕重心的转动，并且以同一频率进行振动，故其合成运动可视为绕车体横断面内对称轴上某一点 O_1 以频率 p_1 进行振动，以及绕轴上的另一点 O_2 以频率 p_2 进行振动。O_1 距重心 O 的距离为 h_{01}，O_2 距重心 O 的距离为 h_{02}，如图 3-25 所示。

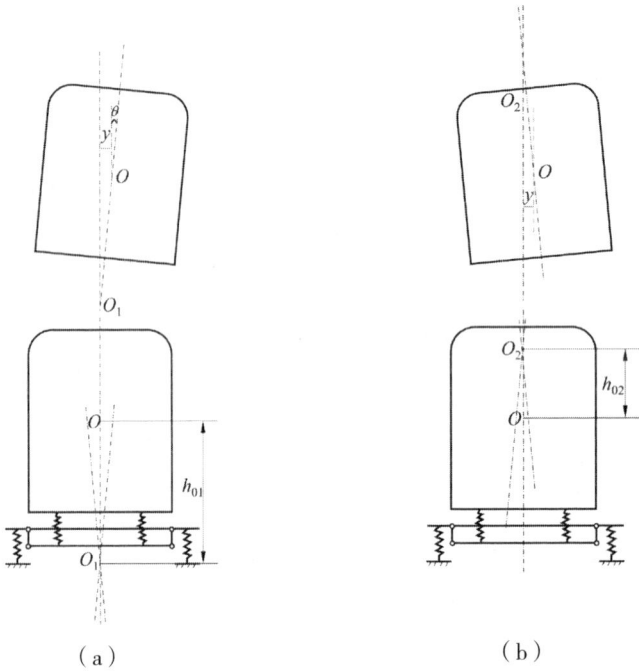

（a）下心滚摆 （b）上心滚摆

图 3-25 车体滚摆振动的主振型及振动轴

为了确定 O_1 及 O_2 的位置，须再对式（3-226）加以讨论。因为

$$\left.\begin{aligned}a_1 - p_1^2 &= \frac{1}{2}[(a_1 - a_4) + \sqrt{(a_1 - a_4)^2 + 4a_2a_3}] > 0 \\ a_1 - p_2^2 &= \frac{1}{2}[(a_1 - a_4) - \sqrt{(a_1 - a_4)^2 + 4a_2a_3}] < 0\end{aligned}\right\} \tag{3-229}$$

所以

$$\left.\begin{aligned}\frac{y_1}{\theta_1} &= \frac{A_1}{B_1} = \frac{a_2}{a_1 - p_1^2} > 0 \\ \frac{y_2}{\theta_2} &= \frac{A_2}{B_2} = \frac{a_2}{a_1 - p_2^2} < 0\end{aligned}\right\} \tag{3-230}$$

由式（3-230）可知：车体以 p_1 作横摆和侧滚振动时，由于 y_1 和 θ_1 同向，故 O_1 点位于车体重心 O 的下方，于是车体横摆和侧滚两种振动的合成即相当

于车体绕 O_1 点的转动，如图 3-25（a），称为下心滚摆振动（又称一次滚摆）；车体以 p_2 作横摆和侧滚振动时，由于 y_2 与 θ_2 反向，故 O_2 点位于车体重心的上方，两种振动合成的结果相当于车体绕 O_2 点的转动图 3-25（b），称为上心滚摆振动（又称二次滚摆）。通过 O_1 及 O_2 并垂直于车体横断面的轴分别称为下心滚摆和上心滚摆的振动轴。

实际运行中的车辆在产生上述滚摆振动的同时，车体还往往伴随有摇头振动，其振动轴为通过车体重心 O 的铅垂轴 O_z（图 3-26），令 ψ 为车体绕 O_z 轴的角位移，J_ψ 为车体绕 O_z 轴的转动惯量，于是可列出车体摇头振动的运动微分方程

$$J_\psi\ddot{\psi} + 2K_y l^2 \psi = 0 \qquad （3-231）$$

$$或 \ddot{\psi}^2 + P_\psi^2 \psi = 0 \qquad （3-232）$$

式中，$2l$ 为车辆定距；p_ψ 为摇头自振频率，计算见式（3-233）。

$$p_\psi^2 = \frac{2K_y l^2}{J_\psi} \qquad （3-233）$$

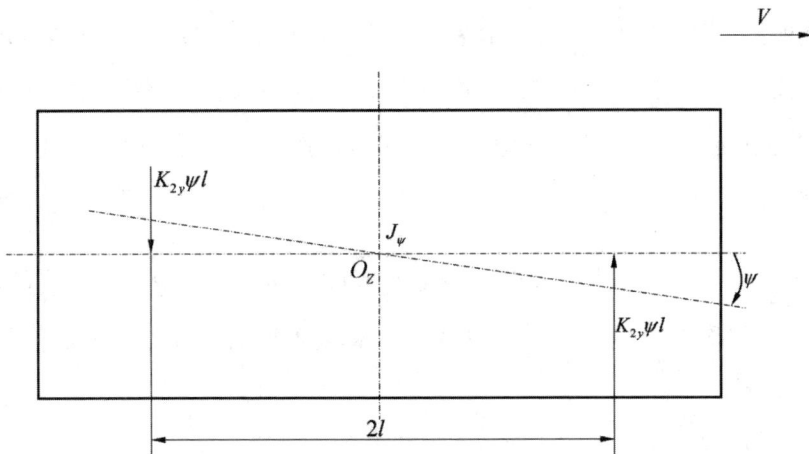

图 3-26 车体摇头振动简图

给定了车体及转向架的有关参数后，便可按式（3-226）及式（3-233）计算自振频率。一般客车的滚摆低频（下心滚摆）为 0.5~0.7 Hz；高频（上心

滚摆）为 1~1.8 Hz；摇头自振频率为 1~1.8 Hz。为使车辆能超临界速度运行，应力求降低横向振动的各个自振频率。

分析式（3-226）和式（3-233），可得知各主要参数对横向振动的影响如下：

①车体横向振动的自振频率都随摇动台吊杆长度的增加而降低，但吊杆过长，频率的下降趋势即逐渐缓慢。常用的吊杆长度 l 在 300~600 mm 之间。为了降低自振频率，在近代客车转向架上大多趋向于采用长吊杆。但 l 大于 600 mm 后，自振频率的减少值就不大了。

②中央弹簧横向间距增大时，角刚度也随之增加，使滚摆自振频率有所提高。但角刚度的增大，可使车体在一定的横向力作用下的角位移减小，仍有利于平稳运行。

③减小弹簧的垂直刚度可降低滚摆自振频率，故增大弹簧静挠度不仅对垂直振动而且对横向振动也是有利的。

下面将从车体在弹簧上进行振动的角度来讨论车辆的抗倾覆稳定性问题。车体在外力作用下产生滚摆角位移 θ，当外力释去后，若车体不能恢复到原来的平衡位置而继续保持倾斜状态，则称车体失去其在簧上抗倾覆的稳定性，这种情况是不能允许的。现在来分析一下车体在弹簧上振动的稳定条件。将式（3-226）改写成如下形式：

$$p^2_{1,2} = \frac{1}{2}\left[(a_1 + a_4) \mp \sqrt{(a_1 + a_4)^2 - 4(a_1 a_4 - a_2 a_3)}\right] \quad （3-234）$$

为了维持车体振动，$p_{1,2}$ 必须是正数，即要求得到正的实根，为此，必须满足下列条件

$$(a_1 + a_4) > \sqrt{(a_1 + a_4)^2 - 4(a_1 a_4 - a_2 a_3)}$$
$$a_1 a_4 - a_2 a_3 > 0 \quad （3-235）$$

将 a_1、a_2、a_3 和 a_4 的值代入式（3-235）中，得

$$a_1 a_4 - a_2 a_3 = \frac{2K_y}{M} \cdot \frac{2K_z b_2^2 + 2K_y h_1^2 - Mgh_1}{J_\theta} - \frac{2K_y h_1}{M} \cdot \frac{2K_y h_1}{J_\theta} \quad （3-236）$$

为简化计算，用 $Mg \approx 2K_z f_{st}$ 代入上式，整理后得

$$b_2^2 - f_{st} \cdot h_1 > 0 \qquad (3\text{--}237)$$

或

$$\frac{b_2^2}{f_{st}} > h_1 \qquad (3\text{--}238)$$

考虑到必要的裕量，建议取

$$\frac{b_2^2}{f_{st}} - h_1 > 2 \text{ m} \qquad (3\text{--}239)$$

式（3–239）就是车体抗倾覆的稳定条件。

近代客车均采用大的弹簧静挠度 f_{st}，为了保证车体仍具有良好的抗倾覆稳定性和较小的角位移，有效的方法是采用外侧悬挂，以增大中央弹簧的横向间距 $2b_2$，同时降低车体重心的高度或提高中央弹簧上支承平面以减小 h_1。我国 U 型及 209 型客车转向架的设计就采用了这些措施，实践证明，获得了良好的效果。

二、车体的横向强迫振动

第二章中讨论了车辆轮对及转向架在运行中要产生周期性的蛇行运动。此运动是从简单的几何学分析得到的，未能从本质上描述出蛇行运动的全部规律，但在常规运行速度及转向架蛇行运动不失稳的条件下（失稳是指运动的振幅不断扩大，以后详述），近似地表明了蛇行运动的特征，即它是一种频率与运行速度成正比的周期性运动。

客车转向架的轮对与构架间的弹性定位刚度通常较大。由于构架的横摆和摇头自振频率较高，而构架与轮对的横向位移极小，所以可忽略不计。因此，轮对的横摆蛇行运动可视为激振源，通过弹簧悬挂系引发车体产生与转向架蛇行频率相同的横向滚摆强迫振动。在讨论车体的强迫振动时，与前文一样略去构架的质量，将二系弹簧装置化成当量的一系弹簧装置，其简化系统如图 3-27 所示。

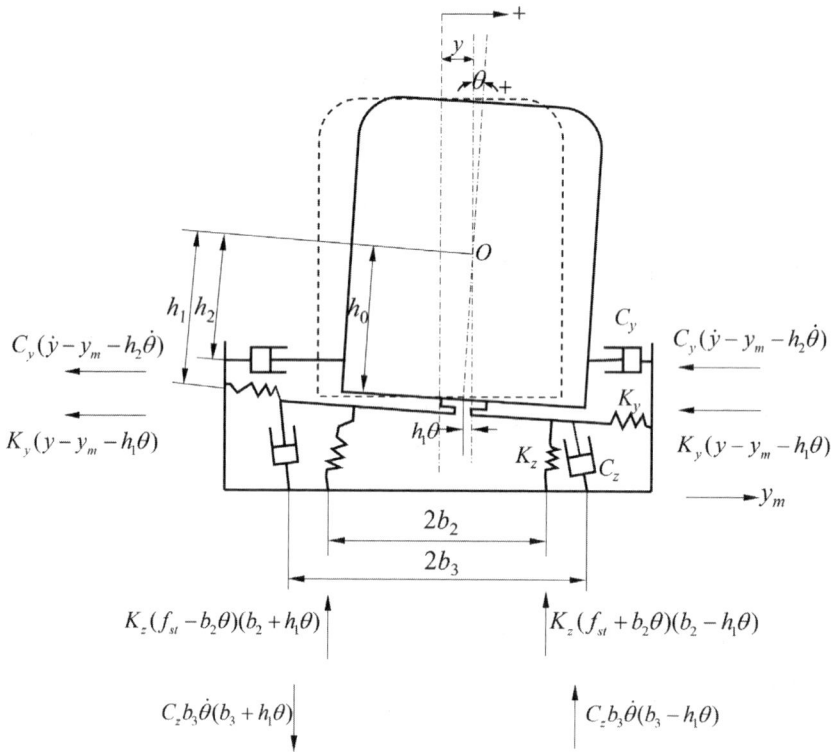

图 3-27　车体滚摆强迫振动的简化系统

图 3-27 中，C_y 是一台转向架简化系统的横向减振器阻尼系数，当只在二系悬挂中具有阻尼系数为 C_{2y} 时，$C_y = C_{2y}$；C_z 是一台转向架简化系统的垂直当量阻尼系数，当只在二系悬挂中具有阻尼系数为 C_{2z} 时，由式 $C_e = C(\frac{f_{st} - f_{s1}}{f_{st}})^2 = C(\frac{f_{s2}}{f_{st}})^2$ 可知，$C_z = C_{2z}(\frac{f_{z2}}{f_{st}})^2$；$y_m$ 是轮对蛇行运动的横向位移，$y_m = a_0 \mathrm{e}^{j\omega t}$，式中的 ω 则是指转向架蛇行运动的频率，其值可用第四章中所讨论的方法计算出来，也可采用实际试验值，在通常的运行速度范围内，ω 与运行速度 V 成正比，其比例系数可用 k 值来表示。

根据图 3-27 可列出车体滚摆运动微分方程如下：

$$M\ddot{y} = -2K_y(y - y_m - h_1\theta) - 2C_y(\dot{y} - \dot{y}_m - h_2\dot{\theta})$$
$$J_\theta\ddot{\theta} = 2K_y(y - y_m - h_1\theta)h_1 + K_z(f_{st} - b_2\theta)(b_2 + h_1\theta)$$
$$-K_z(f_{st} + b_2\theta)(b_2 - h_1\theta) + 2C_y(\dot{y} - \dot{y}_m - h_2\dot{\theta})h_2$$
$$-C_z b_3\dot{\theta}(b_3 - h_1\theta) - C_z b_3\dot{\theta}(b_3 + h_1\theta)$$

（3-240）

对上式整理后得

$$\left.\begin{array}{l} M\ddot{y} + 2K_y(y - y_m - h_1\theta) + 2C_y(\dot{y} - \dot{y}_m - h_2\dot{\theta}) = 0 \\ J_\theta\ddot{\theta} + 2K_\theta\theta - 2K_y h_1(y - y_m) + 2C_\theta\dot{\theta} - 2C_y h_2(\dot{y} - \dot{y}_m) = 0 \end{array}\right\}$$

（3-241）

式中

$$2K_\theta = 2K_y h_1^2 + 2K_z b_2^2 - 2K_z f_{st} h_1 = 2K_y h_1^2 + 2K_z b_2^2 - Mgh_1 \quad (3-242)$$

$$2C_\theta = 2C_y h_2^2 + 2C_z b_3^2 \quad (3-243)$$

设方程的解为：

$$\left.\begin{array}{l} y = y_0 e^{j(\omega t + a)} \\ \theta = \theta_0 e^{j(\omega t + a)} \end{array}\right\}$$

（3-244）

于是有

$$\left.\begin{array}{ll} y = y_0 e^{j\omega t} \cdot e^{ja} = y_1 e^{j\omega t} \\ \theta = \theta_0 e^{j\omega t} \cdot e^{ja} = \theta_1 e^{j\omega t} \\ \dot{y} = j\omega y_1 e^{j\omega t} & \ddot{y} = -\omega^2 y_1 e^{j\omega t} \\ \dot{\theta} = j\omega\theta_1 e^{j\omega t} & \ddot{\theta} = -\omega^2 \theta_1 e^{j\omega t} \end{array}\right\}$$

（3-245）

式中

$$y_1 = y_0 e^{ja}, \theta_t = \theta_0 e^{ja} \quad (3-246)$$

将式（3-244）代入到式（3-241），消去公因子 $e^{j\omega t}$ 并经整理后得

$$\left.\begin{array}{l} (-M\omega^2 + 2K_y + 2C_y j\omega)y_1 + (-2K_y h_1 - 2C_y h_2 j\omega)\theta_1 = (2K_y + 2C_y j\omega)a_0 \\ (-2K_y h_1 - 2C_y h_2 j\omega)y_1 + (-J_\theta\omega^2 + 2K_\theta + 2C_\theta j\omega)\theta_1 = (-2K_y h_1 - 2C_y h_2 j\omega)a_0 \end{array}\right\}$$

（3-247）

对上式中的 y_1 和 θ_t 求解时，可采用第二章中所述的复数运算方法，略去

运算过程最后得

$$y_1 = a_0 \frac{A + jB}{C + jD} \quad 及 \quad \theta_1 = a_0 \frac{E + jF}{C + jD} \tag{3-248}$$

复数 y_1 和 θ_1 的模数分别为：

$$y_0 = a_0 \sqrt{\frac{A^2 + B^2}{C^2 + D^2}} \quad 及 \quad \theta_0 = a_0 \sqrt{\frac{E^2 + F^2}{C^2 + D^2}} \tag{3-249}$$

式中

$$
\begin{aligned}
&A = \mu\varepsilon^2 - h_1^2 + \lambda^2(4D_y^2 h_2^2 - \mu - 4\mu\varepsilon D_\theta D_y); \\
&B = \lambda(2\mu\varepsilon D_\theta + 2\mu\varepsilon^2 D_y - 4D_y h_1 h_2) - 2\lambda^3 \mu D_y; \\
&C = A + \lambda^4 \mu - \lambda^2 \mu\varepsilon^2; \\
&D = B - 2\lambda^3 \mu\varepsilon D_\theta; \\
&E = \lambda^2 h_1; \\
&F = 2D_y \lambda^3 h_2
\end{aligned}
\tag{3-250}
$$

$$
\begin{aligned}
&\mu = \frac{J_\theta}{M}; &&\varepsilon = \frac{\omega_\theta}{\omega_y}; \\
&\omega_\theta = \sqrt{\frac{2K_\theta}{J_\theta}}; &&\omega_y = \sqrt{\frac{2K_y}{M}}; \\
&\lambda = \frac{\omega}{\omega_y}; &&\omega = kV; \\
&D_y = \frac{2C_y}{2M\omega_y}; &&D_\theta = \frac{2C_\theta}{2J_\theta \omega_\theta}。
\end{aligned}
\tag{3-251}
$$

如果车辆的悬挂系统未配备黏性阻尼的横向液压减振器，例如通常配备摇枕式转向架，系统中仍存在干摩擦阻尼。为简化计算，可以将这种摩擦阻尼转换为当量的黏性阻尼来进行分析。相关研究表明，当转向架摇动台采用圆销吊杆结构并具有牵引杆或摇枕纵向挡时，计算横摆振动的当量减振因素 D_y 可取 0.3~0.35。由 D_y 值再推算出 C_y 和 C_θ，当量的 D_θ 值即可确定。

利用式（3-249）求出横摆和侧滚的振幅 y_0 和 θ_0，即可求得相应的振动加速度。车体地板面上中点 O_1 处的横向加速度是侧滚和横摆振动在该点引起的加速度之和，即

$$j_\Sigma = \omega^2(y_0 + h_0\theta_0) \qquad (3\text{-}252)$$

在高速运行条件下，横向阻尼理论上应取较低值，以保证车辆的运行平稳性。然而，如果阻尼值过小，则在低速和中速行驶中可能不利，且无法及时衰减运行中产生的较大振幅的自振波，例如高速通过道岔时的振动。为了使横向阻尼兼顾上述要求，其值应选择得当，D_y 在 0.3 左右是合适的，并可由此来确定横向液压减振器的阻尼系数 C_y 值。

在确定转向架悬挂系统的参数时，和垂直方向尽量采用较低弹簧刚度的原则相似，横向悬挂刚度也应尽可能降低，以实现较低的滚摆自振频率。这有助于车辆在超过并远离共振区域运行，从而以较小的振幅 y_0 和 θ_0 进行振动，减少横向振动加速度，提升车辆的运行稳定性。试验结果表明，上述关于滚摆强迫振动的理论计算方法具有较好的实用性和可靠性。图 3-28 表明，车体的滚摆振动频率与作为激振源的轮对蛇行运动的频率一致。因此，在设计转向架时，可以利用该计算方法对悬挂参数进行多方案分析与比较，以得到最佳的参数选择与匹配。

至于车体的摇头振动，实践表明其频率变化不如滚摆振动的频率变化规律明显，故在此不做讨论。

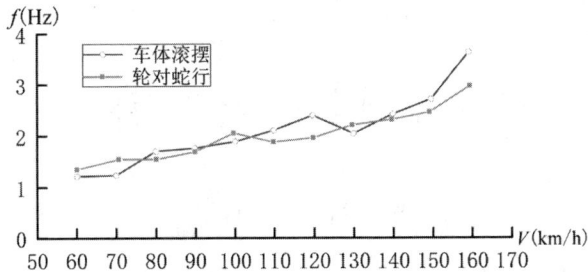

图 3-28　车体滚摆振动频率与轮对蛇行运动频率的比较

第四章　轮轨蠕滑及稳定性分析

以轮轨接触点为轮轨间联系点，轮对和左右钢轨就构成了轮轨接触几何关系。这种几何关系对机车车辆的动力学性能具有重要影响，构成了机车车辆动力学研究的核心基础。明确这一几何关系后，便能运用轮轨蠕滑理论来评估轮轨滚动接触的力学特性，这是车辆动力学中的一个核心问题，直接影响车辆的整体性能。随着高速列车在我国的广泛应用，快速测量轮轨型面并分析接触几何关系已成为高速列车日常维护的关键任务之一。

第一节　车辆建模的组合矩阵方法

车辆系统建模旨在通过构建车辆运动方程组来执行分析和计算任务。针对轨道车辆，建模流程一般分为三大步骤，见表4-1。

表 4-1　车辆系统建模流程

序号	具体步骤
1	构建一个涵盖车体、转向架、轮对及悬挂组件的车辆力学模型
2	确立轮轨接触点因相对速度和位置差异而引发的作用力，这种作用力与轮轨接触几何形状及车辆速度紧密相关，是轨道车辆建模的独特要素
3	根据具体运算条件，确定系统所受外部干扰，涵盖轨道不平顺、牵引力矩、线路弯曲度及离心力等因素

轨道车辆运动方程的一般形式如下：

$$M\ddot{x} + C\dot{x} + Kx = F \qquad (4-1)$$

式中，M 为系统的质量矩阵；C,K 为悬挂系统形成的阻尼矩阵和刚度矩阵；F 为系统的外力矢量；$\ddot{x}, \dot{x}, x$ 为系统的加速度、速度和位移矢量。

本节详细列出悬挂系统的刚度矩阵 K、阻尼矩阵 C 和质量矩阵 M 的具体构建方法。

如图 4-1（a）所示，系统由一根横梁和两个支承弹簧组成，图中参数的具体含义见表 4-2。横梁具有两个自由度（垂向移动 x 和绕重心的回转 θ）。假定在外力 P 和外力矩阵 M 的作用下，将横梁视为独立分析对象，其位移与受力状态如图 4-1（b）所示。

表 4-2　系统参数和含义

参数	含义	参数	含义
k_1、k_2	两个支承弹簧的刚度	a_1、a_2	横梁重心与支点的距离
s_1、s_2	两个支承弹簧的垂向力	θ	转动位移
x	垂向位移	M	回转力矩

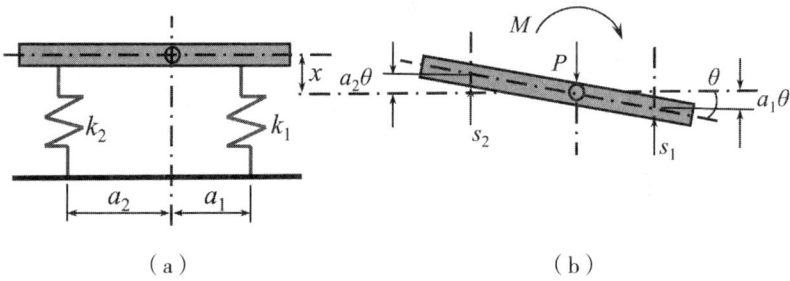

（a）系统示意图 （b）系统垂向和转动位移

图 4-1 一根横梁和两个支承弹簧组成的系统

由图 4-1 可知，由于横梁的垂向和转动位移分别为 x 和 θ，弹簧 k_1 和 k_2 的变形为：

$$\delta_1 = x + a_1\theta$$
$$\delta_2 = x - a_2\theta$$

（4-2）

弹簧 k_1 和 k_2 的作用力为：

$$s_1 = k_1\delta_1$$
$$s_2 = k_2\delta_2$$

（4-3）

由垂向力和回转力矩的平衡，可得系统静力平衡方程，见式（4-4）~式（4-6）

垂向力：

$$
\begin{aligned}
P &= s_1 + s_2 \\
&= k_1(x + a_1\theta) + k_2(x - a_2\theta) \\
&= (k_1 + k_2)x + (k_1 a_1 - k_2 a_2)\theta
\end{aligned}
$$

（4-4）

回转力矩：

$$
\begin{aligned}
M &= s_1 a_1 - s_2 a_2 \\
&= k_1 a_1(x + a_1\theta) - k_2 a_2(x - a_2\theta) \\
&= (k_1 a_1 - k_2 a_2)x + (k_1 a_1^2 + k_2 a_2^2)\theta
\end{aligned}
$$

（4-5）

将上述两个平衡方程式用矩阵形式来表示，可得：

$$\begin{bmatrix} (k_1+k_2) & (k_1a_1-k_2a_2) \\ (k_1a_1-k_2a_2) & (k_1a_1^2+k_2a_2^2) \end{bmatrix} \begin{bmatrix} x \\ \theta \end{bmatrix} = \begin{bmatrix} P \\ M \end{bmatrix} \tag{4-6}$$

将式（4-6）简写为：

$$Kx = F \tag{4-7}$$

式中，$K = \begin{bmatrix} (k_1+k_2) & (k_1a_1-k_2a_2) \\ (k_1a_1-k_2a_2) & (k_1a_1^2+k_2a_2^2) \end{bmatrix}$ 为系统刚度矩阵；$x = \begin{bmatrix} x \\ \theta \end{bmatrix}$ 为系统

位移矢量；$F = \begin{bmatrix} P \\ M \end{bmatrix}$ 为外力矢量。

运动方程组方程的数量与系统复杂度直接相关。在上述讨论中横梁仅具有两个自由度，所以运动联立方程组由两个方程组成。以客车为例，车体和前后转向架的构架，均有 6 个自由度。四个轮对每个都有 5 个自由度（x、y、z、T、W），将以上部件的自由度相加共 38 个自由度，因此联立运动方程组由 38 个方程构成。

若沿用传统的分离体法对拥有数十乃至上百个自由度的复杂系统构建联立方程，不仅工作量庞大，且极易发生遗漏或错误。因此，探索一种高效、标准化且易于操作的方法来解决此类问题显得尤为重要。

图 4-1（a）系统中，表达弹簧 k_1 和 k_2 变形的式（4-2）可改写为以下矩阵形式：

$$\delta = \begin{bmatrix} \delta_1 \\ \delta_2 \end{bmatrix} = \begin{bmatrix} 1 & a_1 \\ 1 & -a_2 \end{bmatrix} \begin{Bmatrix} x \\ \theta \end{Bmatrix} \tag{4-8}$$

或

$$\delta = Tx \tag{4-9}$$

式中，δ 为弹簧变形矩阵；T 为刚度关联矩阵，且 $T = \begin{bmatrix} 1 & a_1 \\ 1 & -a_2 \end{bmatrix}$。

观察式（4-9），可以发现刚度关联矩阵 T 揭示了系统位移 x 和弹簧变形 δ 的联系，这一关系表达式具有极高的重要性。

表达弹簧作用力的式（4-3）也可改写为以下矩阵形式：

$$S = \begin{bmatrix} s_1 \\ s_2 \end{bmatrix} = \begin{bmatrix} k_1 \delta_1 \\ k_2 \delta_2 \end{bmatrix} = \begin{bmatrix} k_1 & 0 \\ 0 & k_2 \end{bmatrix} \cdot \begin{bmatrix} \delta_1 \\ \delta_2 \end{bmatrix} = k \cdot \delta \qquad (4\text{-}10)$$

式中，S 为弹簧作用力矩阵；k 为刚度系数矩阵，由所有刚度元件组成的

对角线方阵，$k = \begin{bmatrix} k_1 & 0 \\ 0 & k_2 \end{bmatrix}$。

对一个保守系统，外力所做的功等于内力所做的功，可得：

$$s_1 \delta_1 + s_2 \delta_2 = Px + M\theta \qquad (4\text{-}11)$$

式（4-11）可写为：

$$\begin{bmatrix} s_1 & s_2 \end{bmatrix} \begin{bmatrix} \delta_1 \\ \delta_2 \end{bmatrix} = \begin{bmatrix} P & M \end{bmatrix} \begin{bmatrix} x \\ \theta \end{bmatrix} \qquad (4\text{-}12)$$

$$S^T \cdot \delta = F^T \cdot x \qquad (4\text{-}13)$$

将公式（4-9）代入式（4-13），可得：

$$S^T \cdot T \cdot x = F^T \cdot x$$
$$S^T \cdot T = F^T \qquad (4\text{-}14)$$

将式（4-14）两边矩阵分别转置，得：

$$T^T S = F \qquad (4\text{-}15)$$

将式（4-10）代入式（4-15），得：

$$T^T k \delta = F \qquad (4\text{-}16)$$

再将式（4-9）代入式（4-16），可得：

$$T^T k T x = F \qquad (4\text{-}17)$$

式（4-17）可写为：

$$Kx = F \qquad (4\text{-}18)$$

其中

$$K = T^T k T \qquad (4\text{-}19)$$

式（4-19）就是建立系统刚度矩阵的组合矩阵公式。下面以图 4-1（a）
系统为例来校验式（4-19）。

$$
\begin{aligned}
T^T kT &= \begin{bmatrix} 1 & a_1 \\ 1 & -a_2 \end{bmatrix}^T \begin{bmatrix} k_1 & 0 \\ 0 & k_2 \end{bmatrix} \begin{bmatrix} 1 & a_1 \\ 1 & -a_2 \end{bmatrix} \\
&= \begin{bmatrix} 1 & 1 \\ a_1 & -a_2 \end{bmatrix} \begin{bmatrix} k_1 & 0 \\ 0 & k_2 \end{bmatrix} \begin{bmatrix} 1 & 1 \\ a_1 & -a_2 \end{bmatrix} \\
&= \begin{bmatrix} 1 & 1 \\ a_1 & -a_2 \end{bmatrix} \begin{bmatrix} k_1 & k_1 a_1 \\ k_2 & -k_2 a_2 \end{bmatrix} \\
&= \begin{bmatrix} k_1 + k_2 & k_1 a_1 - k_2 a_2 \\ k_1 a_1 - k_2 a_2 & k_1 a_1{}^2 + k_2 a_2{}^2 \end{bmatrix}
\end{aligned}
\tag{4-20}
$$

将式（4-20）与式（4-6）进行对比发现，两式的结果相同，这验证了式（4-19）的正确性。

下面的例4-1讲解了利用式（4-19）计算系统刚度关联矩阵的方法。

例4-1 图4-2所示的系统由横梁1、横梁2和四个支承弹簧构成，横梁1和横梁2都具有两个自由度（垂向移动 x 和绕重心的回转 θ），总自由度为4，本例采用列表法计算系统的刚度关联矩阵。

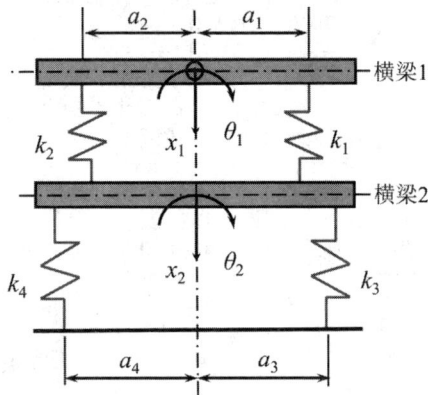

图4-2 两根横梁和四个支承弹簧组成的系统

表4-3中的四列对应系统的四个自由度，四行对应系统的四个刚度元件。因此，刚度关联矩阵共有16个元素。通过为每个自由度赋予单位位移，计算该位移引起的刚度元件的变形，并将结果填入对应位置，即可得到系统的刚度

关联矩阵。具体操作见表 4-4，操作步骤中把元件受压缩形变定义为正，受拉伸形变定义为负。

表 4-3　刚度关联矩阵列表

刚度 ＼ 自由度	垂向 x_1	回转 θ_1	垂向 x_2	回转 θ_2
k_1	1	a_1	-1	$-a_1$
k_2	1	a_2	-1	a_2
k_3	0	0	1	a_3
k_4	0	0	1	$-a_4$

表 4-4　求解系统的刚度关联矩阵步骤

序号	具体步骤
1	对横梁 1 施加一个垂向（x_1）单位位移，其他自由度保持为 0，这会导致 k_1 和 k_2 上产生单位压缩变形，因此在相应位置中填入 1。由于此垂向位移对 k_3 和 k_4 无影响，因此在相应位置填入 0
2	对横梁 1 施加一个回转（θ_1）单位位移，其他自由度保持为 0，这会导致 k_1 产生压缩形变 a_1，k_2 产生拉伸变形 a_2，因此在相应位置填入 a_1 和 $-a_2$。同样，此回转位移对 k_3 和 k_4 无影响，因此在相应位置填入 0
3	对横梁 2 施加一个垂向（x_2）单位位移，其他自由度保持为 0。此位移影响四个刚度元件：在 k_1 和 k_2 上产生单位拉伸变形，因此在相应位置填入 -1。在 k_3 和 k_4 上产生单位压缩变形，因此在相应位置填入 1
4	对横梁 2 施加一个回转（θ_2）单位位移，其他自由度保持为 0。这一位移同时影响四个刚度元件：在 k_1 和 k_4 上产生拉伸变形分别为 a_1 和 a_4，因此在相应位置填入 $-a_1$ 和 $-a_4$。在 k_2 和 k_3 上产生压缩变形为 a_2 和 a_3，因此在相应位置填入 a_2 和 a_3

由表 4-3 可得图 4-2 所示系统的刚度关联矩阵为：

$$T = \begin{bmatrix} 1 & a_1 & -1 & -a_1 \\ 1 & -a_2 & -1 & a_2 \\ 0 & 0 & 1 & a_3 \\ 0 & 0 & 1 & -a_4 \end{bmatrix} \tag{4-21}$$

而且，系统的刚度系数矩阵为：

$$k = \begin{bmatrix} k_1 & & & \\ & k_2 & & \\ & & k_3 & \\ & & & k_4 \end{bmatrix}$$

（4-22）

由式（4-19）建立系统刚度矩阵为：

$$K = T^T k T$$

$$= \begin{bmatrix} 1 & 1 & 0 & 0 \\ a_1 & -a_2 & 0 & 0 \\ -1 & -1 & 1 & c \\ -a_1 & a_2 & a_3 & -a_4 \end{bmatrix} \begin{bmatrix} k_1 & & & \\ & k_2 & & \\ & & k_3 & \\ & & & k_4 \end{bmatrix} \begin{bmatrix} 1 & a_1 & -1 & -a_1 \\ 1 & -a_2 & -1 & a_2 \\ 0 & 0 & 1 & a_3 \\ 0 & 0 & 1 & -a_4 \end{bmatrix}$$

$$= \begin{bmatrix} k_1 + k_2 & k_1 a_1 - k_2 a_2 & -k_1 - k_2 & -k_1 a_1 + k_2 a_2 \\ k_1 a_1 - k_2 a_2 & k_1 a_1^2 + k_2 a_2^2 & -k_1 a_1 + k_2 a_2 & -k_1 a_1^2 - k_2 a_2^2 \\ -k_1 - k_2 & -k_1 a_1 + k_2 a_2 & k_1 + k_2 + k_3 + k_4 & k_1 a_1 - k_2 a_2 + k_3 a_3 - k_4 a_4 \\ -k_1 a_1 + k_2 a_2 & -k_1 a_1^2 - k_2 a_2^2 & k_1 a_1 - k_2 a_2 + k_3 a_3 - k_4 a_4 & k_1 a_1^2 + k_2 a_2^2 + k_3 a_3^2 + k_4 a_4^2 \end{bmatrix}$$

（4-23）

构建系统阻尼矩阵的方法与刚度矩阵的构建方法类似。将刚度元件替换为阻尼元件，并将位移变量替换为速度变量，就可以得到系统阻尼矩阵的阻尼关联矩阵。

系统阻尼矩阵的组合矩阵表达式为：

$$C = T_c^T c T_c$$

（4-24）

式中，C 为系统阻尼矩阵；T_c 为阻尼关联矩阵；c 为阻尼系数矩阵，是由阻尼元件的系数组成的对角矩阵。

组合矩阵法是一种简便规范的方法，用于建立系统的刚度矩阵。借助刚度关联矩阵与刚度系数矩阵，能够高效地计算出所有刚度元件的形变及其受力状况。由系统平衡方程式可知

$$Kx = F$$

（4-25）

将式（4-25）代入式（4-19）后，可得

$$T^T k T x = F$$

（4-26）

上述方程的解为：

$$x = K^{-1}F \qquad (4-27)$$

式中，x 是位移矢量，代表的是系统在各自由度方向上的位移。

获得系统位移后，可按照从右至左的顺序，依次对式（4-26）左侧的矩阵进行连续乘法运算，得到的内容见表4-5。

表4-5   计算得到的参数及含义

参数	含义
x	系统在所有自由度方向上的位移
Tx	所有刚度元件的变形 [见式（4-9）]
kTx	所有刚度元件产生的作用力 [见式（4-10）]
$T^{T}kTx$	刚度元件的作用力在各个自由度方向上的总和

第二节   轮轨滚动接触经典理论

轮轨之间的相对运动是一种介于纯滚动和纯滑动之间的状态，称为蠕滑或弹性滑动。当轮对在轨道上滚动时，在纵向、横向和旋转方向发生蠕滑时产生的作用力被称为蠕滑力。为了获得蠕滑力，首先需要计算轮轨的蠕滑率，进而计算出接触点的蠕滑力。

蠕滑力的大小受多种因素制约，如载荷、摩擦系数以及蠕滑率等，表现出显著的非线性特征。如图4-3所示，轮轨接触斑内可分为两部分：一个是滑动区，另一个是黏着区。

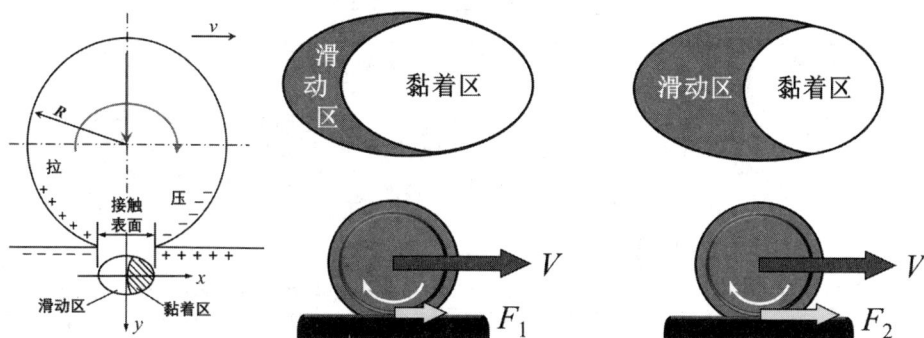

图 4-3　蠕滑示意图

　　轮轨关系的研究涵盖众多方面，如轮轨黏着特性，车辆启动 / 制动性能，磨耗情况，滚动接触疲劳、脱轨、噪声以及运行安全性等，这些问题都建立在轮轨滚动接触蠕滑率 / 蠕滑力理论之上。因此，轮轨滚动接触理论是车辆系统动力学的核心内容之一。轮轨蠕滑理论经历了从简单到复杂、从近似到精细的发展过程，国内外学者提出了多种理论，蠕滑理论发展过程见表 4-6。

　　然而，经典轮轨蠕滑理论受限于弹性半空间假设，无法有效研究复杂的轮轨两点和共形接触问题，对弹塑性接触问题也显得无能为力。目前，有限元仿真模型和参数二次规划法等方法在轮轨摩擦和弹塑性接触的研究中得到应用，但由于求解规模较大，仍不适合车辆动力学仿真。

　　尽管在理论和实验方面取得了一定进展，现有研究仍未能解决轮轨滚动接触中出现的一些问题，如弹塑性变形及其累积、接触表面的剥离和龟裂、波浪形磨耗以及高速列车车轮不圆等。此外，现有技术尚无法准确测量轮轨接触状态和受力，给轮轨滚动接触研究和车辆动力学仿真带来了挑战。

表 4-6　蠕滑理论发展过程

人物	理论发展过程
Carter	1926 年，Carter 在其论文《论机车动轮行为》中，将铁路钢轨视作弹性半空间体，车轮则以弹性圆柱体模型替代，并结合 Hertz 理论与弹性半空间理论，对二维弹性体的滚动接触问题进行了探索。该理论揭示了接触区的黏着区与滑动区的划分、作用力的分布以及纵向力与蠕滑率之间的关系
Johnson K. L.	1958 年，Johnson K. L. 研究了弹性球在弹性平面上的滚动接触，将 Carter 的研究扩展到三维滚动接触情况，并首次将自旋蠕滑概念引入轮轨滚动接触的研究
Johnson K. L. 和 Vermeulen P. J.	1964 年，Johnson K. L. 与 Vermeulen P. J. 合作，将圆形接触区的滚动接触理论延伸至椭圆接触区，并提出了关于纵横向蠕滑率/力的三次渐近曲线定律
Kalker	Kalker 研究了圆形接触区滚动接触问题的线性理论，并在其博士论文中对椭圆接触斑的滚动接触进行了多级级数分析，提出了三维蠕滑率/蠕滑力的线性定律，该理论至今广泛应用于铁路工程，并为后续的简化理论和近似理论奠定了坚实基础 从 1973 年到 1982 年，Kalker 进一步完善了滚动接触的简化理论，假设接触区上任意点的弹性位移仅由施加在该点的力决定，基于该理论，他开发了 FASTSIM 程序，该程序能够快速处理大自旋和大蠕滑情形，成为车辆系统动力学仿真中的常用蠕滑理论之一
沈志云　等	1983 年，沈志云等人结合 Kalker 线性理论与 Vermeulen–Johnson 模型，考虑了轮轨间的纵向、横向蠕滑率及自旋蠕滑率对蠕滑力和自旋力矩的影响，开发出了一种快速算法
Polach	1999 年，Polach 在 Kalker 线性理论的基础上，提出了一种封闭形式的近似解，并对摩擦状态进行了修改，以考虑牵引力对黏着能力的影响。这两种方法计算速度较快，因此被广泛应用于车辆动力学仿真

第三节　蠕滑率和蠕滑力

一、蠕滑率

车轮与钢轨接触点的相对速度称为蠕滑速度，蠕滑率是蠕滑的大小，其表达式为蠕滑速度与轮对前进速度 v 之比。

　　轮轨间产生的蠕滑力与轮对的多种自由度紧密相关，这些自由度包括纵向 x、横向 y、摇头 ϕ 和滚动 ω，图 4-4 展示了这些坐标方向。在车辆动力学计算中，车辆的前进速度 v、轮对滚动圆半径 r_0 和滚动角速度 $\omega=\dfrac{v}{r_0}$ 都是已知的。接下来，我们将深入探讨由轮对纵向 x、横向 y、摇头 ϕ 的位移变化引起的左右轮轨接触点蠕滑速度的差异。

　　如图 4-4 所示，当轮对以速度 v 前进时，其中心与轨道中心线保持一致，左右轮接触点的间距为 $2b$，左右轮的滚动半径均为 r_0，轮对的滚动角速度 $\omega=\dfrac{v}{r_0}$，车轮与轨道接触点处的合成速度为 $(v-\omega\cdot r_0)=0$，此时在接触点位置车轮与钢轨间不存在相对滑动速度。

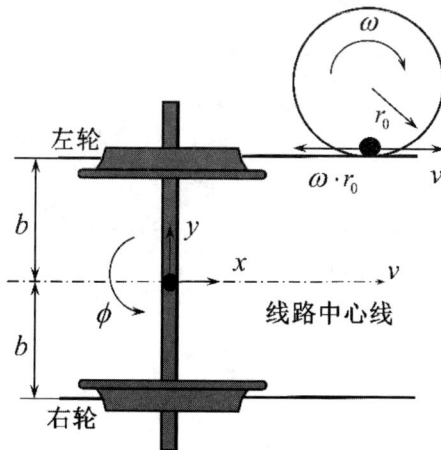

图 4-4　轮轨接触示意图

　　当轮对的运动受到干扰并偏离线路中心线时，左右车轮以不同的滚动半径沿轨道运行，导致轮对在纵向、横向和摇头方向上产生运动。图 4-5（a）展示了受到干扰的轮对运动，由于轮对产生横向位移 y，这使得左右车轮的滚动圆半径存在差异，图 4-5 中参数及含义见表 4-7。

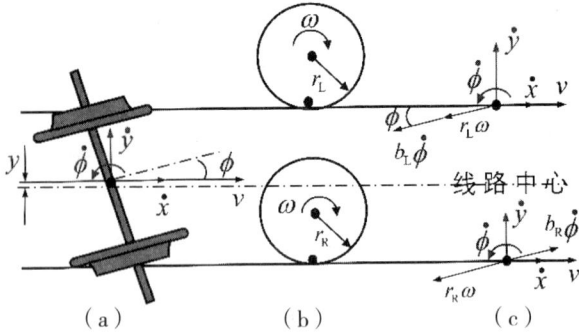

（a）轮对在纵向、横向和摇头方向上产生运动 （b）轮对侧视图

（c）左右轮轨接触点处的瞬时速度

图 4-5　受到干扰的轮对运动

表 4-7　参数及含义

参数	含义	参数	含义
$\dot{x}$	轮对中心的纵向运动速度	$\dot{y}$	轮对中心的横向运动速度
$\dot{\phi}$	轮对中心的摇头运动速度	ϕ	轮对转角
r_{L}	左轮半径	r_{R}	右轮半径
$r_{L}\omega$	左轮滚动线速度	$r_{R}\omega$	右轮滚动线速度
$b_{L}\dot{\phi}$	轮对摇头 $\dot{\phi}$ 在左轮上产生的纵向线速度	$b_{R}\dot{\phi}$	轮对摇头 $\dot{\phi}$ 在右轮上产生的纵向线速度
b_{L}	轮对中心到左滚动圆接触点距离	b_{R}	轮对中心到右滚动圆接触点距离

1.左右接触点处的纵向蠕滑速度和蠕滑率

如图 4-5（c）所示，可以很方便地求得轮对左右接触点处的纵向、横向和自旋蠕滑率，其表达式分别为：

蠕滑速度

$$v_{1L} = v + \dot{x} - \left(r_L \cdot \omega + b_L \cdot \dot{\phi}\right)\cos\phi$$
$$v_{1R} = v + \dot{x} - \left(r_R \cdot \omega - b_R \cdot \dot{\phi}\right)\cos\phi \tag{4-28}$$

考虑到角度很小时 $\cos\phi \approx 1$，蠕滑率为：

$$\gamma_{1L} = \frac{v_{1L}}{v} = 1 + \frac{\dot{x}}{v} - \frac{r_L\omega}{v} - \frac{b_L\dot{\phi}}{v}$$
$$\gamma_{1R} = \frac{v_{1R}}{v} = 1 + \frac{\dot{x}}{v} - \frac{r_R\omega}{v} + \frac{b_R\dot{\phi}}{v} \tag{4-29}$$

式中，v 为车辆速度（m/s）；b_L 和 b_R 分别为轮对中心到左右滚动圆接触点距离（m）；$\dot{\phi}$ 为轮对的摇头角速度（rad/s）；r_L 和 r_R 分别为左右轮的滚动半径（m）；ω 为轮对前进的滚动角速度（rad/s）；$\dot{x}$ 为轮对的纵向振动速度（m/s）。

2. 左右接触点处的横向蠕滑速度和蠕滑率

如图 4-5（c）所示，左右接触点处横向蠕滑速度为：

$$v_{2L}' = \dot{y} - \left(r_L \cdot \omega + b_L \cdot \dot{\phi}\right)\sin\phi$$
$$v_{2R}' = \dot{y} - \left(r_R \cdot \omega - b_R \cdot \dot{\phi}\right)\sin\phi \tag{4-30}$$

如图 4-6 所示，横向蠕滑速度指的是在水平方向上的速度，由于轮轨接触存在一个角度 δ，这使得轮轨间的实际蠕滑速度与横向蠕滑速度间同样存在一个角度 δ。当水平速度为 v_y' 时，轮轨间的实际蠕滑速度 v_y 可表达为：

$$v_y = v_y' \sec\delta \tag{4-31}$$

因此左右接触点处横向蠕滑速度可表达为：

$$v_{2L} = \left[\dot{y} - \left(r_L \cdot \omega + b_L \cdot \dot{\phi}\right)\sin\phi\right]\sec\delta_L$$
$$v_{2R} = \left[\dot{y} - \left(r_R \cdot \omega - b_R \cdot \dot{\phi}\right)\sin\phi\right]\sec\delta_R \tag{4-32}$$

并且略去高阶微量考虑到角度很小时 $\sin\phi = \phi$，并且略去高阶微量 $b_L \cdot \dot{\phi} \cdot \phi$ 和 $b_R \cdot \dot{\phi} \cdot \phi$，蠕滑率为：

$$\gamma_{2L} = \left(\frac{\dot{y}}{v} - \frac{r_L\omega\phi}{v}\right) \cdot \sec\delta_L$$
$$\gamma_{2R} = \left(\frac{\dot{y}}{v} - \frac{r_R\omega\phi}{v}\right) \cdot \sec\delta_R \tag{4-33}$$

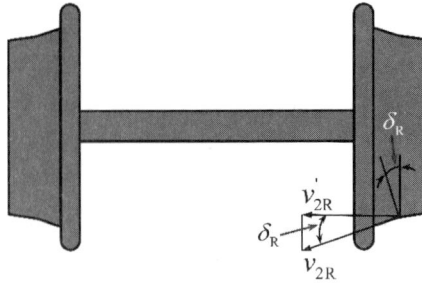

图 4-6 实际蠕滑速度和横向蠕滑速度的关系

式中，$\dot{y}$ 为轮对的横向振动速度（m/s）；ϕ 为轮对的摇头角度（rad）；δ_L 和 δ_R 分别为左、右轮轨接触点的接触角（rad）。

3. 左右接触点处的自旋蠕滑速度和蠕滑率

左右车轮接触点处的自旋蠕滑速度 $\bar{v}_3$ 是由轮对前进滚动速度 $\bar{\omega}$ 及摇头速度 $\dot{\bar{\phi}}$ 在接触角法线上的投影之和，矢量关系如图 4-7 所示。蠕滑速度和蠕滑率分别表达为：

$$v_{3L} = -\omega \cdot \sin\delta_L + \dot{\phi} \cdot \cos\delta_L$$

$$v_{3R} = \omega \cdot \sin\delta_R + \dot{\phi} \cdot \cos\delta_R$$

$$\gamma_{3L} = \frac{v_{3L}}{v} = -\left(\frac{\omega}{v}\right) \cdot \sin\delta_L + \frac{\dot{\phi}}{v} \cdot \cos\delta_L \qquad (4\text{-}34)$$

$$\gamma_{3R} = \frac{v_{3R}}{v} = \left(\frac{\omega}{v}\right) \cdot \sin\delta_R + \frac{\dot{\phi}}{v} \cdot \cos\delta_R$$

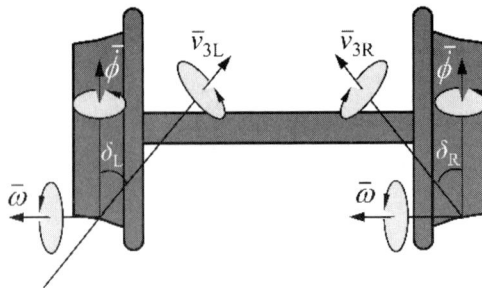

图 4-7 自旋蠕滑示意图

二、蠕滑力

蠕滑率与蠕滑力之间的关系存在多种理论，其中最常用的三种理论为线性理论、平方根理论和非线性理论。前两种理论对蠕滑率的描述进行了简化处理，而非线性理论则采用了更为详尽的蠕滑率表达式。

接下来将详细阐述线性理论、平方根理论和非线性理论这三种典型蠕滑理论在计算蠕滑力时的具体应用。

1. 线性蠕滑理论

为了将非线性的轮轨蠕滑率进行线性化，需要做出一些简化假设：假设左右接触角 δ_L 和 δ_R 很小；假设轮轨左右接触点到轮对中心是等距的；假设接触椭圆呈圆形。这些假设在实际情况中已得到验证，只要轮对在线路上偏离中心的位置和相对速度不大时，便能获得较为准确的近似结果。

通常情况下，除非踏面斜率小于 0.1，线性蠕滑理论可以作为一个合理的近似理论。当踏面斜率介于 0.05~0.1 之间时，计算结果需谨慎处理。如果踏面斜率低于 0.05，线性蠕滑理论便不再适用，因为即便是微小的轨道不平顺，也可能引发轮缘与轨道的接触。

（1）蠕滑率计算：在假设踏率 λ 面等效斜率为常数的前提下，当轮对产生横向位移 y 时，左右车轮滚动圆的半径为：

$$
\begin{aligned}
r_L &= r_0 + \lambda y \\
r_R &= r_0 - \lambda y
\end{aligned}
\tag{4-35}
$$

式中，r_0 是轮对在中心位置时的车轮滚动圆半径。

假设左右接触角 δ_L, δ_R 很小，则有

$$
\begin{aligned}
\sec(\delta_L) &= \sec(\delta_R) = 1 \\
\sin(\delta_L) &= \delta_L \\
\sin(\delta_R) &= \delta_R
\end{aligned}
\tag{4-36}
$$

忽略轮对纵向振动速度 $\dot{x}$ 对纵向蠕滑以及摇头速度 $\dot{\phi}$ 对自旋蠕滑的影响，并且

$$\omega = \frac{v}{r_0} \tag{4-37}$$

假设轮轨左右接触点到轮对中心的距离相等，则

$$b_{\mathrm{L}} = b_{\mathrm{R}} = b \tag{4-38}$$

蠕滑率的表达式可简化为式（4-39）。

$$
\begin{aligned}
\gamma_{1\mathrm{L}} &= -\frac{b\dot{\phi}}{v} - \frac{\lambda y}{r_0} \\
\gamma_{1\mathrm{R}} &= \frac{b\dot{\phi}}{v} + \frac{\lambda y}{r_0} \\
\gamma_{2\mathrm{L}} &= \frac{\dot{y}}{v} - \phi \\
\gamma_{2\mathrm{R}} &= \frac{\dot{y}}{v} - \phi \\
\gamma_{3\mathrm{L}} &= -\frac{\delta_{\mathrm{L}}}{r_0} \\
\gamma_{3\mathrm{R}} &= \frac{\delta_{\mathrm{R}}}{r_0}
\end{aligned}
\tag{4-39}
$$

（2）蠕滑率和蠕滑力的关系：蠕滑率与蠕滑力之间的关系如图 4-8 所示，它们之间呈现显著的非线性关系。蠕滑力的最大值为库仑摩擦力，当蠕滑力逐渐逼近库仑摩擦力时，蠕滑率和蠕滑力的关系表现为饱和曲线。在应用线性蠕滑理论时，这种饱和曲线要用近似直线来代替。

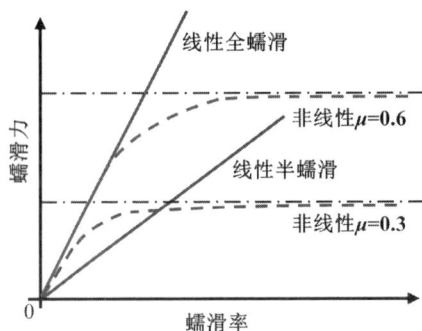

图 4-8　蠕滑率和蠕滑力的关系

依据 Kalker 的线性理论，蠕滑率与蠕滑力之间的关系为：

$$
\begin{aligned}
F_{XL} &= -f_{11} \cdot \gamma_{1L} \\
F_{XR} &= -f_{11} \cdot \gamma_{1R} \\
F_{YL} &= -f_{22} \cdot \gamma_{2L} - f_{23} \cdot \gamma_{3L} \\
F_{YR} &= -f_{22} \cdot \gamma_{2R} - f_{23} \cdot \gamma_{3R}
\end{aligned}
\tag{4-40}
$$

式中，F_{XL}, F_{XR} 分别为左、右轮的纵向蠕滑力；F_{YL}, F_{YR} 分别为左、右轮的横向蠕滑力；f_{11}、f_{22}、f_{23} 分别为纵向、横向、自旋蠕滑系数，其计算公式为：

$$
\begin{aligned}
f_{11} &= E \cdot C_{11} \cdot ab \\
f_{22} &= E \cdot C_{22} \cdot ab \\
f_{23} &= E \cdot C_{23} \cdot (ab)^{\frac{3}{2}}
\end{aligned}
\tag{4-41}
$$

式中，E 为杨氏模量；a，b 分别为接触椭圆长轴和短轴长度；C_{11}、C_{22}、C_{33} 为 Kalker 系数，是接触椭圆椭圆度（a/b 或 b/a）的函数，Kalker 系数详细参数见表4-8，其曲线图如图4-9所示。

表4-8　Kalker 系数表

a/b	C_{11}	C_{22}	C_{23}	C_{33}	b/a	C_{11}	C_{22}	C_{23}	C_{33}
0.1	1.35	0.98	0.195	3.34	1.0	1.65	1.43	0.579	0.458
0.2	1.37	1.01	0.242	1.74	0.9	1.70	1.49	0.628	0.425
0.3	1.40	1.06	0.288	1.18	0.8	1.75	156	0.689	0.396
0.4	1.44	1.11	0.328	0.925	0.7	1.81	1.65	0.768	0.366
0.5	1.47	1.18	0.368	0.766	0.6	1.90	1.76	0.875	0.336
0.6	1.50	1.22	0.410	0.661	0.5	2.03	1.93	1.04	0.304
0.7	1.54	1.28	0.451	0.588	0.4	2.21	2.15	1.27	0.275
0.8	1.57	1.32	0.493	0.533	0.3	2.51	2.54	1.71	0.246
0.9	1.60	1.39	0.535	0.492	0.2	3.08	3.26	2.64	0.215
1.0	1.65	1.43	0.579	0.458	0.1	4.60	5.15	5.81	0.183

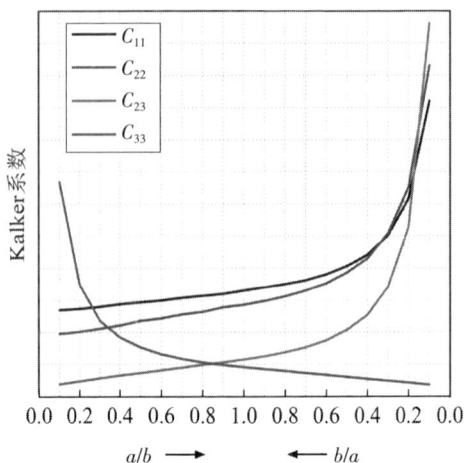

图 4-9　Kalker 系数

在线性蠕滑理论里，假设接触椭圆为圆形，即 $a=b$，可以得到：$C_{11}=1.650$，$C_{22}=1.430$，$C_{23}=0.579$。

如果车轮和钢轨材料相同，乘积（$a \cdot b$）的计算方法为：

$$a \cdot b = \left[1.5 \cdot \left(1 - v^2 \right) \cdot N \cdot \frac{r_0}{E} \right]^{\frac{2}{3}} \qquad （4\text{--}42）$$

式中，N 为车轮载荷（N）；v 为泊松比。

需要注意的是，以上计算得到的 Kalker 系数适用于轮轨接触面干燥、清洁，轮轨摩擦系数 $\mu=0.6$ 的情况，并且假设蠕滑力尚未达到极限值 μN，这些条件通常仅在实验室环境中能够满足。在实际应用中，由于黏着系数较低，对于线性蠕滑理论，需对 Kalker 蠕滑系数乘以一个修正系数 $\frac{\mu}{0.6}$。具体而言，当 $\mu=0.6$ 时，称为"全蠕滑"，当 $\mu=0.3$ 时，称为"半蠕滑"，如图 4-8 所示。

（3）作用在轮对上的力：每一个轮对上的横向力 F_y 和摇头力矩 F_ϕ 可通过将两个车轮上的纵向力和横向力相加得到：

$$F_y = F_{YL} + F_{YR} = -2f_{22}\left(\frac{\dot{y}}{v} - \phi\right) + \frac{f_{23}}{r_0}\left(\delta_L - \delta_R\right)$$

$$F_\phi = -\left(F_{XL} - F_{XR}\right) \bullet b = -2f_{11}\left(\frac{b^2\dot{\phi}}{v} + \frac{b\lambda y}{r_0}\right)$$

（4-43）

由于纵向力形成的摇头力矩与轮对摇头转角的正向相反，所以式（4-43）前有一个负号。式（4-43）中的接触角差（$\delta_L - \delta_R$）与轮对横向移动相关，可用接触角参数 ε 进行近似表示

$$\left(\delta_L - \delta_R\right) = 2y \bullet \frac{\varepsilon}{b}$$

（4-44）

在线性计算中，轮对上的外力 F_0 的表达式为：

$$F_0 = \begin{bmatrix} F_y \\ F_\phi \end{bmatrix} = -\begin{bmatrix} \dfrac{2f_{22}}{v} & 0 \\ 0 & \dfrac{2f_{11}s^2}{v} \end{bmatrix}\begin{bmatrix} \dot{y} \\ \dot{\phi} \end{bmatrix} - \begin{bmatrix} -\dfrac{2f_{23}\varepsilon}{r_0 s} & -2f_{22} \\ \dfrac{2f_{11}s\lambda}{r_0} & 0 \end{bmatrix}\begin{bmatrix} y \\ \phi \end{bmatrix}$$

（4-45）

如图 4-10 所示，对于锥角为 λ_0 的锥形踏面，轮对横移 y 时，轮对侧滚角的表达式为：

$$\theta = \frac{r_L - r_R}{2b} = \frac{\left(r_0 + \lambda_0 y\right) - \left(r_0 - \lambda_0 y\right)}{2b} = \frac{\lambda_0 y}{b}$$

（4-46）

接触角差的表达式为：

$$\left(\delta_L - \delta_R\right) = \left(\delta + \theta\right) - \left(\delta - \theta\right) = 2y \bullet \frac{\lambda_0}{b}$$

（4-47）

将式（4-44）和式（4-47）对比可得式（4-48），轮对的接触角参数 ε 和踏面锥度 λ_0 相等。

$$\varepsilon = \lambda_0$$

（4-48）

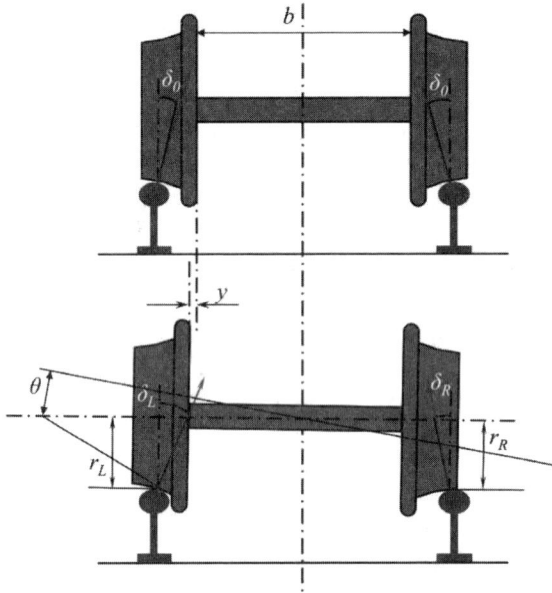

图 4-10 轮对横移示意图

由于自旋对横向力的影响很小，轮对所受外力 F_0 可表示为：

$$F_0 = \begin{bmatrix} F_y \\ F_\phi \end{bmatrix} = -\begin{bmatrix} \dfrac{2f_{22}}{v} & 0 \\ 0 & \dfrac{2f_{11}b^2}{v} \end{bmatrix}\begin{bmatrix} \dot{y} \\ \dot{\phi} \end{bmatrix} - \begin{bmatrix} 0 & -2f_{22} \\ \dfrac{2f_{11}b\lambda}{r_0} & 0 \end{bmatrix}\begin{bmatrix} y \\ \phi \end{bmatrix} \qquad （4-49）$$

根据线性蠕滑理论，自由轮对的运动方程可表达为：

$$\begin{bmatrix} M & 0 \\ 0 & J \end{bmatrix}\begin{bmatrix} \ddot{y} \\ \ddot{\phi} \end{bmatrix} = -\begin{bmatrix} \dfrac{2f_{22}}{v} & 0 \\ 0 & \dfrac{2f_{11}b^2}{v} \end{bmatrix}\begin{bmatrix} \dot{y} \\ \dot{\phi} \end{bmatrix} - \begin{bmatrix} 0 & -2f_{22} \\ \dfrac{2f_{11}b\lambda}{r_0} & 0 \end{bmatrix}\begin{bmatrix} y \\ \phi \end{bmatrix} \qquad （4-50）$$

式中，M 为轮对质量；J 为轮对摇头转动惯量。

2. 平方根蠕滑理论

平方根蠕滑理论常用于瞬态及曲线通过情况的分析，它将蠕滑力与蠕滑率的关系简化为线性，并结合等效锥度来计算蠕滑率。当蠕滑力接近由轮轨摩擦系数 μ 和轮载荷 N 决定的极限值时，则需使用非线性的蠕滑力与蠕滑率关系。

平方根蠕滑理论的优势在于，当轮对处于踏面接触时，其计算结果与完全非线性蠕滑理论高度吻合，且运算效率更高。但当轮对趋近轮缘接触，该理论的近似效果会有所下降。

（1）蠕滑率计算：当有效锥度 λ 为常数且轮对发生横向位移 y 时，左右车轮的滚动圆半径可表达为：

$$
\begin{aligned}
r_{\mathrm{L}} &= r_0 + \lambda y \\
r_{\mathrm{R}} &= r_0 - \lambda y
\end{aligned}
\tag{4-51}
$$

假设左右接触角 $\delta_{\mathrm{L}}, \delta_{\mathrm{R}}$ 很小，则有

$$
\begin{aligned}
\sec(\delta_{\mathrm{L}}) &= \sec(\delta_{\mathrm{R}}) = 1 \\
\sin(\delta_{\mathrm{L}}) &= \delta_{\mathrm{L}} \\
\sin(\delta_{\mathrm{R}}) &= \delta_{\mathrm{R}}
\end{aligned}
\tag{4-52}
$$

假设轮轨左右接触点到轮对中心的距离相等，则有

$$
b_{\mathrm{L}} = b_{\mathrm{R}} = b
\tag{4-53}
$$

蠕滑率的表达式为：

$$
\begin{aligned}
\gamma_{1\mathrm{L}} &= -\frac{b\dot{\phi}}{v} - \frac{\lambda y}{r_0} + \frac{\dot{x}}{v} \\
\gamma_{1\mathrm{R}} &= \frac{b\dot{\phi}}{v} + \frac{\lambda y}{r_0} + \frac{\dot{x}}{v} \\
\gamma_{2\mathrm{L}} &= \frac{\dot{y}}{v} - \phi - \frac{\omega\phi\lambda y}{v} \\
\gamma_{2\mathrm{R}} &= \frac{\dot{y}}{v} - \phi + \frac{\omega\phi\lambda y}{v} \\
\gamma_{3\mathrm{L}} &= -\frac{\delta_{\mathrm{L}}}{r_0} + \frac{\dot{\phi}}{v} \\
\gamma_{3\mathrm{R}} &= \frac{\delta_{\mathrm{L}}}{r_0} + \frac{\dot{\phi}}{v}
\end{aligned}
\tag{4-54}
$$

考虑到自旋项很小，所以用 $\gamma_{3\mathrm{L}}$ 和 $\gamma_{3\mathrm{R}}$ 的平均值来替代 $\gamma_{3\mathrm{L}}$ 和 $\gamma_{3\mathrm{R}}$，其表达式可改写为：

$$\gamma_{3L} = \gamma_{3R} = -\frac{\delta_L - \delta_R}{2r_0} + \frac{\dot{\phi}}{v} \tag{4-55}$$

用接触角参数 ε 来表示接触角的差，则有

$$(\delta_L - \delta_R) = 2y \cdot \frac{\varepsilon}{b} \tag{4-56}$$

将式（4-56）代入式（4-55），可得

$$\gamma_{3L} = \gamma_{3R} = -\frac{\varepsilon y}{r_0 b} + \frac{\dot{\phi}}{v} \tag{4-57}$$

（2）蠕滑力与蠕滑率的关系：要找到一个分析函数来近似描述蠕滑力与蠕滑率之间的非线性关系，它是下列两种极端条件的渐近线。蠕滑率较小时的关系式见式（4-58），蠕滑率较大时的关系式见式（4-59）。

$$
\begin{aligned}
F_x &= f_{11} \cdot \gamma_1 \\
F_y &= f_{22} \cdot \gamma_2 + f_{23} \cdot \gamma_3
\end{aligned}
\tag{4-58}
$$

$$
\begin{aligned}
F_x &= \mu N \frac{\gamma_1}{\gamma} \\
F_y &= \mu N \frac{\gamma_2}{\gamma}
\end{aligned}
\tag{4-59}
$$

式中，N 代表轮载荷；$\gamma = \sqrt{\gamma_1^2 + \gamma_2^2}$。

能满足式（4-58）和式（4-59）所示极端条件下的近似饱和曲线的表达式见式（4-60）和式（4-61）。其中，式（4-60）为纵向蠕滑力的近似饱和曲线，式（4-61）为横向蠕滑力的近似饱和曲线。

$$F_x = \frac{\gamma_1}{\sqrt{\left(\dfrac{1}{f_{11}}\right)^2 + \left(\dfrac{\gamma}{\mu N}\right)^2}} \tag{4-60}$$

$$F_y = \frac{\gamma_2 + \gamma_3 \dfrac{f_{23}}{f_{22}}}{\sqrt{\left(\dfrac{1}{f_{22}}\right)^2 + \left(\dfrac{\gamma}{\mu N}\right)^2}} \tag{4-61}$$

纵向蠕滑力和横向蠕滑力近似曲线如图 4-11 所示，从图中可以观察到，小蠕滑率时曲线呈线性增长，而在大蠕滑率时，曲线逐渐逼近摩擦力最大值。

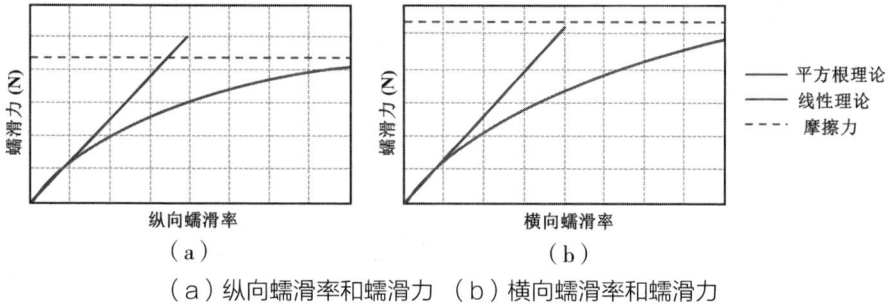

（a）纵向蠕滑率和蠕滑力　（b）横向蠕滑率和蠕滑力

图 4-11　蠕滑率和蠕滑力的关系

类似于线性蠕滑理论，假设轮轨接触区域为圆形。除了饱和曲线所表现出的非线性特征外，平方根蠕滑理论还考虑了轮缘接触的非线性。如果轮对和线路的相对位移的绝对值 Y 超过轮缘间隙 Y_f 时，需额外引入一个额外的横向力 F_f，其表达式为：

$$F_f = K_t(Y - Y_f)，如果 Y > Y_f$$
$$F_f = K_t(Y + Y_f)，如果 Y < -Y_f$$

（4-62）

式中，K_t 为线路横向刚度。

将各个轮轨接触点处的横向力和纵向力合在一起，便构成了作用于每个轮对的力和力矩。

作用在轮对上的外力可表达为：

$$F_0 = \begin{bmatrix} 2F_y \\ -2F_x \cdot b \end{bmatrix}$$

（4-63）

要注意的是，蠕滑力 F_x 和 F_y 的方向与蠕滑率 γ_1 和 γ_2 的方向相反。

3. 非线性蠕滑理论

当轮对偏离线路中心线的位移很大时，线性和平方根理论中的近似假设不再适用，此时需要使用非线性蠕滑理论对轮轨接触几何参数进行更深入的描述。在非线性蠕滑理论中，蠕滑率和蠕滑力的计算公式都是非线性的。

（1）蠕滑率计算：

$$\gamma_{1L} = 1 + \frac{\dot{x}}{v} - \frac{r_L \omega}{v} - \frac{b_L \dot{\phi}}{v}$$

$$\gamma_{1R} = 1 + \frac{\dot{x}}{v} - \frac{r_R \omega}{v} + \frac{b_R \dot{\phi}}{v}$$

$$\gamma_{2L} = \left(\frac{\dot{y}}{v} - \frac{r_L \omega \phi}{v} \right) \cdot \sec \delta_L$$

$$\gamma_{2R} = \left(\frac{\dot{y}}{v} - \frac{r_R \omega \phi}{v} \right) \cdot \sec \delta_R \qquad (4-64)$$

$$\gamma_{3L} = -\left(\frac{\omega}{v} \right) \cdot \sin \delta_L + \frac{\dot{\phi}}{v} \cos \delta_L$$

$$\gamma_{3R} = \left(\frac{\omega}{v} \right) \cdot \sin \delta_R + \frac{\dot{\phi}}{v} \cos \delta_R$$

为了精确计算蠕滑率，通常会预先计算轮轨接触的几何参数，并将这些参数保存于轮轨接触数据表中，便于后续调用。在计算步骤中，根据轮对的横向位移，利用线性插值在接触数据表中检索出所需要的相关参数（见附录，轮轨的特定条件见表4-9），从而根据式（4-64）来精确求解每个车轮的完全非线性蠕滑率。

接触参数表的适用性受限于一系列特定条件，涵盖车轮与钢轨的截面形状、轨距以及摇头角等因素。只要实际车轮直径和载荷接近计算时使用的名义值时，数据仍然有效。然而，在涉及摇头角很大的研究场景，如曲线通过或脱轨事故等情况，则需根据合适摇头角计算接触参数。

表4-9 轮轨接触参数适用的条件

车轮参数		钢轨参数	
踏面形状	英国 P8	钢轨型号	英国 113A
轮缘内侧距	1360 mm	轨底坡	1/20
轮径	840 mm	轨距	1432.34 mm
轮对摇头角	0.0 rad	轴重	120 kN

（2）蠕滑力与蠕滑率的关系：在计算完全非线性的蠕滑力时，必须考虑每个接触斑点的面积与形状，这些数据可通过轮轨接触数据表插值获取。该表中的接触椭圆面积是基于名义轮对载荷计算的，但在非线性程序中，为了得到更为精确的接触面积，需要根据实际的车轮瞬时载荷来对接触面积进行相应的修正，使用此修正方法时，建议使用的名义载荷尽可能接近实际载荷以提升计算精度。

计算完全非线性蠕滑力的步骤见表4-10。

表4-10　计算完全非线性蠕滑力的步骤

序号	具体步骤
1	根据轮轨接触数据表(见附录)中提供的接触椭圆半径比(a/b)，利用 Kalker 系数表进行插值，以确定相应的 Kalker 系数 C_{11}，C_{22} 和 C_{23}
2	将计算得到的蠕滑率转换为无量纲形式，并从图4-12中插值得到相应的无量纲蠕滑力
3	把无量纲的蠕滑力转换成作用在每一个轮轨接触点处的实际蠕滑力，并将这些力转换至轮对的坐标系内

图4-12是基于 J. J. Kalker 完全非线性接触理论得到的无量纲蠕滑率与蠕滑力的关系曲线。图4-12（a）是纵向蠕滑率与蠕滑力的关系，其横、纵坐标的换算公式见式（4-65）。图4-12（b）是横向蠕滑率与蠕滑力的关系，其横、纵坐标的换算公式见式（4-66）。

$$x = \frac{E \cdot ab}{3\mu N} C_{11} \cdot \gamma_1$$
$$y = \frac{F_x}{\mu N}$$

（4-65）

$$x = \frac{E \cdot ab}{3\mu N} C_{22} \cdot \gamma_2$$
$$y = \frac{F_y}{\mu N}$$

（4-66）

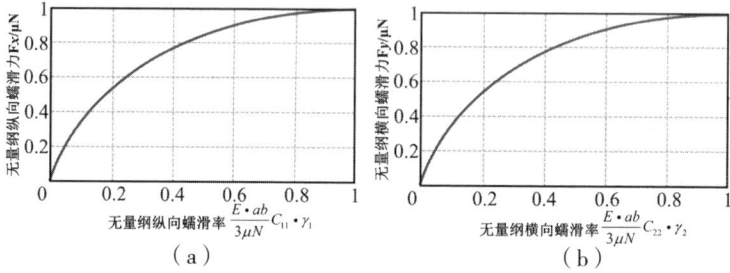

（a）纵向蠕滑率与蠕滑力　（b）横向蠕滑率与蠕滑力

图 4-12　无量纲蠕滑率和蠕滑力的关系

作用在轮对上的横向力和摇头力矩的表达式为：

$$F_0 = \begin{bmatrix} F_y \\ F_\phi \end{bmatrix} = \begin{bmatrix} F_{yL} + F_{yR} \\ -F_{yL} \cdot b_L + F_{yR} \cdot b_R \end{bmatrix} \tag{4-67}$$

第四节　重力刚度和重力角刚度

一、重力刚度

当轮对横向偏离中心位置时，左右轮与钢轨的接触角 δ 会发生变化，从而导致重力产生的法向反力方向发生改变。左右轮法向反力的横向分力合成作用会推动轮对恢复到原来的中心位置。

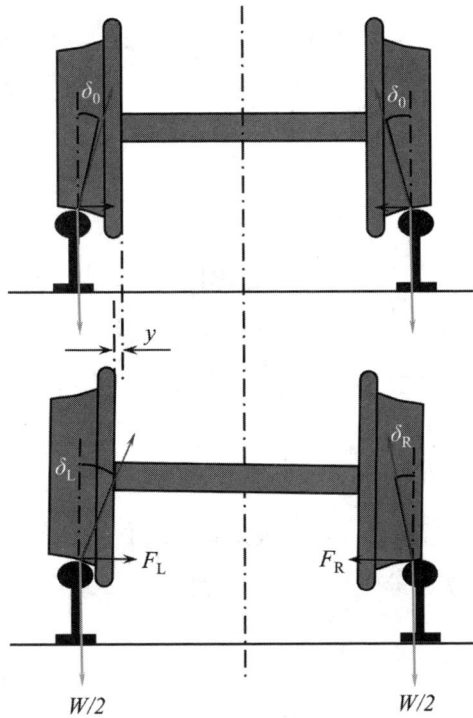

图 4-13　轮对横移示意图

如图 4-13 所示，δ_0 为轮对在中心位置时的轮轨接触角；假设轮对向左位移为 y，此时钢轨作用在左右轮上的法向反力的横向分力的表达式见式（4-68）和式（4-69）。

左轮法向反力的横向分力

$$F_{\mathrm{L}} = \frac{W}{2} \cdot \tan(\delta_{\mathrm{L}})　　　　（4-68）$$

右轮法向反力的横向分力

$$F_{\mathrm{R}} = \frac{W}{2} \cdot \tan(\delta_{\mathrm{R}})　　　　（4-69）$$

式中，W 为轴荷重。

复原力的表达式为：

$$F_g = \frac{W}{2} \cdot \left[\tan\left(\delta_{\mathrm{L}}\right) - \tan\left(\delta_{\mathrm{R}}\right) \right]$$

$$\approx \frac{W}{2} \cdot \left(\delta_{\mathrm{L}} - \delta_{\mathrm{R}}\right) \qquad (4-70)$$

$$= \frac{W\lambda}{b} y$$

复原力与横向位移之比称为等效重力刚度 Kg，其表达式为：

$$K_g = \frac{F_g}{y} = \frac{W\lambda}{b} \qquad (4-71)$$

二、重力角刚度

如图 4-14 所示，当轮对存在摇头角 ϕ 时，由重力产生的反力的横向分力作用在左右车轮上，从而形成一个摇头力矩。

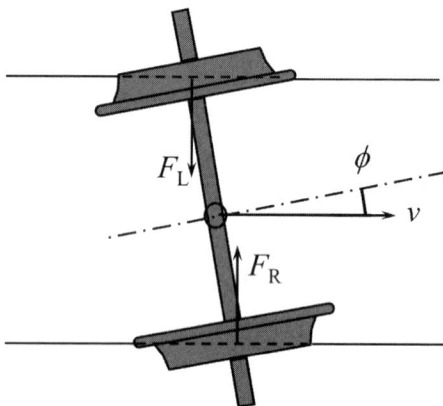

图 4-14 轮对摇头示意图

横向分力为：

$$F_{\mathrm{L}} = F_{\mathrm{R}} = \frac{W}{2} \tan\left(\delta_0\right) \approx \frac{W}{2} \delta_0 \qquad (4-72)$$

横向力产生的摇头力矩 M_ϕ 为：

$$M_\phi = F_{\mathrm{L}} \cdot b \cdot \phi + F_{\mathrm{R}} \cdot b \cdot \phi \approx 2 \frac{W}{2} \delta_0 \cdot b \cdot \phi = W \cdot b \cdot \delta_0 \cdot \phi \qquad (4-73)$$

摇头力矩 $M\phi$ 源自轮对摇头角 ϕ，其大小随 ϕ 增大而增加，方向与 ϕ 一致，有助于扩大摇头角。轮对的摇头重力角刚度定义为摇头力矩 M_ϕ 与摇头角 ϕ 的比值，其表达式为：

$$K_\phi = \frac{M_\phi}{\phi} = W \cdot b \cdot \delta_0 \qquad (4\text{-}74)$$

依据式（4-48）的描述，轮轨接触角 δ_0 与踏面斜率 λ 相等，轮对的摇头重力角刚度的表达式可进一步改写为：

$$K_\phi = W \cdot b \cdot \lambda \qquad (4\text{-}75)$$

三、由重力引起的轮对外力

由重力引起的轮对外力可表达为：

$$F_G = \begin{bmatrix} F_y \\ F_\phi \end{bmatrix} = -\begin{bmatrix} K_g & 0 \\ 0 & -K_\phi \end{bmatrix}\begin{bmatrix} y \\ \phi \end{bmatrix} \qquad (4\text{-}76)$$

由重力和蠕滑力共同作用引起的轮对外力可表达为：

$$F = F_0 + F_G = -\begin{bmatrix} \dfrac{2f_{22}}{v} & 0 \\ 0 & \dfrac{2f_{11}b^2}{v} \end{bmatrix}\begin{bmatrix} \dot{y} \\ \dot{\phi} \end{bmatrix} - \begin{bmatrix} K_c & -2f_{22} \\ 2f_{11}\dfrac{b\lambda}{r_0} & -K_\phi \end{bmatrix}\begin{bmatrix} y \\ \phi \end{bmatrix} \qquad (4\text{-}77)$$

式中，$K_c = K_g - \dfrac{2f_{23}\varepsilon}{r_0 b}$。

轮对外力也可表达为：

$$F = -D\dot{x} - Ex \qquad (4\text{-}78)$$

式中，$D = \begin{bmatrix} \dfrac{2f_{22}}{v} & 0 \\ 0 & \dfrac{2f_{11}b^2}{v} \end{bmatrix}$ 为轮轨接触点处由蠕滑力组成的阻尼矩阵；

$E = \begin{bmatrix} K_c & -2f_{22} \\ 2f_{11}\dfrac{b\lambda}{r_0} & -K_\phi \end{bmatrix}$ 为轮轨接触点处由蠕滑力和重力组成的刚度矩阵。

第五节　轮对及转向架的稳定性分析

一、自由轮对

如图 4-15 所示，自由轮对具有两个自由度，横向位移 y 和摇头位移 ϕ。

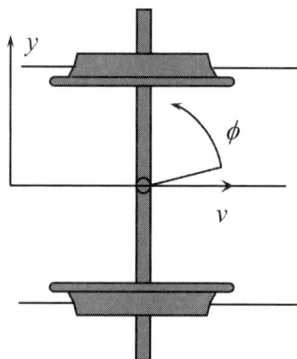

图 4-15　自由轮对

1. 运动方程

依据前文阐述的线性蠕滑理论，自由轮对在蠕滑力与重力共同影响下，其运动方程的一般形式为：

$$\begin{bmatrix} m & 0 \\ 0 & J \end{bmatrix}\begin{bmatrix} \ddot{y} \\ \ddot{\phi} \end{bmatrix} + \begin{bmatrix} \dfrac{2f_{22}}{v} & 0 \\ 0 & \dfrac{2f_{11}b^2}{v} \end{bmatrix}\begin{bmatrix} \dot{y} \\ \dot{\phi} \end{bmatrix} + \begin{bmatrix} K_c & -2f_{22} \\ \dfrac{2f_{11}b\lambda}{r_0} & -K_\phi \end{bmatrix}\begin{bmatrix} y \\ \phi \end{bmatrix} = 0 \qquad （4-79）$$

式（4-79）可以简写为：

$$M\ddot{x} + D\dot{x} + Ex = 0 \qquad （4-80）$$

式中，M 为轮对质量矩阵；D 为与速度有关的轮轨接触阻尼矩阵；E 为与轮轨接触几何有关的接触刚度矩阵；x 为位移矢量。

对于锥形踏面，式（4-80）中的 K_c 和 K_ϕ 可表达为：

$$K_c = P\frac{\lambda}{b} - \frac{2f_{23}\lambda}{r_0 b}$$

（4-81）

$$K_\phi = P \cdot b \cdot \lambda$$

系统矩阵为：

$$A = \begin{bmatrix} -M^{-1}D & -M^{-1}E \\ I & 0 \end{bmatrix}$$

（4-82）

2. 特征值计算

（1）参数。

自由轮对的参数如下所示：轮对质量 m=1496 kg，轮对摇头转动惯量 J=981 kg·m²，轮轨接触间距之半 b=0.75 m，纵向弹簧横向间距之半 l=1.02 m，车轮半径 r_0 = 0.42 m，踏面斜率 λ =0.15，杨氏弹性模量 E=2.07 × 1011 N/m²，泊松比 ν =0.3，Kalker 系数 C_{11}=1.65，C_{22}=1.43，C_{23}=0.579。

车轮载荷 N 的计算公式为：

$$N = \frac{W}{2} = \frac{m}{2} \cdot g = 7337.9 (\text{N})$$

（4-83）

接触椭圆长短半径之乘积 $a \cdot b$ 的计算公式见式（4-84）。

$$a \cdot b = \left[1.5\left(1-v^2\right) \cdot N \cdot \frac{r_0}{E} \right]^{\frac{2}{3}} = 7.447 \cdot 10^{-6}$$

（4-84）

蠕滑系数 f_{11}、f_{22} 和 f_{33} 的计算公式为：

$$f_{11} = E \cdot C_{11} \cdot a \cdot b = 2.544 \cdot 10^6$$

$$f_{22} = E \cdot C_{22} \cdot a \cdot b = 2.204 \cdot 10^6$$

（4-85）

$$f_{23} = E \cdot C_{23} \cdot (a \cdot b)^{\frac{3}{2}} = 2.436 \cdot 10^3$$

（2）计算结果。

速度为 5 m/s 时的特征值为：

$$\gamma = \begin{pmatrix} -586.423 - 1.679\mathrm{i} \\ -586.423 + 1.679\mathrm{i} \\ 0.021 - 3.45\mathrm{i} \\ 0.021 + 3.45\mathrm{i} \end{pmatrix}$$

观察上式，特征值由两对共轭复数组成，其中一组的实部 α 为正值，这预示着系统此时处于不稳定状态。

特征值共轭复数的实数 α 与速度的变化关系如图 4-16 所示。可以看出，自由轮对的 α 很早就已开始呈现正值。α 为正意味着任何微小的初始干扰都将引发轮对振荡，且振荡幅度不断增大，直到轮缘与钢轨发生碰撞。由此可以判断出自由轮对的运动处于失稳状态。

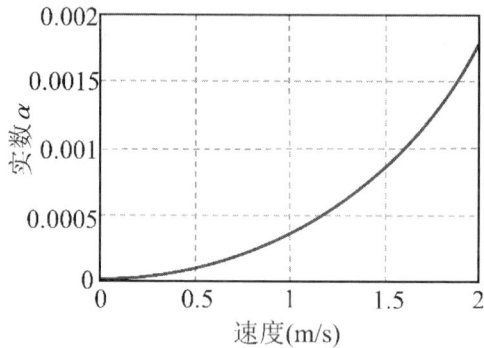

图 4-16　实数 α 与速度的变化关系

失稳时轮对的运动曲线如图 4-17 所示，计算的初始条件见表 4-11。从图 4-17 中可以看到，轮对的横向位移和摇头的振幅随时间的延续而逐渐增大。

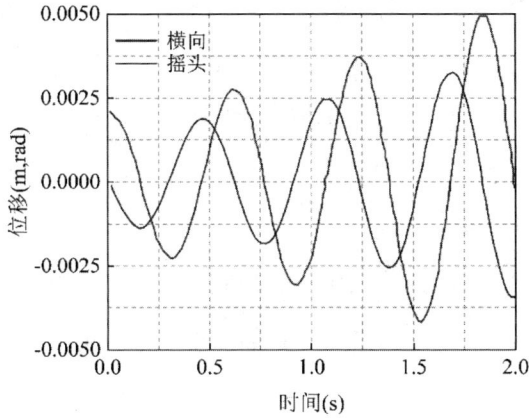

图 4-17　失稳时轮对的运动

表 4-11　计算初始条件

初始条件	数值
轮对速度 v	15 m/s
轮对初始横向位移 y_0	0.002 m
轮对初始摇头角	0.0 rad

特征值共轭复数的虚数 β 与速度的变化关系如图 4-18 所示，可以看出，随着速度的提升，轮对的横向振动频率亦随之增加。

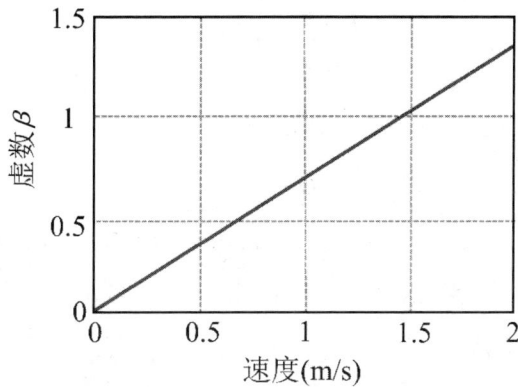

图 4-18　虚数 β 与速度的变化关系

从上述例子可以看出，机车车辆的特征值计算不仅仅局限于求解系统的振动频率，更关键的是利用特征值的实部来判断系统的稳定性状态。因此，机车车辆的特征值分析常被视作线性稳定性分析的关键环节。

二、弹性定位轮对

如图 4-19 所示，假设轮对通过横向和纵向弹簧与一个很大的质量相连，图中 $k_1=k_2=k_y$，$k_3=k_4=k_x$，其中轮对横向刚度 $k_y=8\times10^5\,\text{N/m}$，轮对纵向刚度 $k_x=1\times10^5\,\text{N/m}$。

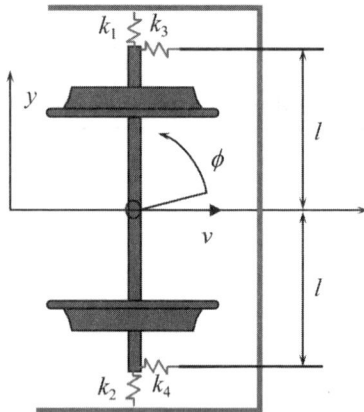

图 4-19　弹性定位轮对

1. 运动方程

弹性定位轮对运动方程的一般形式为：

$$M\ddot{x}+(D+C)\dot{x}+(E+K)x=0 \qquad （4-86）$$

式中，M 为轮对质量矩阵；D 为与速度有关的轮轨接触阻尼矩阵；E 为与轮轨接触几何有关的接触刚度矩阵；C，K 为由悬挂元件构成的系统阻尼矩阵和刚度矩阵；x 为位移矢量。

由于轮对定位系统中不存在阻尼，故无须考虑阻尼矩阵 C。在建立刚度矩

阵 K 之前，首要任务是确定自由度位移与弹簧变形之间的关联，详细关系见表 4-12。

表 4-12　自由度位移与弹簧变形间的关系

	横向 y	摇头 ϕ
k_1	1	0
k_2	-1	0
k_3	0	-1
k_4	0	1

由表 4-4 可得系统的刚度关联矩阵为：

$$T = \begin{bmatrix} 1 & 0 \\ -1 & 0 \\ 0 & -l \\ 0 & l \end{bmatrix} \tag{4-87}$$

系统的刚度系数矩阵为：

$$k = \begin{bmatrix} k_1 & & & \\ & k_2 & & \\ & & k_3 & \\ & & & k_4 \end{bmatrix} = \begin{bmatrix} k_y & & & \\ & k_y & & \\ & & k_x & \\ & & & k_x \end{bmatrix} \tag{4-88}$$

由此可得系统的刚度矩阵为：

$$K = T^T k T = \begin{bmatrix} 2k_y & 0 \\ 0 & 2k_x \cdot l^2 \end{bmatrix} \tag{4-89}$$

将所有矩阵代入式（4-86）可得

$$\begin{bmatrix} M & 0 \\ 0 & I \end{bmatrix}\begin{bmatrix} \ddot{y} \\ \ddot{\phi} \end{bmatrix} + \begin{bmatrix} \dfrac{2f_{22}}{v} & 0 \\ 0 & \dfrac{2f_{11}b^2}{v} \end{bmatrix}\begin{bmatrix} \dot{y} \\ \dot{\phi} \end{bmatrix} + \left(\begin{bmatrix} K_c & -2f_{22} \\ \dfrac{2f_{11}b\lambda}{r_0} & -K_\phi \end{bmatrix} + \begin{bmatrix} 2k_y & 0 \\ 0 & 2k_x \cdot l^2 \end{bmatrix} \right)\begin{bmatrix} y \\ \phi \end{bmatrix} = 0$$

$$\begin{bmatrix} M & 0 \\ 0 & I \end{bmatrix}\begin{bmatrix} \ddot{y} \\ \ddot{\phi} \end{bmatrix} + \begin{bmatrix} \dfrac{2f_{22}}{v} & 0 \\ 0 & \dfrac{2f_{11}b^2}{v} \end{bmatrix}\begin{bmatrix} \dot{y} \\ \dot{\phi} \end{bmatrix} + \left(\begin{bmatrix} K_c + 2k_y & -2f_{22} \\ \dfrac{2f_{11}b\lambda}{r_0} & -K_\phi + 2k_x \cdot l^2 \end{bmatrix} \right)\begin{bmatrix} y \\ \phi \end{bmatrix} = 0$$

（4-90）

系统矩阵为：

$$A = \begin{bmatrix} -M^{-1}D & -M^{-1}(E+K) \\ I & 0 \end{bmatrix}$$

（4-91）

2. 特征值计算

速度为 5 m/s 时的特征值为：

$$\gamma = \begin{pmatrix} -585.331 + 2.6\mathrm{i} \\ -585.331 - 2.6\mathrm{i} \\ -1.07 + 3.385\mathrm{i} \\ -1.07 - 3.385\mathrm{i} \end{pmatrix}$$

观察上式，特征值由两对共轭复数组成，且实数部分 α 均为负值，这标志着系统处于稳定状态。

特征值计算结果如图 4-20（a）所示，曲线展示了实数部分 α 与速度之间的关系。当速度达到 37.5 m/s 时，α 为零，此时的速度被称为临界速度；当速度不超过 37.5 m/s 时，α 为负值，系统保持稳定，初始干扰所引发的振荡振幅能够逐渐减小；当速度超过 37.5 m/s 时，α 为正，系统不稳定，初始干扰引起振荡振幅将逐渐增大。与自由轮对相比，弹性定位轮对由于纵向和横向定位刚度的作用，其稳定性得到了显著提升。

特征值共轭复数的虚数 β（系统频率）与速度的变化关系如图 4-20（b）所示，系统阻尼与速度的关系曲线如图 4-21 所示。

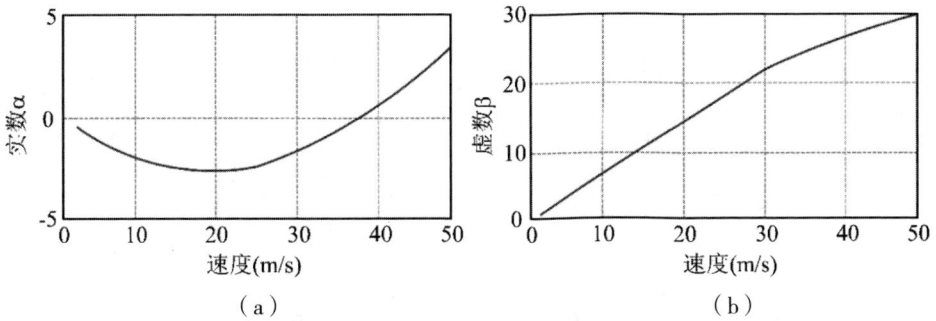

（a）实数 α 与速度的变化关系 （b）虚数 β 与速度的变化关系

图 4-20 实数 α 和虚数 β 与速度的变化关系

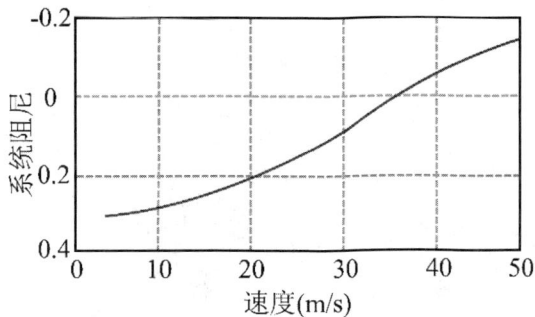

图 4-21 系统阻尼与速度的关系

轮对在不同运行速度下的运动如图 4-22 和 4-23 所示。图 4-22 显示轮对在速度 v=15 m/s 的表现，图 4-23 则是在速度 v=40 m/s 的表现。轮对初始横向位移 y_0=0.002 m；初始摇头角 ϕ_0=0.0 rad。

如图 4-22 所示，当轮对运行速度达到 15 m/s 时，弹性定位轮对的运动保持稳定，任何干扰引起的振动都会迅速衰减。如图 4-23 所示，当运行速度提升至 40 m/s 时，特征值共轭复数的实数 α 为正，如图 4-20（a）所示，轮对振荡运动随着时间的推移逐渐加剧，系统进入失稳状态。

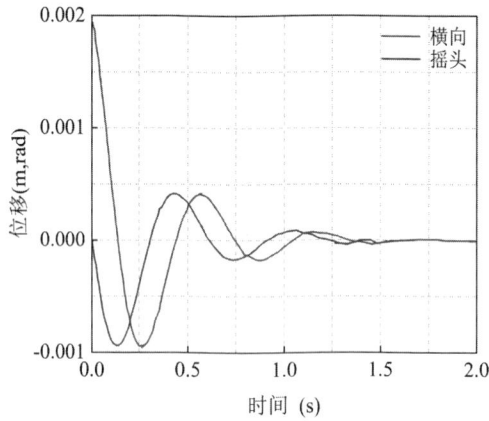

图 4-22　弹性定位轮对的运动（$v=15$ m/s）

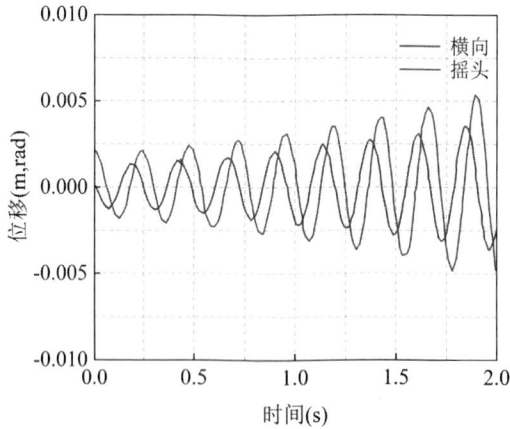

图 4-23　弹性定位轮对的运动（$v=40$ m/s）

三、两轴转向架

1. 运动方程

图 4-24 为两轴转向架示意图，图中的参数含义见表 4-13，其中 m_1、m_2 和 m_3 都有两个自由度（横向位移 y 和摇头角 ϕ）。

表 4-13 参数及含义

参数	含义	参数	含义
m_1	前轮对质量	m_2	后轮对质量
m_3	转向架构架质量	$k_1 \sim k_8$	一系悬挂刚度
$c_1 \sim c_8$	阻尼	d	转向架轴距的一半
l	一系纵向刚度间距的一半	b	轮轨接触点间距的一半
v	转向架前进速度		

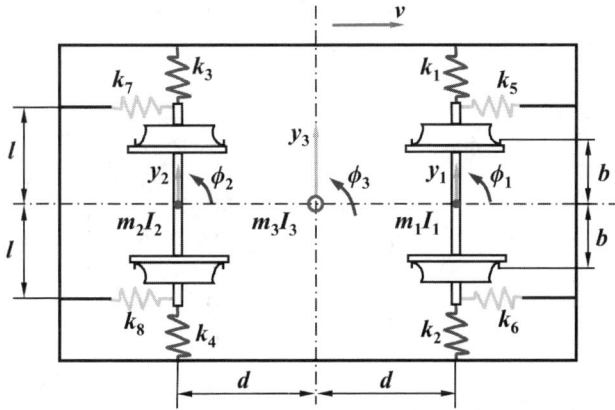

图 4-24 两轴转向架

转向架运动方程的一般形式可表达为:

$$M\ddot{x} + (D + C)\dot{x} + (E + K)x = 0 \qquad (4-92)$$

式中,M 为转向架质量矩阵;D 与速度有关的轮轨接触阻尼矩阵;E 与轮轨接触几何有关的接触刚度矩阵;C,K 为由悬挂元件构成的系统阻尼矩阵和刚度矩阵;x 为位移矢量。

转向架质量矩阵为：

$$
M = \begin{bmatrix}
m_1 & & & & & \\
& I_1 & & & & \\
& & m_2 & & & \\
& & & I_2 & & \\
& & & & m_3 & \\
& & & & & I_3
\end{bmatrix}
\tag{4-93}
$$

轮轨接触阻尼矩阵为：

$$
D = \begin{bmatrix}
\dfrac{2f_{22}}{v} & 0 & 0 & 0 & 0 & 0 \\[2mm]
0 & \dfrac{2f_{11}b^2}{v} & 0 & 0 & 0 & 0 \\[2mm]
0 & 0 & \dfrac{2f_{22}}{v} & 0 & 0 & 0 \\[2mm]
0 & 0 & 0 & \dfrac{2f_{11}b^2}{v} & 0 & 0 \\[2mm]
0 & 0 & 0 & 0 & 0 & 0 \\[1mm]
0 & 0 & 0 & 0 & 0 & 0
\end{bmatrix}
\tag{4-94}
$$

轮轨接触刚度矩阵为：

$$
E = \begin{bmatrix}
k_g - k_c & -2f_{22} & 0 & 0 & 0 & 0 \\[1mm]
\dfrac{2f_{11}b\lambda}{r_0} & -k_\phi & 0 & 0 & 0 & 0 \\[2mm]
0 & 0 & k_g - k_c & -2f_{22} & 0 & 0 \\[1mm]
0 & 0 & \dfrac{2f_{11}b\lambda}{r_0} & -k_\phi & 0 & 0 \\[2mm]
0 & 0 & 0 & 0 & 0 & 0 \\[1mm]
0 & 0 & 0 & 0 & 0 & 0
\end{bmatrix}
\tag{4-95}
$$

位移矢量为：

$$
x = \begin{bmatrix} y_1 & \phi_1 & y_2 & \phi_2 & y_3 & \phi_3 \end{bmatrix}^T
\tag{4-96}
$$

为了构建悬挂系统的刚度矩阵，首先需要明确自由度位移与弹簧变形之间的关系，具体关系见表4-14。

表 4-14 自由度位移与弹簧变形间的关系

—		自由度位移					
		轮对 1		轮对 2		车体 3	
		y_1	ϕ_1	y_2	ϕ_2	y_3	ϕ_3
悬挂弹簧变形	k_1	1	—	—	—	-1	-d
	k_2	-1	—	—	—	1	d
	k_3	—	—	1	—	-1	d
	k_4	—	—	-1	—	1	-d
	k_5	—	-1	—	—	—	l
	k_6	—	1	—	—	—	-l
	k_7	—	—	—	l	—	-l
	k_8	—	—	—	-l	—	l

由表 4-13 可以得到系统的刚度关联矩阵，其具体表达式为：

$$T = \begin{bmatrix} 1 & 0 & 0 & 0 & -1 & -d \\ -1 & 0 & 0 & 0 & 1 & d \\ 0 & 0 & 1 & 0 & -1 & d \\ 0 & 0 & -1 & 0 & 1 & -d \\ 0 & -l & 0 & 0 & 0 & l \\ 0 & l & 0 & 0 & 0 & -l \\ 0 & 0 & 0 & l & 0 & -l \\ 0 & 0 & 0 & -l & 0 & l \end{bmatrix} \qquad (4-97)$$

刚度系数矩阵是由系统刚度构成的对角矩阵，其具体表达式为：

$$
k = \begin{bmatrix}
k_1 & 0 & 0 & 0 & 0 & 0 & 0 & 0 \\
0 & k_2 & 0 & 0 & 0 & 0 & 0 & 0 \\
0 & 0 & k_3 & 0 & 0 & 0 & 0 & 0 \\
0 & 0 & 0 & k_4 & 0 & 0 & 0 & 0 \\
0 & 0 & 0 & 0 & k_5 & 0 & 0 & 0 \\
0 & 0 & 0 & 0 & 0 & k_6 & 0 & 0 \\
0 & 0 & 0 & 0 & 0 & 0 & k_7 & 0 \\
0 & 0 & 0 & 0 & 0 & 0 & 0 & k_8
\end{bmatrix}
= \begin{bmatrix}
k_y & 0 & 0 & 0 & 0 & 0 & 0 & 0 \\
0 & k_y & 0 & 0 & 0 & 0 & 0 & 0 \\
0 & 0 & k_y & 0 & 0 & 0 & 0 & 0 \\
0 & 0 & 0 & k_y & 0 & 0 & 0 & 0 \\
0 & 0 & 0 & 0 & k_x & 0 & 0 & 0 \\
0 & 0 & 0 & 0 & 0 & k_x & 0 & 0 \\
0 & 0 & 0 & 0 & 0 & 0 & k_x & 0 \\
0 & 0 & 0 & 0 & 0 & 0 & 0 & k_x
\end{bmatrix}
\tag{4-98}
$$

式中，k_x 是一系纵向刚度，k_y 是一系横向刚度。

系统的刚度矩阵的表达式为：

$$
K = T^{\mathrm{T}} k T \tag{4-99}
$$

将矩阵 E 和 K 组合后展开可得

$$
E + K = \begin{pmatrix}
2 \cdot k_y + k_g - k_c & -2 \cdot f_{22} & 0 & 0 & -2 \cdot k_y & -2 \cdot d \cdot k_y \\
2 \cdot f_{11} \cdot \lambda \cdot \dfrac{b}{\lambda} & 2 \cdot l^2 \cdot k_x - k_\phi & 0 & 0 & 0 & -2 \cdot l^2 \cdot k_x \\
0 & 0 & 2 \cdot k_y + k_g - k_c & -2 \cdot f_{22} & -2 \cdot k_y & 2 \cdot d \cdot k_y \\
0 & 0 & 2 \cdot f_{11} \cdot \lambda \cdot \dfrac{b}{r} & 2 \cdot l^2 \cdot k_x - k_\phi & 0 & -2 \cdot l^2 \cdot k_x \\
-2 \cdot k_y & 0 & -2 \cdot k_y & 0 & 4 \cdot k_y & 0 \\
-2 \cdot d \cdot k_y & -2 \cdot l^2 \cdot k_x & 2 \cdot d \cdot k_y & -2 \cdot l^2 \cdot k_x & 0 & 4 \cdot d^2 \cdot k_y + 4 \cdot l^2 \cdot k_x
\end{pmatrix}
\tag{4-100}
$$

式（4-100）中第一行第一列中的三个元素分别为 $2 \cdot k_y = 2 \times 10^6$，$k_g = 979.7$ 和 $k_c = 1549$。对比这三个元素，不难发现，重力刚度 k_g 和自旋形成的刚度 k_c 的数值远小于悬挂元件刚度 $2 \cdot k_y$ 的千分之一。在式（4-100）的第二行第二列中，元素 $2 \cdot l^2 \cdot k_x = 1.04 \times 10^6$ 和 $k_\phi = 551$ 同样揭示了这一规律，重力角刚度 k_ϕ 的数值也远小于悬挂元件角刚度 $2 \cdot l^2 \cdot k_x$ 的千分之一。因此在许多动力学的计算中，常常将重力刚度、重力角刚度和自旋形成的刚度忽略不计。

在两轴转向架的示例中，阻尼关联矩阵和刚度关联矩阵相同，阻尼系数矩阵为：

$$c = \begin{pmatrix} c_y & 0 & 0 & 0 & 0 & 0 & 0 & 0 & 0 \\ 0 & c_y & 0 & 0 & 0 & 0 & 0 & 0 & 0 \\ 0 & 0 & c_y & 0 & 0 & 0 & 0 & 0 & 0 \\ 0 & 0 & 0 & c_y & 0 & 0 & 0 & 0 & 0 \\ 0 & 0 & 0 & 0 & c_x & 0 & 0 & 0 & 0 \\ 0 & 0 & 0 & 0 & 0 & c_x & 0 & 0 & 0 \\ 0 & 0 & 0 & 0 & 0 & 0 & c_x & 0 & 0 \\ 0 & 0 & 0 & 0 & 0 & 0 & 0 & c_x & 0 \\ 0 & 0 & 0 & 0 & 0 & 0 & 0 & 0 & c_{y2} \end{pmatrix} \tag{4-101}$$

系统的阻尼矩阵可表示为：

$$C = T^{\mathrm{T}} c T \tag{4-102}$$

将矩阵 D 和 C 组合展开后得

$$D + C = \begin{bmatrix} 2 \cdot c_y + 2 \cdot \dfrac{f_{22}}{v} & 0 & 0 & 0 & -2 \cdot c_y & -2 \cdot d \cdot c_y \\ 0 & 2 \cdot l^2 \cdot c_x + 2 \cdot f_{11} \cdot \dfrac{b^2}{v} & 0 & 0 & 0 & -2 \cdot l^2 \cdot c_x \\ 0 & 0 & 2 \cdot c_y + 2 \cdot \dfrac{f_{22}}{v} & 0 & -2 \cdot c_y & 2 \cdot d \cdot c_y \\ 0 & 0 & 0 & 2 \cdot l^2 \cdot c_x + 2 \cdot f_{11} \cdot \dfrac{b^2}{v} & 0 & -2 \cdot l^2 \cdot c_x \\ -2 \cdot c_y & 0 & -2 \cdot c_y & 0 & 4 \cdot c_y & 0 \\ -2 \cdot d \cdot c_y & -2 \cdot l^2 \cdot c_x & 2 \cdot d \cdot c_y & -2 \cdot l^2 \cdot c_x & 0 & 4 \cdot d^2 \cdot c_y + 4 \cdot l^2 \cdot c_x \end{bmatrix} \tag{4-103}$$

系统矩阵为：

$$A = \begin{bmatrix} -M^{-1}[D+C] & -M^{-1}[E+K] \\ I & 0 \end{bmatrix} \tag{4-104}$$

2. 特征值计算

（1）参数。

自由轮对的参数如下所示：轮对质量 $m_1 = m_2 = 1496\,\mathrm{kg}$，构架质量 $m_3 = 3000\,\mathrm{kg}$，轮对摇头转动惯量 $I_1 = I_2 = 981\,\mathrm{kg \cdot m^2}$，构架摇头转动惯量 $I_3 = 2000\,\mathrm{kg \cdot m^2}$，轮轨接触间距之半 $b = 0.75\,\mathrm{m}$，纵向弹簧横向间距之半 $l = 1.02\,\mathrm{m}$，车轮半径 $r_0 = 0.42\,\mathrm{m}$，轴距之半 $d = 1.25\,\mathrm{m}$，踏面斜率 $\lambda = 0.05$，轮对横向刚度 $k_y = 1.0 \times 10^6\,\mathrm{N/m}$，轮对

横向阻尼 c_y=1.0×10³ N·s/m，轮对纵向刚度 k_x=5.0×10⁵ N/m，轮对纵向阻尼 c_x=1.0×10³ N·s/m，杨氏弹性模量 E=2.07×10¹¹ N/m²，泊松比 ν=0.3，Kalker 系数 C_{11}=1.65，C_{22}=1.43，C_{23}=0.579。

车轮载荷 N 的计算公式为：

$$N = \frac{m_1 + 0.5 \cdot m_2}{2} \cdot g = 14695.4\,(\text{N})$$ （4-105）

轮对重力刚度的计算公式为：

$$k_g = \frac{N \cdot \lambda}{b} = 979.7\,(\text{N/m})$$ （4-106）

轮对重力角刚度 k_ϕ 的计算公式为：

$$k_\phi = N \cdot b \cdot \lambda = 551\,(\text{N/m})$$ （4-107）

接触椭圆长短半径之乘积 $a \cdot b$ 的计算公式为：

$$a \cdot b = \left[1.5 \cdot \left(1 - \nu^2\right) \cdot N \cdot \frac{r_0}{E} \right]^{\frac{2}{3}} = 1.183 \cdot 10^{-5}$$ （4-108）

蠕滑系数 f_{11}、f_{22} 和 f_{33} 的计算公式为：

$$f_{11} = E \cdot C_{11} \cdot a \cdot b = 4.041 \cdot 10^6$$
$$f_{22} = E \cdot C_{22} \cdot a \cdot b = 3.502 \cdot 10^6$$ （4-109）
$$f_{23} = E \cdot C_{23} \cdot (a \cdot b)^{\frac{3}{2}} = 4.878 \cdot 10^3$$

（2）计算结果。

进一步观察转向架在 30 m/s 和 40 m/s 下的特征值，可以发现略去虚部为负的特征值后，特征值有六对共轭复数。当车辆速度为 30 m/s 时，所有特征值的实数部分 α 均为负值，这表明系统处于稳定状态。然而，当速度提高至 40 m/s 时，第五个特征值的实部变为正值，这预示着系统变得不稳定。

$$\text{eigval}(30) = \begin{pmatrix} -150.617 + 12.769\text{i} \\ -150.281 + 12.898\text{i} \\ -6.428 + 65.642\text{i} \\ -5.326 + 37.432\text{i} \\ -4.43 + 12.217\text{i} \\ -0.207 + 11.535\text{i} \end{pmatrix} \qquad \text{eigval}(40) = \begin{pmatrix} -111.3 + 17.384\text{i} \\ -110.588 + 17.894\text{i} \\ -7.23 + 66.676\text{i} \\ -6.847 + 38.789\text{i} \\ 0.905 + 14.818\text{i} \\ -4.589 + 16.6\text{i} \end{pmatrix}$$

特征值中最大实数 α 随速度的变化曲线如图 4-25 所示。车辆的临界速度为 32.5 m/s，当车辆速度低于 32.5 m/s 时，α 为负数，车辆运行稳定；当车辆速度高于 32.5 m/s 时，α 为正数，车辆失稳。

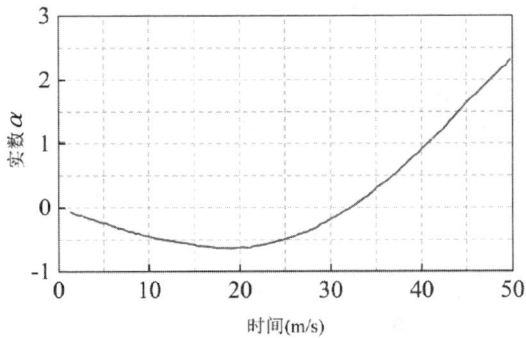

图 4-25　最大实数值 α 随速度的变化曲线

在车辆速度为 30 m/s 且转向架构架初始横向位移为 2.0 mm 时，第一轮对的横向位移和摇头位移随时间变化的曲线如图 4-26 所示，从图中可以观察到曲线的振幅在不断减小。在相同的初始条件下，当轮对速度提高到 40 m/s 时，第一轮对的横向和摇头位移如图 4-27 所示，可以看出，横向和摇头位移都随着时间在不断增大，系统失稳。

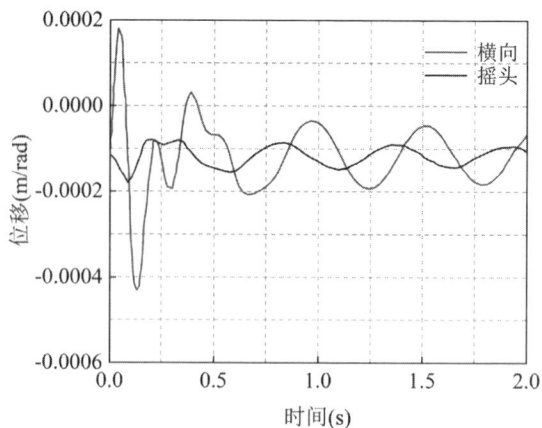

图 4-26　第一轮对的横向和摇头位移（v=30 m/s）

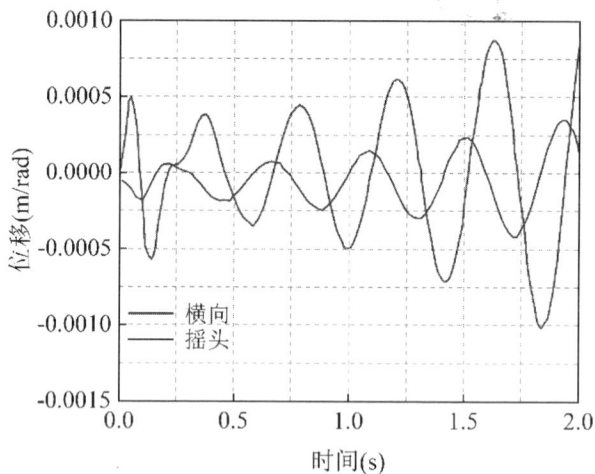

图 4-27　第一轮对的横向和摇头位移（v=40 m/s）

特征值共轭复数的虚数 β（系统频率）与速度的变化关系如图 4-28 所示。

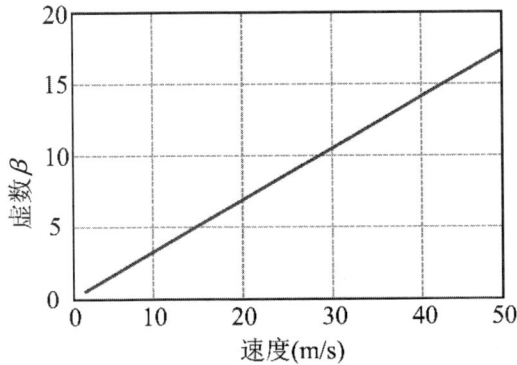

图 4-28 虚数 β 与速度的关系

当车辆速度为 40 m/s 时，特征值为（0.905+14.818i）时的特征向量如下所示。

$$\begin{pmatrix} y_1 \\ \phi_1 \\ y_2 \\ \phi_2 \\ y_3 \\ \phi_3 \end{pmatrix} = \begin{pmatrix} 0.839 + 0.166i \\ -0.122 + 0.296i \\ 0.834 - 0.121i \\ -0.029 + 0.344i \\ 1 \\ -0.017 + 0.175i \end{pmatrix}$$

可以看出，特征向量为复数形式，包含了振幅和相位信息。其中，复数的模代表相对振幅，复数的实部对应 x 轴上的投影，复数的虚部对应 y 轴上的投影。

通常使用振型图来直观地展示特征向量的振幅和相位。以车辆速度为 40 m/s，特征值为（0.905+14.818i）为例，其振型图如图 4-29 所示。

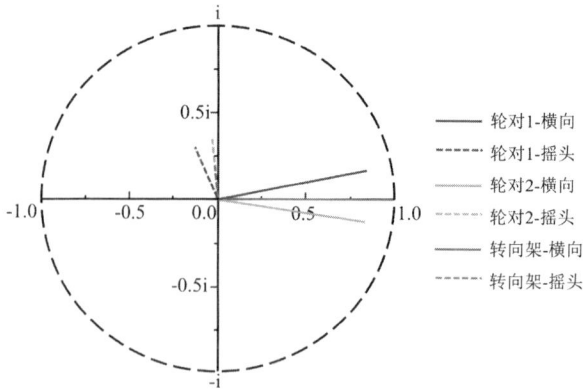

图 4-29 特征值为（0.905+14.818i）时的特征向量的振型图

当车辆速度为 40 m/s 时，特征值为（–4.589+16.6i）时的特征向量如下所示，其振型图如图 4-30 所示。

$$
\begin{pmatrix} y_1 \\ \phi_1 \\ y_2 \\ \phi_2 \\ y_3 \\ \phi_3 \end{pmatrix} = \begin{pmatrix} 1 \\ -0.149 + 0.295i \\ 0.325 + 0.711i \\ -0.393 - 0.016i \\ 0.746 + 0.544i \\ 0.15 - 0.187i \end{pmatrix}
$$

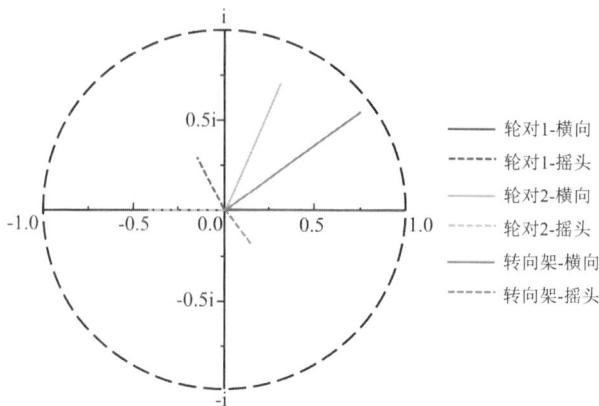

图 4-30 特征值为（–4.589+16.6i）时的特征向量的振型图

第五章　车辆的曲线通过

第一节　曲线通过概述

当轨道车辆曲线通过时，受到蠕滑导向、离心加速度、轨道超高以及线路状态变化的影响，轮轨动力作用变得复杂。虽然轮对结构具备自动对中和自导向能力，在通过曲线时具备一定优势，但在实际应用中，轮对难以保持径向位置，常需依赖轮缘导向，导致动力学性能下降和轮轨磨耗增加，进而产生稳态力和动态力。稳态力包括横向蠕滑力和轮轨正压力，动态力则源自瞬态惯性力和轨道不平顺引起的动态载荷，这些作用力可能引发安全事故，如钢轨翻转、车轮爬轨等。因此曲线通过成为车辆动力学的重要研究领域。近年来的甬温线特别重大铁路交通事故和法国布雷蒂尼火车脱轨事故，均在列车高速通过曲线时发生脱轨，造成严重人员伤亡，所以研究车辆在曲线轨道上的运行性能具有重要意义。如表 5-1 所示，轨道车辆曲线通过的理论与模型演进可分为四个阶段，由定性到定量、从局部到全面反映了曲线通过机制，并在各阶段推动了机车车辆的发展。

表 5-1   曲线通过理论发展历程

时间	理论演变	理论定义	影响
19 世纪末期	摩擦中心法	假设车架或转向架绕某一瞬时中心旋转，此时轮轨接触面的滑动力达到最大摩擦力，从而形成由前导轮轮缘产生的横向导向力控制平衡的回转力矩	对运行在小半径曲线上的长轴距蒸汽机车的开发起到了较好的指导作用
20 世纪 60 年代	线性稳态曲线通过理论	假设轮缘不与钢轨接触，并采用线性化的轮轨接触几何关系以及蠕滑力与蠕滑率之间的线性关系，用于求解车辆在圆曲线上的稳态解	不仅证明了通过蠕滑导向实现非轮缘接触的可行性，还提供了曲线通过的近似解。然而，由于其基于轮缘非接触的假设，该方法的适用范围仅限于大半径曲线
20 世纪 70 年代	非线性稳态曲线通过理论	结合 Kalker 的蠕滑理论和非线性轮轨接触几何理论	确定圆曲线稳态时各转向架、轮对相对于轨道的轮轨作用力、位置及磨耗指标，并计算蠕滑力
20 世纪 80 年代	动态非线性曲线通过理论	引入计算机技术，结合轮轨接触、蠕滑力、横向止挡非线性和多级悬挂刚度等因素，分析机车进入和驶出曲线的动态过程	计算时考虑缓和曲线长度、曲率半径、超高不足、不平顺激扰等条件，输出各部件的动态响应程度，包括轮轨横向力、倾覆系数及轮轴力等参数

第二节   单轮对线性稳态曲线通过状态

车辆稳态曲线通过是模拟车辆在圆曲线上的准静态运动，不考虑轨道不平顺激扰、线路曲率和超高变化以及车辆系统自身振动等非稳态因素，车辆系统处于力平衡状态。车辆所受到的力主要包括轮轨蠕滑力、未平衡超高导致的力、弹性复原力。机车车辆通过大半径曲线时主要依靠蠕滑力导向，本节将简要介绍其导向机理。

一、轮对通过曲线的纯滚线

纯滚线是轮对做纯滚动时，轮对中心所走过的轨迹在轨道平面内的铅垂投影。因而纯滚线是一段位于圆曲线线路中心线外侧且与圆曲线平行的圆弧，其曲率中心与圆曲线的曲率中心是重合的。锥形踏面是车轮在曲线上实现纯滚动的必要条件。由于车轮踏面呈锥形，内外两个车轮有不同的滚动半径，如图5-1所示，当轮对向曲线外侧横向移动 y_0 时，外轮的滚动半径大于内轮，从而满足纯滚动的要求。此时自由轮对沿半径为 R 的曲线作纯滚动，从图中我们可以得知外轮的滚动距离大于内轮。

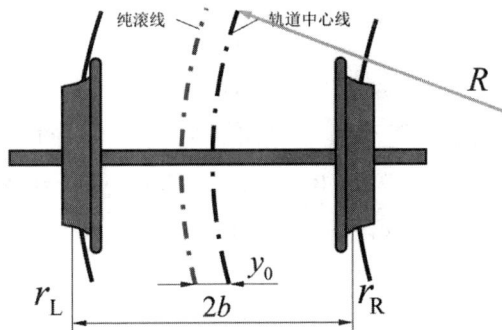

图 5-1　自由轮对纯滚动过曲线

在不考虑超高的情况下，对于锥形踏面可以推导纯滚线位置可以做如下式（5-1）至（5-7）推导。设车轮名义滚动圆半径 r_0，水平曲线轨道半径 R，左右车轮的实际滚动圆半径分别为 r_L 和 r_R，轮对左右名义滚动圆横向跨距 $2b$。设轮对纯滚线距离线路中心线横向位移绝对值 y_0。左右车轮的实际滚动圆半径与名义滚动半径有如下关系：

$$r_L = r_0 + \lambda_e y_0 \tag{5-1}$$

$$r_R = r_0 - \lambda_e y_0 \tag{5-2}$$

其中，λ_e 为踏面等效锥度。已知左右轮滚动圆间的横向距离为 $2b$，线路中心线左右轮轨接触点间的相对位移不变，车轮名义滚动半径与左轮实际滚动半径的比值可表示为：

$$\frac{r_0}{r_L} = \frac{R}{R+b} \qquad (5-3)$$

对左右车轮的实际滚动圆半径分别为 r_L 和 r_R 做简单处理，可以得到如下关系：

$$r_L + r_R = 2r_0 \qquad (5-4)$$

$$r_L - r_R = 2\lambda_e y_0 \qquad (5-5)$$

$$r_L = r_0 + \lambda_e y_0 \qquad (5-6)$$

将式（5-6）代入式（5-3）可推导出纯滚线距轨道中心线的距离 y_0 为：

$$y_0 = \frac{r_0 b}{\lambda_e R} \qquad (5-7)$$

纯滚线偏离轨道中心线距离 y_0 与曲线半径 R 和踏面等效锥度 λ_e 成反比。由于轮轨间隙较小（理论值多为 8~12 mm），车辆需要借助轮缘导向来通过曲线，减少通过小半径曲线时轮缘贴靠的影响。适当增大等效锥度有利于车辆通过曲线。

二、轮对超高及欠超高

1. 超高及超高不足

一般在水平曲线外轨设置超高，以减小离心加速度对车辆的不利影响。设外轨超高 h，轮对滚动圆横向跨距 $2a$，则超高引起的轨道侧滚角度近似为：

$$\theta_0 = \arcsin\frac{h}{2a} \approx \frac{h}{2a} \qquad (5-8)$$

车辆以速度 v 通过半径为 R 的水平曲线，车体未平衡横向力 H 为：

$$H = \frac{mv^2}{R} - mg\theta_0 \qquad (5-9)$$

这种不平衡力可以认为是由于超高不足引起的，定义超高不足角为：

$$\theta_d = \frac{v^2}{gR} - \theta_0 \qquad (5-10)$$

车辆通过曲线的理想状态是超高不足为 0，此时对应的车速为均衡速度（注意单位，曲线半径单位符号为 m，超高单位符号为 mm，车速单位符号为 km/h）：

$$v_p = \sqrt{\frac{Rh}{11.8}} \quad (\text{km/h}) \tag{5-11}$$

2. 欠超高

线路上设置好曲线半径、超高后，车辆只能以一定的速度范围通过，不同的通过速度必然会导致超高的不平衡，即欠超高或过超高。为了行车安全，在确定的线路条件下，车辆允许的超高不足都有相应限制。国内一般规定未平衡离心加速度约小于 0.08 g，客运专线欠超高一般小于 90 mm，更加复杂的规定，详见相关标准。

对于客货混跑的线路，既要考虑快速客车的欠超高不能太大，也要考虑慢速货车的过超高不能太大，这也限制了车辆提速。

在动力学分析时，常根据曲线线路条件、车速计算超高不足（v 单位符号为 km/h，R 单位符号为 m，h 单位符号为 mm）：

$$h_d = \sqrt{\frac{11.8v^2}{R}} - h \tag{5-12}$$

当车速低于均衡速度时，h_d 的绝对值称为过超高；当车速高于均衡速度时，h_d 为正值，称为欠超高；最大过超高为实际超高。

3. 自由轮对运动模型

曲线轨道上的单轮对在曲线上的位置及受力情况如图 5-2 所示，轮对相对轨道中心线的横移为 y；轮对摇头角定义为轮对轴线相对该处曲线径向线的夹角 ϕ，单轮对以匀速 v 通过半径为 r 的右向曲线，左右轮轴上的负荷为轴重之半 $W/2$。轮对的参数如下：名义滚动圆半径 r_0，曲线超高表示为 ϕ_0，左右滚动圆横向间距为 $2b$，踏面的等效斜度为 λ，轮对的质量为 m，轮对的回转运动转动惯量为 J。

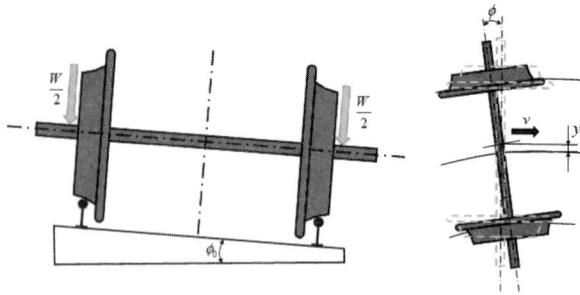

图 5-2　单轮对在曲线上的位置及受力情况

忽略轮对横移时产生的侧滚角，轮对的横向重力刚度 K_g 和重力角钢度 K_ϕ 公式为：

$$K_g = W\lambda / b \tag{5-13}$$

$$K_\phi = W \cdot b \cdot \lambda \tag{5-14}$$

这里我们给出了考虑蠕滑和轴重的自由轮对运动方程：

$$M\ddot{z} + D\dot{z} + K_{R+G}z = 0 \tag{5-15}$$

$$M = \begin{bmatrix} m & 0 \\ 0 & J \end{bmatrix} \tag{5-16}$$

$$D = \begin{bmatrix} \dfrac{2f_{22}}{v} & 0 \\ 0 & \dfrac{2f_{11}b^2}{v} \end{bmatrix} \tag{5-17}$$

$$K_{R+G} = E + K_G = \begin{bmatrix} K_g & -2f_{22} \\ \dfrac{2f_{11}b\lambda}{r_0} & -K_\phi \end{bmatrix} \tag{5-18}$$

其中，f_{11} 和 f_{22} 为蠕滑力系数，位移 z 为 $\begin{Bmatrix} y \\ \phi \end{Bmatrix}$，将上述值代入自由轮对运动方程，可得：

$$\begin{cases} m\ddot{y} + \dfrac{2f_{22}}{v}\dot{y} - 2f_{22}\phi + \dfrac{W\lambda}{b}y = 0 \\ J\ddot{\phi} + \dfrac{2f_{11}b^2}{v}\dot{\phi} + \dfrac{2f_{11}b\lambda}{r_0}y - Wb\lambda\phi = 0 \end{cases} \tag{5-19}$$

稳态运行时：

$$\dot{y} = \ddot{y} = 0, y = \frac{r_0 b}{\lambda R} \qquad (5\text{-}20)$$

将式（5-20）带回式（5-19）可得摇头角 ϕ：

$$\phi = \frac{W r_0}{2 f_{22} R} \qquad (5\text{-}21)$$

由此可知单轮对曲线稳态运行时，有一正的摇头角，沿纯滚线恒速稳定运行。基于轮对的稳态运行情况，忽略导数项，式（5-19）变为：

$$\begin{cases} 2 f_{22} \phi = \dfrac{W \lambda}{b} y \\ \dfrac{2 f_{11} b \lambda}{r_0} y = W b \lambda \phi \end{cases} \qquad (5\text{-}22)$$

对上式受力分析，此时摇头产生的横向蠕滑力与重力沿轨道径向分力平衡，以及横摆产生的摇头力矩与重力产生的摇头力矩平衡。

4. 单轮对曲线通过导向原理

考虑横向力 F_y 和回转力矩 M_z，单轮对通过曲线轨道如图 5-3 所示。

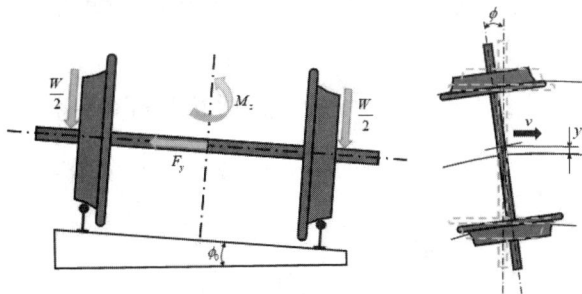

图 5-3　考虑横向力和回转力矩的轮对曲线通过模型

轮对稳态运动方程为：

$$M \ddot{z}_w + D \dot{z}_w + K_{R+G} z_w = F \qquad (5\text{-}23)$$

其中 $F = \begin{Bmatrix} F_y \\ M_z \end{Bmatrix}$，$z_w = \begin{Bmatrix} y_w \\ \phi_w \end{Bmatrix}$。基于轮对的稳态运行情况，忽略导数项，展

开轮对稳态运动方程：

$$\begin{cases} -2f_{22}\phi_w + \dfrac{W\lambda}{b}y_w = F_y \\[3mm] \dfrac{2f_{11}b\lambda}{r_0}y_w - Wb\lambda\phi_w = M_z \end{cases} \qquad (5-24)$$

轮对稳态运动方程等式左侧有如下关系：

$$\begin{cases} 2f_{22}\phi_w \gg \dfrac{W\lambda}{b}y_w \\[3mm] \dfrac{2f_{11}b\lambda}{r_0}y_w \gg Wb\lambda\phi_w \end{cases} \qquad (5-25)$$

由式（5-18）我们可以得到轮对稳态曲线运动方程的近似解：

$$\begin{cases} -2f_{22}\phi_w \approx F_y \\[3mm] \dfrac{2f_{11}b\lambda}{r_0}y_w \approx M_z \end{cases} \qquad (5-26)$$

此时，F_y 增加，造成 ϕ_w 发生变化，进而产生相应的蠕滑力平衡横向力；M_z 增加，造成 y_w 发生变化，进而产生相应的摇头力矩平衡外力矩。

第三节　轮对稳态曲线通过纵向蠕滑率及蠕滑力

当轮对在曲线上运行时，轮对的曲线通过状态如图 5-4 所示，此时轮对中心速度 $v_0 = v$，轮对绕轨道中心的角速度为 ω，两个滚动圆间距左右相等 $b_R = b_L = b$，外轮通过的轨道半径为 $R_L = \omega(R + b_L)$，可得外轮（左）速度 v'_L：

$$v'_L = \omega R_L = \omega(R + b_L) = \frac{v}{R}(R + b_L) = v\left(1 + \frac{b_L}{R}\right) \qquad (5-27)$$

由曲线产生的外轮相对轮对中心的速度差（蠕滑速度）为：

$$v_L = v\left(1 + \frac{b_L}{R}\right) - v = v\frac{b_L}{R} = \frac{v}{R}b \qquad (5-28)$$

同理，内轮（右）速度及其相对轮对中心的速度差为：

$$v'_R = \omega R_R = \omega(R - b_R) = \frac{v}{R}(R - b_R) = v\left(1 - \frac{b_R}{R}\right) \qquad (5-29)$$

$$v_R = v\left(1 - \frac{b_R}{R}\right) - v = -v\frac{b_R}{R} = -\frac{v}{R}b \tag{5-30}$$

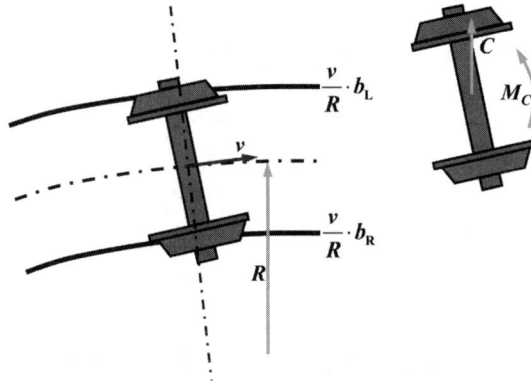

图 5-4　轮对曲线通过

轮对纵向蠕滑率为轮对蠕滑速度和轮对速度的比值，由此可得外轮纵向蠕滑率为：

$$\gamma_{1L} = \left(\frac{v}{R}b\right) / v = \frac{b}{R} \tag{5-31}$$

外轮蠕滑力为蠕滑率与蠕滑力系数的乘积：

$$F_{xL} = -f_{11}\gamma_{1L} = -f_{11}\frac{b}{R} \tag{5-32}$$

同理可得内轮纵向蠕滑率和蠕滑力：

$$\gamma_{1R} = \left(-\frac{v}{R}s\right) / v = -\frac{b}{R} \tag{5-33}$$

$$F_{xR} = -f_{11}\gamma_{1R} = f_{11}\frac{b}{R} \tag{5-34}$$

两者大小相等方向相反，形成一个力矩 M_C 作用在轮对上，力矩的值为：

$$M_C = 2f_{11}\frac{b^2}{R} \tag{5-35}$$

曲线上转向架受到的未平衡离心加速度 a_c 为：

$$a_c = \left(\frac{v^2}{R} - \frac{h}{2b} \cdot g\right) \tag{5-36}$$

式中，a_c 是未平衡离心加速度（m/s^2）；R 是曲线半径（m）；v 是车辆运行速度（m/s）；h 是外轨超高（mm）；$2b$ 是左右轮轨接触点间距（mm）；g 是重力加速度，g 取 9.81（m/s^2）。

所以外力矢量为：

$$F = \begin{bmatrix} C_1 \\ M_c \\ C_2 \\ M_c \\ C_3 \\ 0 \end{bmatrix} \tag{5-37}$$

式中 C_1，C_2 和 C_3 为作用在轮对和转向架上的未平衡离心力。

由此可得系统的位移：

$$x = [E + K]^{-1} F \tag{5-38}$$

计算轮对位移时，若分析对象有非线性等效斜率，可以采用取平均值的计算方法，即先使用零位移的斜率计算结果位移，再取两次位移的平均值计算斜率，继续计算后续的位移，使误差符合规定值。若轮对的结果横向位移大于轮轨间隙，产生轮缘接触，可以采用更精确的非线性理论来计算。

第四节　线性系统的转向架稳态曲线通过

在机车车辆的横向动力学研究中，曲线通过性是一个至关重要的课题，它直接影响到阻力的降低、磨损的减少以及行驶安全的提高。线性系统下的稳态曲线通过性研究，主要涉及如何避免轮缘与钢轨之间的接触，以确保轮对在轨道上保持正确的位置，并且检查轮轨间的间隙。稳态曲线通过性分析通常采用准静态方法进行，计算时需要基于以下假设：①转向架的轮对具有锥形踏面，并能够在大半径曲线上稳态运行，且没有轮缘与钢轨发生接触；②轮轨接触的几何关系、蠕滑特性以及悬挂系统的行为被假定为线性，并且忽略自旋蠕滑的影响；③在计算过程中，左右车轮的载荷变化被视为微小，不做显著处理。

1. 系统模型和方程

转向架模型在第四章图 4-24 已经给出，包括两个轮对和一个构架。其中，轮轨接触间距为 $2b$，轴距为 $2d$，一系纵向弹簧的横向间距为 $2l$，每个质量有横向 y 和摇头 ϕ 两个自由度，平衡方程的一般形式可表达为：

$$(E + K)x = F \tag{5-39}$$

式中，K 是由悬挂元件构成的系统刚度矩阵；E 是与轮轨接触几何有关的接触刚度矩阵；F 是外力矢量；x 是位移矢量。

两转向架的运动方程可表示为：

$$M\ddot{z} + D\dot{z} + (E + K_G + K_T)z = f \tag{5-40}$$

两转向架稳态方程为：

$$(E + K_G + K_T)z = f \tag{5-41}$$

$$z = (y_1 \ \varphi_1 \ y_2 \ \varphi_2 \ y_3 \ \varphi_3)^T \tag{5-42}$$

$$f = (C_1 \ M_1 \ C_2 \ M_2 \ C_3 \ 0)^T \tag{5-43}$$

其中载荷一般考虑轮对蠕滑力矩 M_i 及各部件的离心力 $C_i(i = 1, 2, 3)$；蠕滑力矩有 $M_1 = M_2 = 2f_{11}b^2 / R$，$M_3 = 0$。

转向架未平衡离心加速度 a_c 为：

$$a_c = \left(\frac{v^2}{R} - \frac{h}{2b}g \right) \tag{5-44}$$

式中，h 为外轨超高（欠超高）。

根据蠕滑力矩 M_3 和加速度 a_c，可得转向架未平衡离心力：

$$C_3 = M_3 a_c \tag{5-45}$$

2. 系统刚度矩阵和位移矢量

第四章公式（4-97）给出了系统的刚度关联矩阵 T，公式（4-98）给出了刚度系数矩阵 k。系统刚度矩阵 K_T 可表示为：

$$K_T = T^T k T \tag{5-46}$$

根据线性蠕滑理论，此处由蠕滑和轴重产生的刚度矩阵为：

$$E+K_G = \begin{bmatrix} K_g & -2f_{22} & 0 & 0 & 0 & 0 \\ \dfrac{2f_{11}b\lambda}{r_0} & -K_\phi & 0 & 0 & 0 & 0 \\ 0 & 0 & K_g & -2f_{22} & 0 & 0 \\ 0 & 0 & \dfrac{2f_{11}b\lambda}{r_0} & -K_\phi & 0 & 0 \\ 0 & 0 & 0 & 0 & 0 & 0 \\ 0 & 0 & 0 & 0 & 0 & 0 \end{bmatrix}$$ （5-47）

总体刚度矩阵组合如下：

$$K_{R+G+T} = E+K_G+K_T =$$

$$\begin{bmatrix} 2\cdot c_y+2\cdot\dfrac{f_{22}}{v} & 0 & 0 & 0 & -2c_y & -2\cdot b\cdot c_y \\ 0 & 2\cdot a^2\cdot c_x+2\cdot f_{11}\cdot\dfrac{s^2}{v} & 0 & 0 & 0 & 2\cdot a^2\cdot c_x \\ 0 & 0 & 2c_y+2\cdot\dfrac{f_{22}}{v} & 0 & -2\cdot c_y & 2\cdot b\cdot c_y \\ 0 & 0 & 0 & 2\cdot a^2\cdot c_x+2\cdot f_{11}\cdot\dfrac{s^2}{v} & 0 & -2\cdot a^2\cdot c_x \\ -2\cdot c_y & 0 & -2\cdot c_y & 0 & 4\cdot c_y & 0 \\ -2\cdot b\cdot c_y & -2\cdot a^2\cdot c_x & 2\cdot b\cdot c_y & -2\cdot a^2\cdot c_x & 0 & 4\cdot b^2\cdot c_y+4\cdot a^2\cdot c_x \end{bmatrix}$$

（5-48）

例 5-1 假设线路曲线半径 R=1000（m），转向架运行速度 v=16.67（m/s），转向架参数见表 5-2：

表 5-2 转向架参数

轮对质量	$m_1 = m_2 = 1496(\text{kg})$
转向架质量	$m_3 = 3000(\text{kg})$
轮轨接触间距之半	$b = 0.75(\text{m})$
纵向弹簧横向间距之半	$l = 1.02(\text{m})$
车轮半径	$r_0 = 0.42(\text{m})$
轴距之半	$d = 1.25(\text{m})$
踏面斜率	$\lambda = 0.05$
车轮载荷	$N = \dfrac{m_1 + 0.5 \cdot m_2}{2} \cdot g = 14695.4(\text{N})$
轮对横向刚度	$k_y = 1.0 \times 10^6 (\text{N}/\text{m})$
轮对纵向刚度	$k_x = 5.0 \times 10^6 (\text{N}/\text{m})$
轮对重力刚度	$k_g = \dfrac{N \cdot \lambda}{b}(\text{N}/\text{m})$
轮对重力角刚度	$k_\phi = N \cdot b \cdot \lambda(\text{N} \cdot \text{m}/\text{rad})$
杨氏弹性模量	$E = 2.07 \times 10^{11}(\text{N}/\text{m}^2)$
泊松比	$v = 0.3$
接触椭圆长短半径之乘积	$a \cdot b = [1.5 \cdot (1 - v^2) \cdot N \cdot \dfrac{r_0}{E}]^{2/3} = 1.183 \times 10^{-5}$
Kallker 系数	$C_{11} = 1.65 \quad C_{22} = 1.43$
蠕滑力系数	$f_{11} = E \cdot C_{11} \cdot a \cdot b = 4.041 \times 10^6$ $f_{22} = E \cdot C_{22} \cdot a \cdot b = 3.502 \times 10^6$
线路超高	$h = 0(\text{mm})$
轮对未平衡离心加速度	$C_1 = 416(\text{m}/\text{s}^2)$
构架未平衡离心加速度	$C_2 = 833(\text{m}/\text{s}^2)$

计算结果如下：

$$\begin{bmatrix} y_1 \\ \phi_1 \\ y_2 \\ \phi_2 \\ y_3 \\ \phi_3 \end{bmatrix} = \begin{bmatrix} 6.4018 \times 10^{-3} \\ -1.0838 \times 10^{-4} \\ 6.4293 \times 10^{-3} \\ -1.2744 \times 10^{-4} \\ 6.6239 \times 10^{-3} \\ -3.7692 \times 10^{-5} \end{bmatrix} \quad (5\text{-}49)$$

自由轮对纯滚动线偏移量为：

$$y_0 = \frac{r_0 b}{\lambda R} = 6.3 \times 10^{-3} (\text{m}) \quad (5\text{-}50)$$

可以看到，由于离心力的作用，轮对和构架向曲线外侧的偏移量略大于自由轮对纯滚动偏移量，并有顺时针的摇头角（负值）。

第六章　车辆悬挂装置

第一节　悬挂装置结构类型及特点

车辆悬挂装置是铁路车辆的车体与车轮之间的连接部件，主要用于支撑车体、吸收轨道不平整所带来的冲击和震动、减缓列车行驶时产生的振动和噪声。悬挂装置的基本功能是提供稳定的行驶、保证乘客舒适性，并保持列车行驶的平稳性和安全性，其具体类型及特点见表6-1。

表6-1　悬挂装置结构类型及特点

作用	使车辆系统获得优良的乘坐舒适性（中央悬挂） 提高系统运行稳定性（轴向悬挂） 提高曲线通过能力（轴向悬挂） 保证系统安全性
设计要求	减小振动、抑制蛇行运行、保证运行安全和舒适性 有利于通过曲线 检修、制造方便，通用性好 使用耐久可靠，成本低等
中央悬挂装置类型	摇动台、摇枕、螺旋弹簧悬挂方式 摇动台、摇枕、空气弹簧装置 摇枕、空气弹簧装置 空气弹簧中央悬挂装置

第二节　螺旋弹簧元件

一、圆弹簧的作用及组合类型

圆弹簧用于一级、二级悬挂结构中，可以由上到下均匀传递车体到构架的载荷，并且缓和由于轨道不平顺导致的冲击和振动，圆弹簧组合类型如图6-1所示。

（a）

（b）

（c）

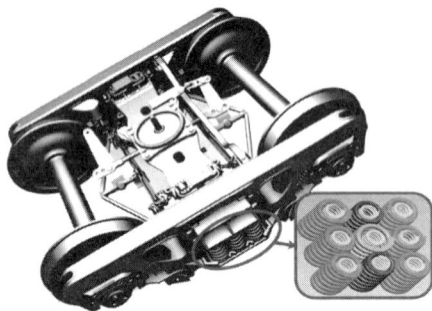

（d）

（a）单组内外簧　（b）双组单弹簧　（c）四组内外簧　（d）九组内外簧

图6-1　圆弹簧组合类型

例如 CRH2 转向架一系悬挂定位装置中圆弹簧组采用如图6-1（a）所示

的由外簧和内簧构成的双重弹簧。

二、弹簧静挠度的确定及制约因素

1. 弹簧静挠度的确定

由第三章公式可知，降低车体自振频率、运行中的振动加速度和轮轨间动作用力，可以考虑采用较软的弹簧组件或者提升弹簧的静挠度。因此，在设计转向架时，增大弹簧静挠度是一个重要原则。但是，加大钢弹簧静挠度受到多种因素的限制：

（1）车钩高度变化。

根据铁路技术管理规程，在车钩中心线水平面距轨面高度符合要求的情况下，应保证相邻两节车钩高度差不超过一定限度，高度过大则会造成连挂困难，而磨耗也会使新、旧车车钩高度不同。自重系数小的货车静挠度不超过35 mm；自重系数大的客车静挠度不超过 200 mm。

（2）空间结构位置。

要加大螺旋弹簧的静挠度，必然要设法加大弹簧的上、下支承面之间的距离，即尽可能提高上支承面和降低下支承面。因此，增加弹簧静挠度要受到空间结构位置的限制，转向架的结构形式不同对于弹簧空间结构位置的限制程度也不同。

（3）弹簧材料强度和规格。

可以通过增大弹簧有效圈数、平均直径以及弹簧钢许用应力来增大弹簧静挠度，但需要注意对空间位置大小的限制。

（4）车体在簧上的侧滚偏转角。

为了避免车体倾斜过大，意味着弹簧的静挠度不得设置得过高。

（5）基础制动等装置的悬挂位置。

若弹簧静挠度增加，通常会导致空、重载情况下的挠度差加大，从而使得安装在车体和转向架上的基础制动装置及电机传动装置与轨面的高度变化加剧，这将对这些装置的工作环境产生不利影响。

2. 弹簧挠度比的合理分配

在确定挠度比时，必须考虑对平稳性和稳定性的影响，同时还要考虑结构空间位置的合理性。除了依赖于第三章中的理论方法来确定挠度比外，还应通过仿真和实际试验来验证其合理性。

第三节　橡胶弹性元件

一、橡胶弹性元件作用及种类

1. 橡胶弹性元件的作用

橡胶弹性元件是由橡胶与金属构成的减振元件。机车车辆在运行时会承受来自轮轨之间的强烈瞬时冲击载荷，这不仅可能会损害机车车辆，还会导致其发生剧烈的共振。为了减轻这些冲击和振动，轮对与构架、转向架与车体以及其他连接处通常会安装弹性元件。这些元件有时为金属材料，但大多数情况下采用橡胶材料。相较于金属弹性元件，橡胶弹性元件在满足机车车辆动力学性能方面具有显著的特性与独特优势。

2. 橡胶弹性元件的种类

橡胶弹性元件包括空气弹簧、弹性节点、旁承、承载鞍、一系橡胶弹簧、橡胶堆、橡胶垫和止挡等，如图 6-2 所示。

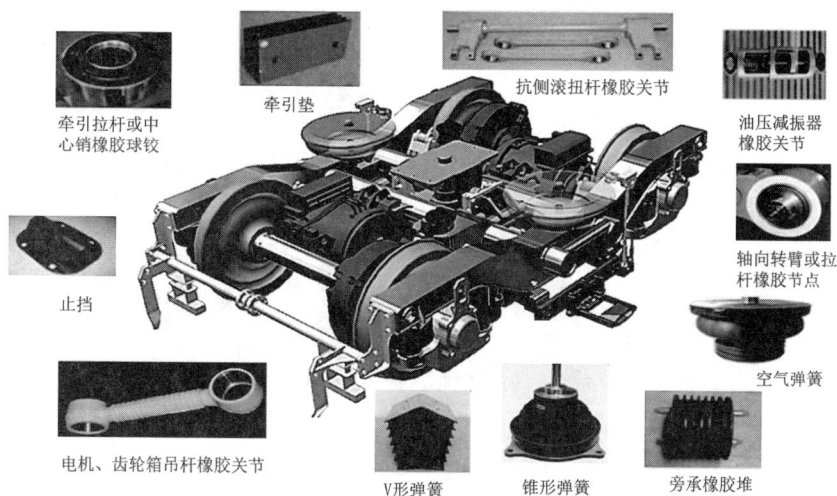

牵引拉杆或中心销橡胶球铰

牵引垫

抗侧滚扭杆橡胶关节

油压减振器橡胶关节

止挡

轴向转臂或拉杆橡胶节点

电机、齿轮箱吊杆橡胶关节

V形弹簧

锥形弹簧

旁承橡胶堆

空气弹簧

图6-2 橡胶弹性元件

（1）弹性节点。

转向架是轨道交通装备的重要组成部分，负责承受和传递来自车体及轨道的各种载荷，其中如图6-3所示的弹性节点部件是转向架的关键组成部分。弹性节点由橡胶与金属硫化复合而成，构造包括金属外壳、金属芯轴和橡胶，主要用于传递牵引力，并支撑和吊挂电机和齿轮箱等，它们被安装在牵引杆、轴箱拉杆、电机吊杆和悬挂臂等位置，起到柔性连接和缓冲减振的作用。

弹性节点的刚度具有非线性和黏弹性，其卸载滞后曲线如图6-4所示。

（a）

（b）

（a）轴箱拉杆弹性节点 （b）液压减振器弹性节点

图6-3 弹性节点

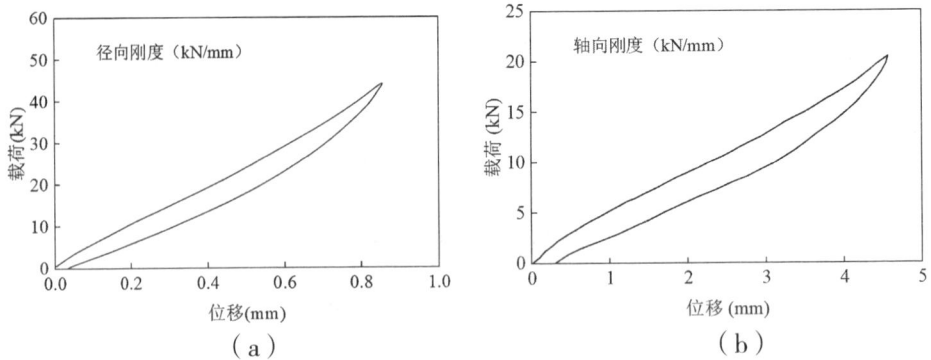

（a）弹性节点径向刚度特性曲线　（b）弹性节点轴向刚度特性曲线

图 6-4　弹性节点刚度特性

（2）橡胶旁承。

机车车辆用来辅助支撑车体，常采用的"三明治"式橡胶旁承设计，如图 6-5 所示，其结构特点及相关要求见表 6-2。

图 6-5　橡胶旁承

表 6-2　橡胶旁承

要求	垂向承载能力足够大
结构形式	"三明治夹芯"结构，如图 6-6 所示
安装位置	心盘两侧
优点	结构和生产技术简单，质量小 可设计性强（层数、层厚、尺寸和橡胶配比均可设计） 能灵活满足对三个方向的刚度要求

橡胶旁承安装在心盘两侧，辅助支撑车体，如图6-6所示。橡胶旁承设计确保了车体与转向架在垂直方向上具有一定的弹性变形能力，并在水平方向上实现弹性连接。当转向架相对于车体发生转动和横向位移时，转向架对车体展现出较小的角刚度，同时受橡胶旁承所提供的复原力矩和复原力，有助于提升机车在曲线上的通过性能以及横向运行的平稳性。

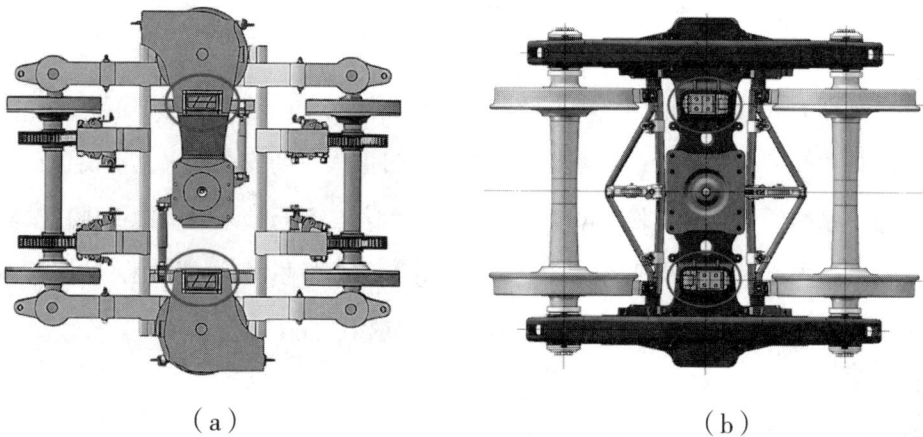

（a）　　　　　　　　　　　　　　　（b）

（a）SW-160客车转向架　（b）RTHZ07型货车转向架

图6-6　机车旁承结构

（3）止挡。

橡胶止挡安装在轨道车辆转向架悬挂系统中，旨在减轻车体与转向架间的各类冲击，以保障列车运行的平稳性及乘客的舒适度。地铁车辆垂向止挡如图6-7所示，用来约束构架在非正常状态下的过度位移，并且减振器内部还装备有刚性止挡，以确保在整体吊装过程中构架与轮对不会分离。橡胶止挡一般安装在一系悬挂的构架与轴箱之间。

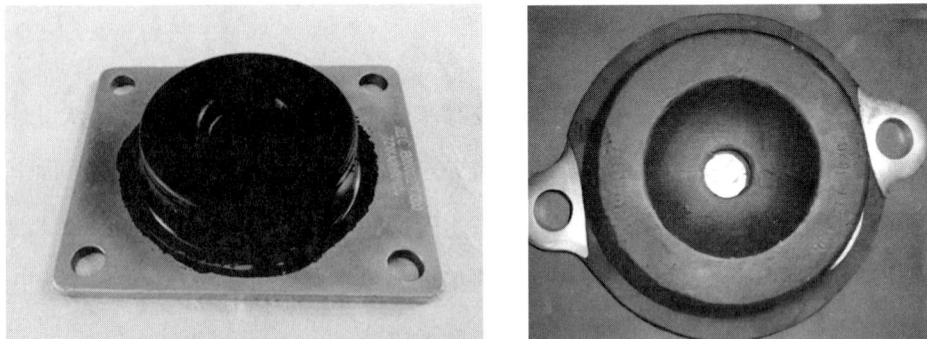

图 6-7　地铁车辆垂向止挡

　　如图 6-8 所示，横向止挡能够约束车体与转向架间的横向位移范围，并缓和它们之间的横向冲击，从而确保列车在通过曲线时的安全性。它被设置于二系悬挂系统的构架与摇枕（或牵引座）之间，若二系悬挂系统中的液压减振器无法有效遏制车体的横向移动，此时橡胶止挡将发挥机械阻挡作用，防止车体进一步横向偏移，避免转向架与车体上的金属构件发生碰撞。

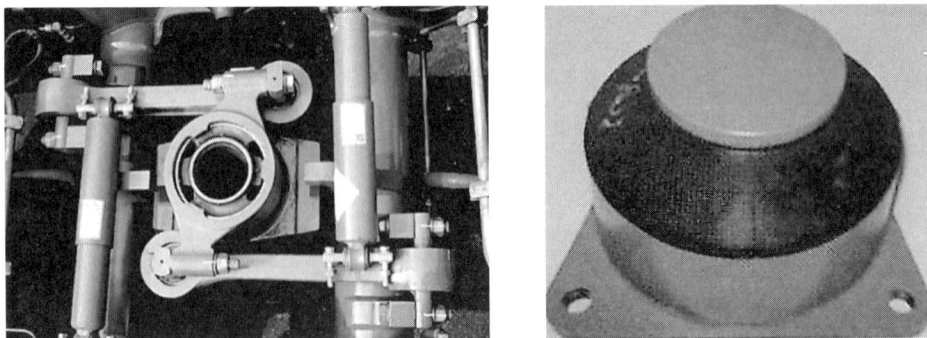

图 6-8　CRH5 二系横向止挡

　　横向止挡应该具有一定的刚度，以确保车辆在横向运动时具有足够的稳定性。横向止挡的刚度通常是非线性的，因为在不同的横向位移范围内，其抵抗力可能不同。在小范围位移时变形刚度小，超过一定位移刚度迅速增大。止挡的刚度特性如图 6-9 所示。

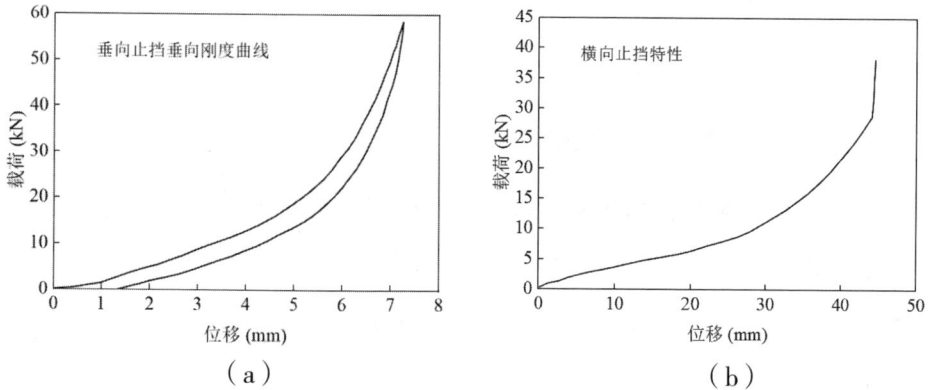

（a）地铁车转向架垂向止挡刚度特性　（b）CRH5 二系横向止挡刚度特性

图 6-9　止挡刚度特性

二、橡胶弹性元件的特点

1. 橡胶弹性元件的特点

橡胶弹性元件的应力和应变呈非线性关系，在蠕变特性压缩时，当载荷达到一定值后，载荷不增加而变形继续卸载时，橡胶弹性元件不能迅速沿加载路径回到原来状态；此外，橡胶弹性元件的性能受温度影响较大。

2. 橡胶弹性元件的优点

这种弹性连接体体积小、质量轻，其密度仅为钢材的六分之一，故而在相同单位重量条件下能够通过变形吸收更多的能量。此外，它还具备适当的阻尼特性，有助于穿越共振区，并能够有效减弱并吸收高频振动及噪声。橡胶因其内部摩擦效应，在衰减高频振动方面表现出色，且振动频率越高，橡胶的内部阻力也随之增强，减振隔声效果显著。橡胶弹性元件的非线性刚度特性使其能够满足多向刚度的需求，因而在机车车辆动力学参数方面，相较于金属零件具有更强的优势，还可避免金属之间的磨耗，无须润滑，安装拆卸和维护保养更方便，成本较低。

第四节　空气弹簧

一、空气弹簧的作用和分类

空气弹簧是利用空气的可压缩性提供定位刚度的中央弹簧，为了达成所需的运行性能，在转向架与车体之间需要提供恰当的垂向、横向及旋转位移。这主要通过两种主要类型的空气弹簧来实现：囊式空气弹簧和膜式空气弹簧。

1.囊式空气弹簧

囊式空气弹簧依据设计差异，进一步细分为单曲型、双曲型及多曲型等多种类别。图 6-10 为双曲囊式空气弹簧的具体构造。尽管该类型弹簧在制作上较为简便且耐用性良好，但由于其具备较高的刚度和振动频率特性，当前在主流车辆中的应用已较为罕见。

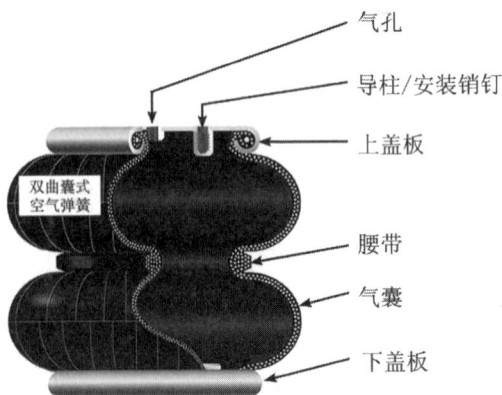

图 6-10　双曲囊式空气弹簧结构

2.膜式空气弹簧

膜式空气弹簧分类及其特点见表 6-3。

表 6-3　膜式空气弹簧分类

分类	约束膜式空气弹簧	自由膜式空气弹簧
结构特点	内外筒限制弹簧橡胶囊	无限制
性能特点	①刚度小，振动频率低 ②通过调整内、外筒的形状，其弹性特性能够轻松实现可控性 ③橡胶囊工作状况复杂，往往不耐用	①橡胶囊的磨损少 ②使用寿命长 ③安装位置较低，能够降低车辆地板的水平高度 ④具有良好的负载特性，可通过调节上盖板边缘的包角来优化弹性特性，轻量化效果好

　　自 20 世纪 60 年代末，国外开始将空气弹簧应用于轨道车辆。我国在 20 世纪 90 年代则广泛采用空气弹簧替代圆弹簧作为二系悬挂系统。自由膜式空气弹簧被普遍应用于现代机车中。高速动车组 CRH1、CRH2 和 CRH5 所用的均为具有不同结构尺寸的自由膜式空气弹簧。其中 CRH2 的空气弹簧展现出以下特性：其垂向变形能力得益于气囊与底部层叠橡胶堆的共同作用，能够承受显著的垂向压力变化；在水平方向上，层叠橡胶堆的设计有效降低了整体刚性，并且通过改变气囊的形状，还能进一步增强阻尼效果，进而提升乘坐舒适度。对橡胶堆的主要要求涵盖以下几点：①当空气弹簧失去气压时，橡胶堆必须确保系统的稳定性和安全性。②在各种载荷条件下，橡胶堆需维持适当的垂向刚度，以防止空气弹簧出现故障导致悬挂系统完全失效。③能够确保即使无空气弹簧作用也能使车辆按正常速度运行，结束运行后转向架需立即进行检查与维修。当然此时舒适度会有所下降。此外，CRH2 采用固定式节流孔的空气弹簧。

　　空气弹簧的橡胶囊包含成型的钢丝圈、帘线增强层以及内外橡胶层。其中，帘线层承受主要载荷，其材料常采用高强度的人造丝、维尼龙或卡普隆等人造纤维材料。

二、空气弹簧的特点及优点

1.空气弹簧的特点

空气弹簧具有非线性特性，具体有以下几点：

（1）几何非线性。

接触非线性。

（2）材料非线性。

橡胶囊采用多层复合材料构成，表现出各向异性。

（3）流固耦合非线性。

空气与结构的相互作用展现出非线性特征，空气弹簧作为一种自适应弹性组件，其刚度能够依据载荷的变化进行灵活调整。

2.空气弹簧的优点

空气弹簧具有诸多优点并被广泛应用，具体见表6-4。

表6-4　空气弹簧的优点

刚度小，当量静挠度大	空气弹簧具有较小的刚度和较大的当量静挠度，使弹簧悬挂系统设计得更加柔软，车辆的自振频率更低
非线性特性	弹性特性可设计，在接近平衡位置且振动幅度较小时（即常规运行状态），其刚度较低；一旦位移超出正常范围，刚度会迅速增加，遏制车体的过度振动
刚度随载荷变化	空气弹簧的刚度会随载荷的变化而调整，确保在空载和重载状态下车体的自振频率大致相同，使得不同载荷下的运行平稳性保持一致
高度可调节	通过与高度控制阀配合使用，空气弹簧能够在不同静载荷条件下，使车体底面与轨道面之间的相对高度保持不变
出色的横向弹性	能有效应对来自三维方向的载荷，这一优势让它成为替代传统转向架中摇动台的理想选择，从而实现了结构的简化和轻量化
恰当的阻尼效果	通过在空气弹簧本体与附加空气室之间设置合理的节流孔设计，能够生成恰当的阻尼效果，进而替代垂向液压减振器的功能
吸振和隔音性能	空气弹簧展现出卓越的振动吸收与隔音能力，能有效处理高频振动

三、空气弹簧系统组成

1. 系统组成

空气弹簧系统构成主要包括空气弹簧本体、附加气室、高度调控阀、压差阀以及除尘过滤器等部件，如图 6-11 所示。

2. 压力空气传递过程

压力空气按序流经列车的主风管、T 形分支管、截断阀门、滤清防逆阀、空气弹簧储气缸、高度调节阀、附加气室，最终到达空气弹簧本体。

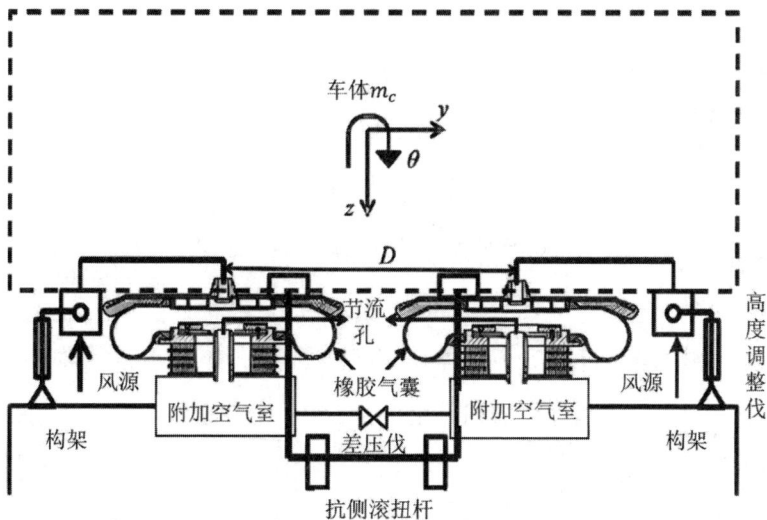

图 6-11　空气弹簧系统

3. 高度调整阀

在车体与转向架之间装配高度调节阀，能确保车体与轨道表面之间的高度稳定。其负责调整空气弹簧内部的压缩空气状态（包括充气、排气或维持压力稳定），从而保障车辆底部不因乘客数量或分布的变化而脱离水平状态。调节过程如图 6-12 所示。

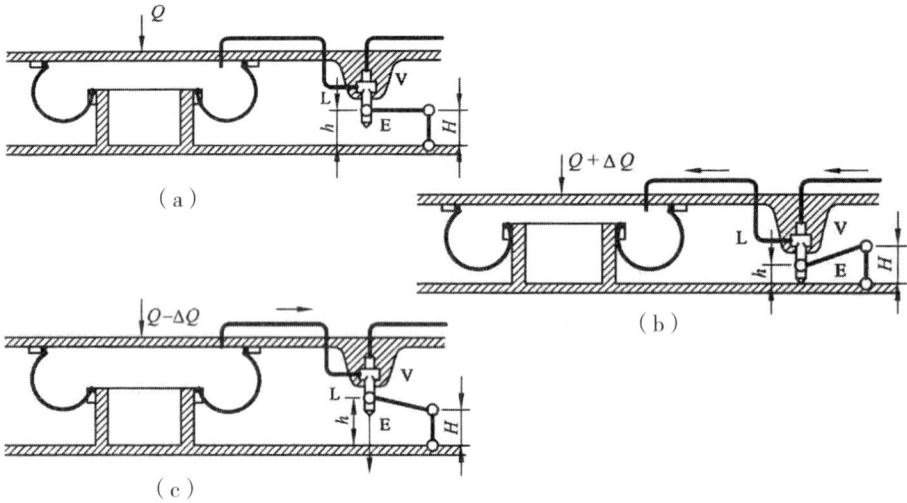

（a）保压（$h=H$）（b）充气（$h<H$）（c）排气（$h>H$）

图6-12　高度调整阀工作原理

①当达到标准负载状态时（$h=H$），充气路径（V→L）和放气路径（L→E）均被截断。

②当车体载荷增加时（$h<H$），阀门将启动并打开 V 至 L 的通路，使压缩空气流入空气弹簧，直到地板面回升至设定高度（$h=H$）。

③当车体载荷减小时（$h>H$），阀门响应并打开 L 至 E 的通路，允许空气弹簧内的气体释放至大气中，直至地板面下降至设定高度（$h=H$）。

我国动车组列车中 CRH2 采用的高度调整阀为日本生产的机械式的纯空气阀 LV5B-2 型；而 CRH3 动车组采用 SV1205-E/110 型的高度调整阀。

4. 差压阀

转向架上的两个气囊通过差压阀相互连接。一旦其中一个气囊发生意外破裂或失效，差压阀便会自动介入，确保两只气囊之间的压力保持均衡，有效避免客车因单侧气囊充气不足，而另一侧正常充气所导致的剧烈倾斜现象。差压阀的运作机制如图 6-13。

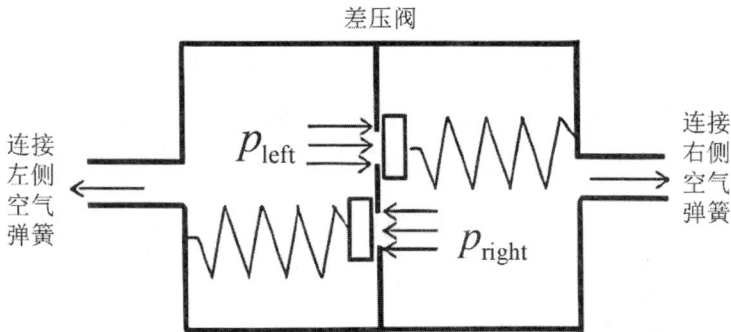

图 6-13　差压阀的工作原理

差压阀的主要作用是在车辆进行曲线行驶时或车体晃动时，维持左右气囊间的适当压差，以防止车体发生倾斜或加剧车辆的摇摆幅度。

第五节　液压减振器

液压减振器可分为垂向、横向和抗蛇行三种类型。液压减振器是一个密封的、充满油液的油缸，缸内有一活塞将油缸分成上下两部分，活塞上开有小孔，称为节流孔。液压减振器不仅适合轨道车辆的运行，且具有较大的阻尼系数、体积和质量，因此通常采用小孔节流方式进行阻尼。当活塞上下移动时，使黏性液体通过节流孔向活塞的另一侧流动。

一、液压减振器的作用

1. 液压减振器的作用原理

液压减振器通过活塞的往复运动，使得油液流经阻尼阀。在这一过程中，阻尼阀的节流作用产生阻尼力，这种阻尼力可以有效缓冲减振，以降低或消除对机车车辆及其乘客产生的强烈振动影响。

液压减振器的结构以及工作行程如图 6-14 所示，常规液压减振器包含活塞、缸体、活塞阀、进油阀以及多种密封元件。在运行过程中，活塞杆向下移动时，液压油从缸体的下腔通过节流通道流入上腔，此过程中，节流通道因液体黏性而产生对油流的阻力。此外，由于活塞杆占据了减振器的一部分容积，液压油在上下腔之间流动时需要额外的容积来进行补偿。因此，油缸外圈设计有隔层以提供这一补偿。减振器在转向架上的布置如图 6-15 所示。

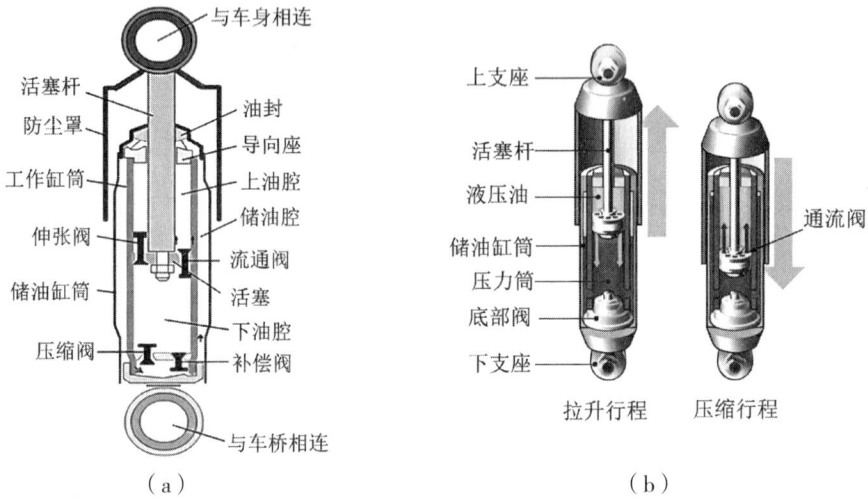

（a）液压减振器结构示意图 （b）液压减振器工作行程示意图

图 6-14　液压减振器

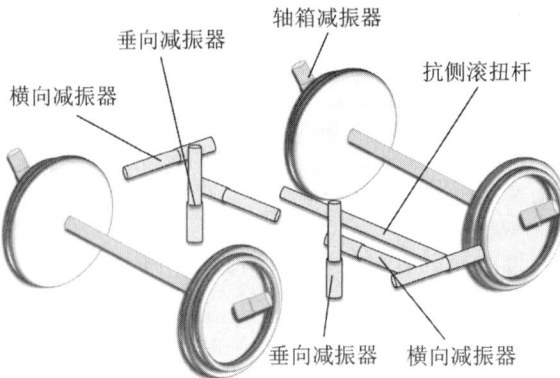

图 6-15　减振器在转向架上的布置

2. 圆弹簧和液压减振器共同工作时的特性

圆弹簧与液压减振器常共同作业，通常整车模型可以简化为车轮荷重系统来分析，图 6-16 为最基础的车轮荷重系统。

圆弹簧与液压减振器联合作用产生二者的综合性能如图 6-17 所示。

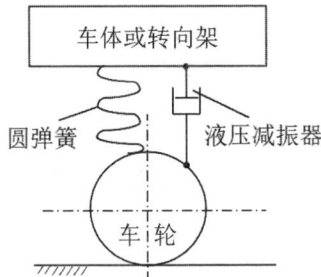

图 6-16　车轮荷重系统

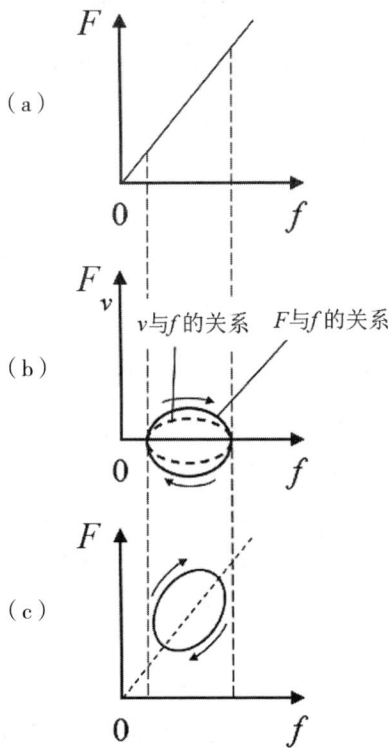

（a）圆弹簧的特性曲线　（b）减振器的特性曲线　（c）圆弹簧和减振器的联合工作特性曲线

图 6-17　圆弹簧和液压减振器共同工作特性

二、液压减振器的特点

1. 液压减振器的特性

减振器活塞在运动时所受阻尼力 F 与活塞的振动速度 v 及位移 s 之间的相互关系被称为液压减振器的阻尼特性。阻尼力 F 与活塞速度 v 及位移 s 的关系分别表现了减振器的阻尼特性和示功特性。

减振器的阻尼特性主要分为线性阻尼与非线性阻尼两大类。其中非线性阻尼特性共同的特征是具备速度卸载特性，即当活塞速度达到某一临界值时，阻尼力 F 随速度的增长而变得较为平缓，如图 6-18 所示。这一卸载特性得益于减振器内置的具有不同预紧力的卸荷阀。卸荷阀能够有效防止减振器内部结构由于活塞杆速度过大导致的过大阻尼力而受损或漏油。通过开启卸荷阀来增大液压油的流通面积，进一步使阻尼力平缓变化，从而减小振动对内部结构的影响，起到保护作用。

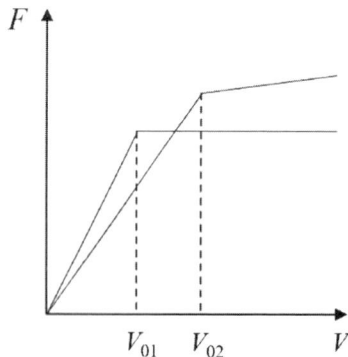

图 6-18　液压减振器阻尼特性

2. 一般液压减振器与抗蛇行液压减振器的性能比较

一般垂向或横向减振器和抗蛇行减振器的对比见表 6-5，其性能参数关系如图 6-19 和图 6-20 所示，从中可以清晰观察到它们之间的显著差异。

表 6-5　液压减振器的性能比较

减振器类型	一般垂向和横向液压减振器	抗蛇行减振器
安装方式	垂向减振器垂直地安装在车架和悬挂系统间，横向减振器水平或倾斜地安装在摇枕与构架之间	纵向和水平的安装在摇枕与构架之间
卸荷速度	为 0.1 至 0.3 m/s	约为 0.003 m/s

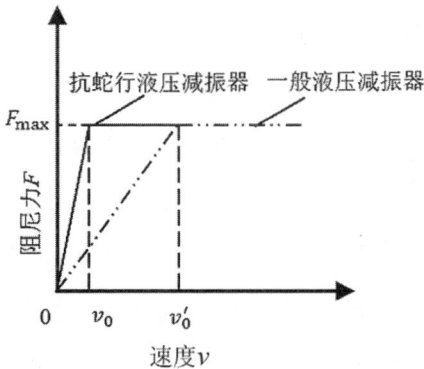

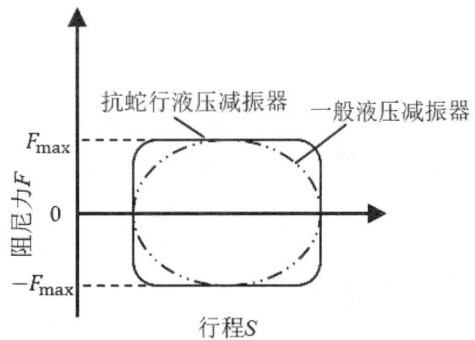

图 6-19　阻力与振动速度的关系　　图 6-20　阻力与行程的关系

另外，具有抗蛇行减振器的车辆在高速运行时，车体相对于转向架的相对运动速度 v 会大于卸荷速度 v_0，阻尼力迅速增大而产生强烈的阻尼作用。而车辆曲线运行时，车体相对于转向架的回转速度 v 会降低至小于卸荷速度 v_0，此时阻尼力 F 降低，在车体与转向架之间的阻力矩较小，车辆能顺利通过曲线。

第六节　轴箱定位装置

一、轴箱定位装置的作用及形式

1. 轴箱定位装置的作用

轴箱定位装置是连接轮对与构架并允许两者相对运动的核心组件，起到承上启下的作用。其重要性体现在以下几方面：①作为连接轮对与构架的灵活关节，确保两者间的活动连接；②负责传递包括纵向、横向及垂向在内的各种力；③促进轮对与构架之间的垂向及横向运动，实现灵活的运动协调。

2.轴箱定位装置的形式

（1）按轴承类型分，轴箱定位装置分为滑动轴承轴箱和滚动轴承轴箱。滚动轴承轴箱具有多项显著优点：①改善了车辆走行部的适应性；②有效降低了燃轴事故发生的频率；③简化了维护与检修工作；④削减整体运营成本。因此被广泛应用。

常见的滚动轴承包括如图6-21（a）所示的圆柱滚子轴承，此类轴承同时具备承受径向力及一定范围内轴向力的能力，被速度相对较低的城市轨道交通车辆广泛应用；还包括如图6-21（b）所示的圆锥滚子轴承，其能在承受径向载荷的同时有效传递较大的轴向（或横向）载荷，故被高速运行（车速超过250 km/h）轨道车辆广泛采用。此外滚动轴承还包括球面滚子轴承（亦称调心轴承）等。

（a）　　　　　　　　　　　（b）

（a）圆柱滚子轴承　（b）圆锥滚子轴承

图6-21　圆柱滚子轴承和圆锥滚子轴承

（2）按定位方式分见表6-6。

表6-6中各种轴箱定位方式的结构如图6-22所示。

表 6-6　轴箱定位装置按定位方式的分类

拉板式定位	日本新干线 0 系车和 100 系车
拉杆式定位	CRH5 动车组车辆和东风 4 型内燃机车
转臂式定位	CRH1 和 CRH2 动车组
人字形橡胶定位	上海地铁车辆 SMC
层叠圆锥橡胶定位	北京城铁车辆
导柱式定位	很少应用
导框式定位	老东风型内燃机车

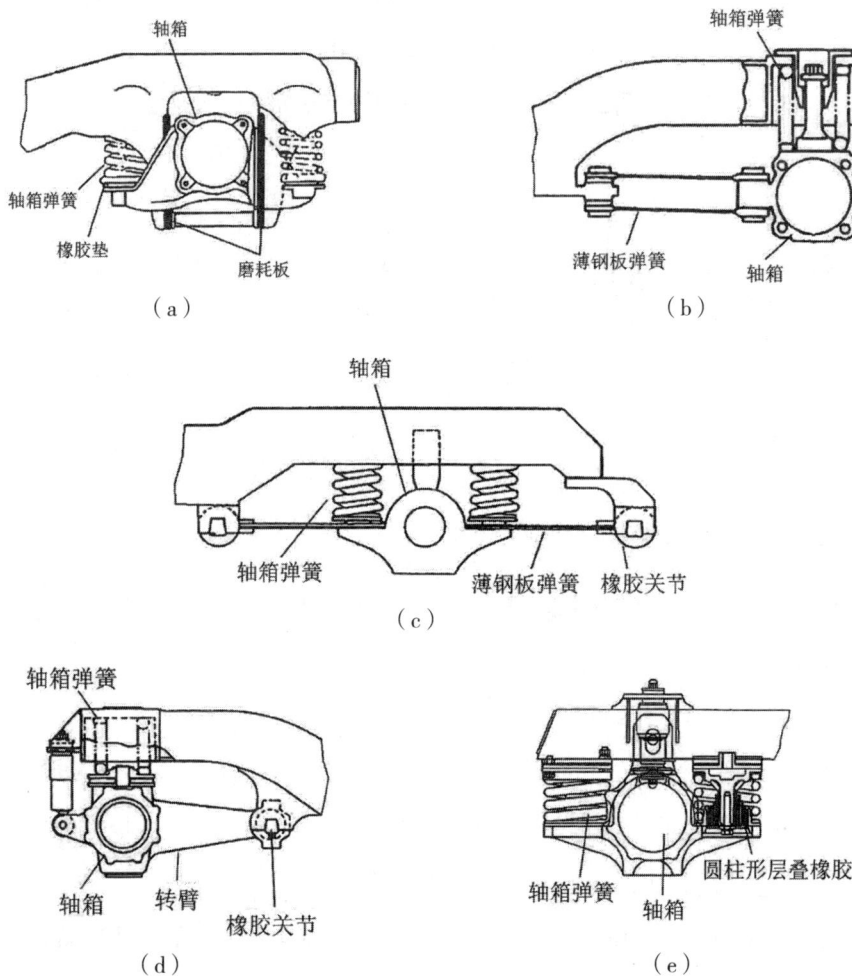

（a）

（b）

（c）

（d）

（e）

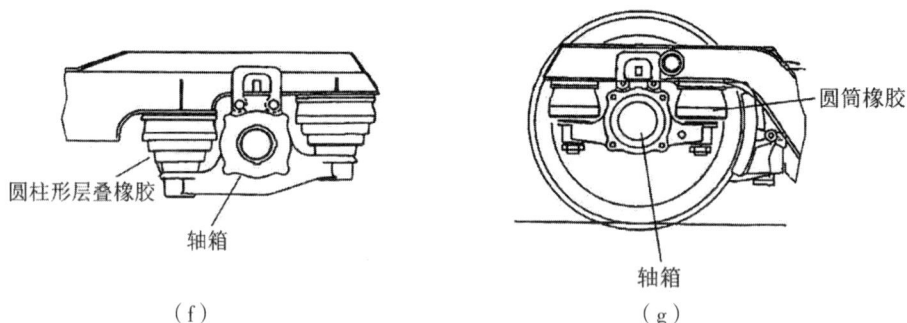

（f）　　　　　　　　　　　　　　　　　　（g）

（a）导框式定位轴箱　（b）双拉板式定位轴箱（IS拉板式）（c）双拉板式定位

（d）转臂式定位轴箱　（e）圆柱层叠橡胶定位轴箱　（f）圆锥层叠橡胶定位轴箱

（g）圆筒橡胶定位轴箱

图6-22　各种定位方式的结构原理

3.轴箱定位装置的应用

现代城市轨道交通车辆中，转臂式定位、层叠圆锥橡胶定位以及八字形橡胶定位是三种最常见的定位方式。对于高速动车组应用最多的轴箱定位结构是转臂式定位，其中包括德国的 ICE3、日本的 500 系列、我国的 CRH1 和 CRH2以及法国的 TGV–A 等动车组。

二、轴箱定位装置的典型结构

下面从力的传递、结构特点和优点三个方面对多种具有代表性的轴箱定位装置展开详尽的展示与阐述。

1.转臂式轴箱定位装置

转臂式轴箱定位装置包括垂向减振器、轴箱弹簧以及橡胶弹性节点等。

（1）力的传递垂向力、纵向力分别由轴箱圆弹簧和转臂上的橡胶弹性节点（即定位销）传递；而横向力由二者共同传递。

（2）结构特点以 CRH2 和 CRH3 转向架为例对转臂式轴箱定位装置进行详

细介绍。

① CRH2：如图 6-23 所示，其定位转臂一端与构架上的定位转臂座相连（通过橡胶节点），另一端则与轴箱体制成一体（或通过螺栓等与轴箱连接），从而将轴箱与构架联系起来。选择较长的定位转臂能够减小定位节点刚度对一系垂向刚度的附加影响，因此将定位转臂选择为 500 mm。橡胶弹性节点的弹性橡胶套对于发挥性能尤为重要。转向架的运行性能在很大程度上取决于该定位橡胶销套在各方向上的定位参数。其弹性参数的测量基准，是基于橡胶套安装于转臂座后的工作状态。这些参数是通过动力学分析、计算及优化设计流程来最终确定的。

图 6-23 CRH2 转向架的轴箱定位装置

② CRH3：CRH3 的轴箱构造中包含有弹簧安装座与垂向减振器座，其设计特点在于车轴轴箱采用分体式，轴箱下部设计为可拆卸结构，便于轮对的更换。此外，轴箱上还配备了轴温传感器，部分轴端则装有速度传感器。图 6-24 详细展示了轴箱的构成组件。

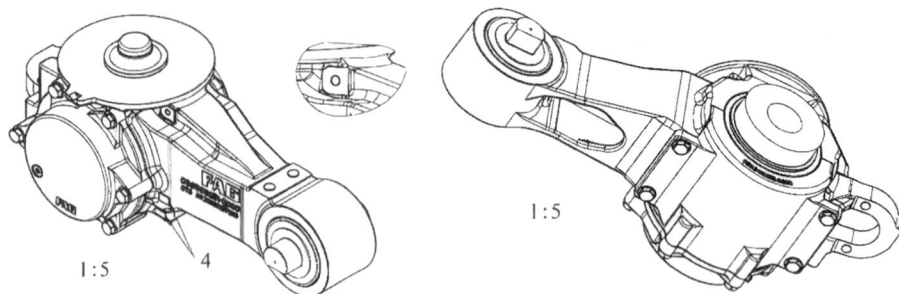

图 6-24　轴箱装置

螺旋压缩弹簧装置通过施加压力来减少列车运行时的振动和冲击，该安装方式保证了最优的悬挂性能。橡胶垫能够有效吸收高频冲击振动，降低噪声。螺旋压缩弹簧装置通过转向架构架侧的弹簧支架进行导向，橡胶垫及两个并联的钢制螺旋压缩弹簧共同发挥缓冲减振功能。

CRH3 还配备有用于约束垂向运动的固定止挡装置，该装置由导柱、轴箱顶部的凸缘以及橡胶垫片组合而成。为了优化弹簧之间的间距调整，采用了不同厚度的间隔垫圈进行装配。

（3）优点。

①在轴箱与构架之间，不存在自由间隙以及滑动元件，从而有效防止了摩擦与磨损现象的发生。

②结构简单，便于分解和组装，易于维修。

③转向架悬挂系统的各向定位刚度能够单独配置，以达到最优设计标准，既确保了乘坐的舒适性，又保障了稳定的高速运行特性及出色的曲线通过能力。

2. 八字形橡胶堆轴箱定位装置

地铁与轻轨车辆广泛采用八字形橡胶堆轴箱定位装置，其中我国上海与广州等地的地铁车辆就采用了这一结构形式。

（1）力的传递。

八字形橡胶堆被用于垂向力、纵向力和横向力的传递，如图 6-25 所示。

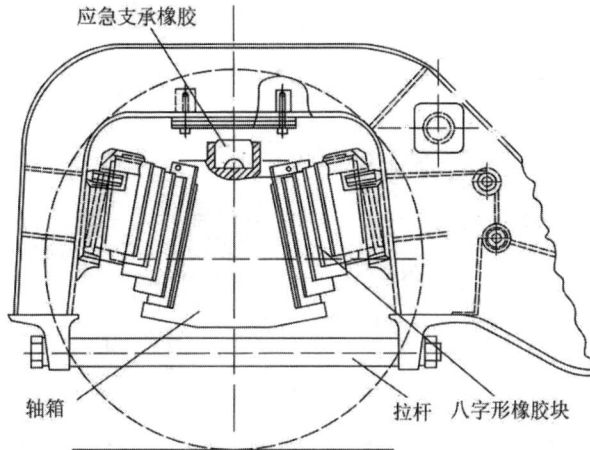

图 6-25　八字形橡胶堆轴箱定位结构示意图（上海和广州地铁车辆用）

（2）结构特点。

八字形橡胶堆轴箱定位中，其橡胶堆具有三向弹性特性，通常 $k_x : k_y : k_z =$ 1：（2~2.5）：（10~12），即垂向刚度 k_x 最小（大约等于纯剪的刚度），纵向刚度 k_z 是最大的并且可按需设计。橡胶在承受垂向载荷时会同时经历剪切与压缩形变，通过调整其安装角度（通常介于 10º~11º），可以获得各异的垂向与纵向刚度特性。

（3）优点。

八字形橡胶堆轴箱定位装置具备以下显著优势：

①避免了摩擦与磨损的问题。

②结构简化质量小。

③能有效吸收高频振动并降低噪声。

④其使用寿命可超过 150 万走行千米。

3.层叠圆锥橡胶轴箱定位装置

层叠式圆锥橡胶轴箱定位装置同样为常见的定位方式之一，北京城轨道车辆所采用的典型层叠圆锥橡胶轴箱定位装置的结构如图 6-26 所示。

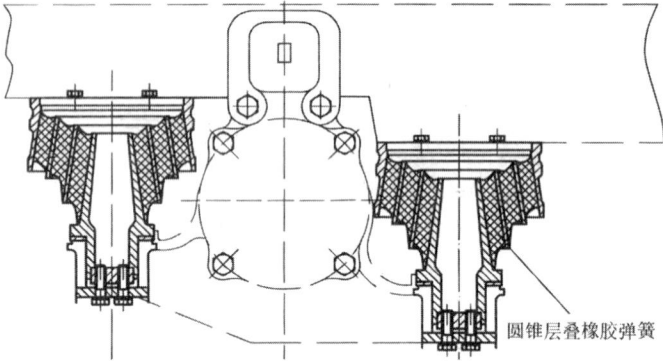

圆锥层叠橡胶弹簧

图 6-26　层叠圆锥橡胶轴箱定位结构示意图

（1）力的传递。

由层叠圆锥橡胶传递垂向力、纵向力和横向力。

（2）结构特点。

层叠圆锥橡胶结构展现出三个方向的弹性特征，可通过在圆周方向上开切口来调整其横向弹性。当受到垂向载荷时，橡胶主要经历剪切形变。

（3）优点。

层叠圆锥橡胶轴箱定位装置具备以下显著优势：

①避免了摩擦与磨损的问题。

②结构简化质量小。

③能有效吸收高频振动并降低噪声。

4.拉杆式定位轴箱（东风4系列机车）

我国干线机车普遍应用双拉杆式轴箱定位装置，双拉杆式轴箱定位装置的结构组成如图 6-27 所示。

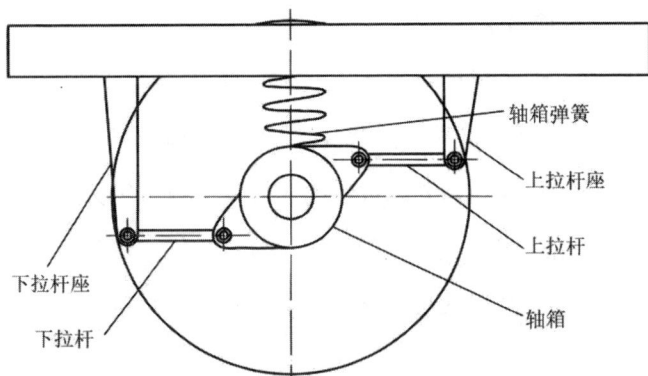

图 6-27 双拉杆式轴箱定位

（1）力的传递。

由轴箱弹簧传递垂向力（东风 4 系列机车的垂向力由前后圆弹簧传递），由轴箱拉杆传递纵向力。

（2）结构特点。

按照采用的轴承种类可以分成两种。

①采用新型轴承：选用双列圆柱滚子轴承，该轴承可一并承受轴向及径向载荷，且无论是端轴还是中间轴端部均未配置橡胶块。

②采用旧型轴承：径向力由四列向心短圆柱滚子轴承来承受，而轴向力则由止推轴承承受。端轴与中间轴的主要差异在于，端轴配备了端部橡胶块，而中间轴则将其省略了。

（3）优点。

拉杆式轴箱定位装置具备以下优势：

①无摩擦界面，无须润滑，有效避免磨损。

②轴箱与构架间实现无缝连接，通过弹性连接在纵向和横向均能有效抑制蛇行运动，并发挥缓冲效能。

③优化了动力曲线通过性能，且相较于导框定位方式，显著减少了轮缘的磨耗。

5.CRH5 动车组轴箱定位装置

CRH5 动车组采纳了成熟可靠的双拉杆轴箱定位设计，其布局与 ETR460 和 TAVS104 转向架相似，如图 6-28 所示。双拉杆轴箱定位由一系垂向减振器、两组螺旋弹簧和双拉杆定位装置构成。为了确保有效减轻并吸收由线路不平顺引起的对构架的冲击，经过了详尽的动力学分析与优化得到上下拉杆的弹性模量、螺旋弹簧的刚度系数以及垂向减振器的参数等。

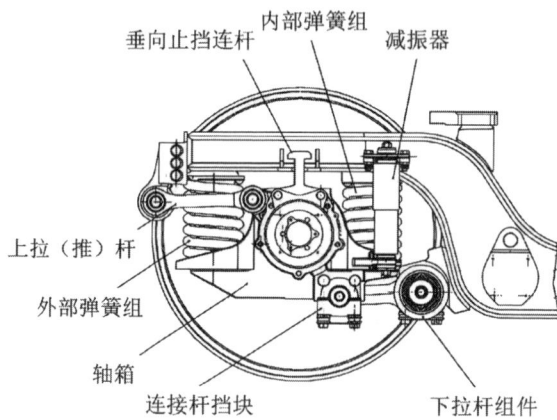

图 6-28　CRH5 的一系弹簧悬挂

拉杆分为上拉杆与下拉杆，且上下拉杆为两种类型。其中，上拉杆是一种两端均配备有弹性接头的锻铝构件；而下拉杆则是两端同样设置有弹性节点的锻钢组件，如图 6-29 所示。

（a）　　　　　　　　　（b）

（a）上拉杆　（b）下拉杆

图 6-29　上、下拉杆

　　一系悬挂的定位刚度过高将影响曲线通过能力以及加剧轮轨间横向力、脱轨系数、轮重减载率以及磨耗指数的不良趋势；过低则会降低抗蛇行运动的临界速度。而一系悬挂的定位刚度由拉杆中橡胶节点的刚度决定。

第七节　抗侧滚扭杆

一、抗侧滚扭杆的作用及原理

　　1.抗侧滚扭杆的作用

　　抗侧滚扭杆能有效减缓车辆在运行过程中因轨道不平顺和外部干扰引起的侧滚运动。车辆在曲线行驶过程中，可能因侧向力、离心效应及载荷分布不均而导致车体倾斜。此时，抗侧滚扭杆会生成反向力矩，以限制车辆保持在规定的动态包络线范围内。值得注意的是，抗侧滚扭杆的作用并不会对二系悬挂系统的垂向及横向刚度特性造成影响。

　　2.抗侧滚扭杆的工作原理

　　当车辆通过曲线导致车体相对于转向架发生侧滚运动时，左右连杆会进行上下移动。此时，两个水平布置的扭臂（它们与扭杆的连接近似为刚性）会对扭杆施加方向相反的力和力矩而产生扭转弹性作用，反扭矩与车体侧滚的角位移方向相反，从而有效抑制侧滚振动。

　　当车体相对于转向架发生浮沉运动时，装于扭杆支座内部的轴承（或橡胶衬套）会使左右扭臂驱动扭杆进行同向旋转，此时无扭转变形便不会对车体产生抗侧滚效果。

　　3.抗侧滚扭杆的特点

　　抗侧滚扭杆装置设计精巧，不仅显著提升了二系悬挂系统的抗侧滚能力，而且几乎不对该系统中圆弹簧的柔软弹性特性造成干扰，不影响车体的摇头、沉浮等运动。通过扭转的方式，该装置能减少车身侧倾，提高行驶稳定性和安全性，同时降低车辆横向摆动，增强横向稳定性与舒适性。

二、抗侧滚扭杆的结构及安装位置

1.抗侧滚扭杆的组成

抗侧滚扭杆由一根具备抗扭性能的扭杆（或轴）、支撑座、两个扭臂、两个连接杆以及弹性节点等部分构成。扭杆轴采用阶梯轴状设计，通过过盈配合与扭臂连接。扭杆被置于构架横梁底部，通过扭臂及连接杆与车底架连接。在三者的连接节点处均配置了橡胶卡环或橡胶衬套（弹性连接）。这些橡胶组件不仅显著降低了扭杆轴在旋转过程中的摩擦阻力，还兼具缓冲效能，进而优化了整体性能表现。抗侧滚扭杆是二系悬挂系统的组成部分，其结构如图 6-30 所示，其在转向架上的安装位置如图 6-31 所示。

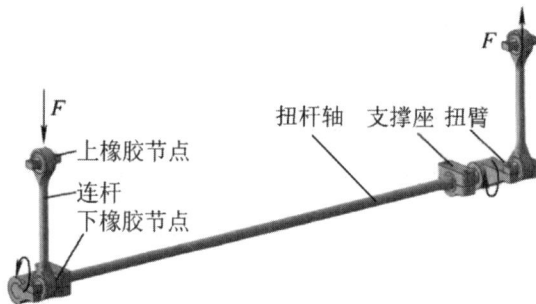

图 6-30　抗侧滚扭杆结构组成

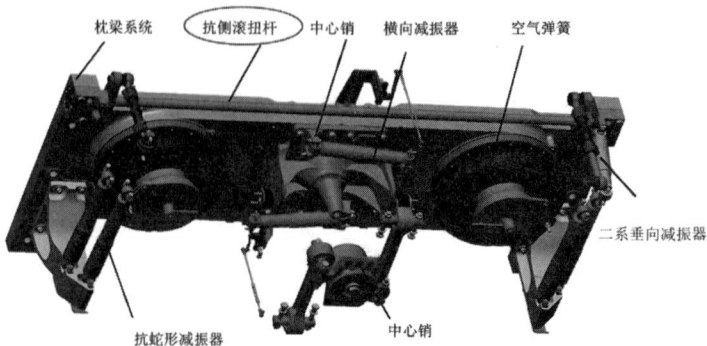

图 6-31　抗侧滚扭杆安装位置

2.抗侧滚扭杆的结构形式

按照扭杆轴结构、支撑座位置等主要特点对抗侧滚扭杆系统进行简要分类，见表6-7。

表6-7　抗侧滚扭杆系统结构分类

分类方式	结构	特点
按扭杆轴结构	直扭杆	制造过程简便，无须配备专用的工装和设备，具有较高的精度。但材料浪费较大，整体重量偏高
	弯扭杆	由圆钢弯曲制得，其弯曲部分可以代替扭转臂，结构简洁，材料利用率高。但尺寸精度和形位公差低且需要专门的设备和工装，因此前期投资大
按照支撑座位置	内置式	一般分为上下两部分，普遍采用橡胶关节与此结构配合
	外置式	一般为整体结构，普遍采用金属关节或整体式高分子耐磨轴衬与此结构配合
按照扭杆轴和扭转臂的装配方式	不可拆卸连接	扭杆轴和扭转臂采用过盈配合或焊接等方式进行连接，不可拆卸。具有良好的可靠性、无磨损特性、制造工艺的简便性以及较低的成本。然而，安装空间受限
	可拆卸连接	依靠花键、锥面配合或多边形等实现连接，可拆装多次而不损坏。具有灵活的安装空间，适合穿梁式安装，但存在一定磨损，寿命较短，制造难度和成本也相对较高
按照连杆结构	长度不可调型	通过在连杆连接处增加调整垫片实现扭杆系统垂向的距离变化
	长度可调型	通过垂向连杆的长度变化实现扭杆系统垂向的距离变化

第八节　客车转向架悬挂特点

一、不同速度客车转向架悬挂特点

根据行驶速度高低不同大致将客车分为低速、准高速和高速列车；根据不同速度等级，轨道车辆的技术要求、结构设计、牵引系统、悬挂系统等都存在较大差异。其中不同速度客车转向架悬挂特点见表 6-8。

表 6-8　不同速度客车转向架悬挂特点

	低速客车转向架（≤ 120 km/h）	准高速客车转向架（设计 160 km/h）	高速客车转向架（设计 200 km/h）
中央悬挂方式	外侧螺旋弹簧悬挂	空气弹簧加摇动台形式	空气弹簧装置
减振形式	垂向：油压减振器横向：无	垂向：轴箱单向液压减振器和二系可变节流阀减振装置横向：缓冲器装置	垂向：油压减振器，二系采用可变节流阀横向：横向减振器和缓冲器
抗蛇行装置	无	全旁承结构	抗蛇行减振器
抗侧滚装置	无	抗侧滚扭杆装置	增大空气弹簧横向间距或抗侧滚扭杆装置
轴向定位装置	干摩擦导柱式定位	橡胶堆定位、转臂式加横向控制杆定位	转臂式定位方式或双拉杆定位形式

其中根据不同速度划分的客车具体车型转向架悬挂特点见表 6-9、表 6-10和表 6-11。

表 6-9　不同车型客车转向架悬挂特点（140 km/h）

	206	206G	206P	209T	209P
摇枕弹簧装置形式	圆弹簧外侧悬挂	圆弹簧外侧悬挂	圆弹簧外侧悬挂	圆弹簧外侧悬挂	圆弹簧超外侧悬挂
减振形式	二系油压减振器	二系油压减振器	二系油压减振器	二系油压减振器	二系油压减振器
回转阻尼	无	无	无	无	无
抗侧滚装置	无	无	无	无	无
轴箱弹簧装置形式	圆弹簧	圆弹簧	圆弹簧	圆弹簧	圆弹簧
轴箱定位装置形式	干摩擦导柱式	干摩擦导柱式	干摩擦导柱式弹性定位	干摩擦导柱式弹性定位	干摩擦导柱式弹性定位
最高运行速度	140 km/h	140 km/h	140 km/h	140 km/h	140 km/h

表 6-10　不同车型客车转向架悬挂特点（160 km/h）

	209PK	209HS	CW-2	SW-160	206KP
摇枕弹簧装置形式	空气弹簧有摇动台	空气弹簧有摇动台	空气弹簧有摇动台	空气弹簧无摇动台大横向间距	空气弹簧无摇动台
减振形式	二系为节流孔	一系单向油压减振，二系可变节流阀，横向缓冲器	一系单向油压减振，二系可变节流阀，横向缓冲器	一系单向油压减振，二系可变节流阀，横向缓冲器	一系单向油压减振，二系可变节流阀，横向缓冲器
回转阻尼	无	全旁承支重	全旁承支重	全旁承支重	全旁承支重
抗侧滚装置	有	有	有	有	有
轴箱弹簧装置形式	圆弹簧	圆弹簧	圆弹簧	圆弹簧	圆弹簧
轴箱定位装置形式	干摩擦导柱式	橡胶堆定位	转臂式加横向控制杆	转臂式定位	转臂式定位
最高运行速度	160 km/h	160 km/h	160 km/h	160 km/h	160 km/h

表 6-11　不同车型客车转向架悬挂特点（200 km/h）

	CW-200	SW-200	CRH2 动车组	CRH5 动车组
摇枕弹簧装置形式	空气弹簧无摇枕	空气弹簧无摇枕	空气弹簧无摇枕	空气弹簧上摇枕
减振形式	一系单向油压减振、二系可变节流阀、横向减振器、横向缓冲器、抗蛇行减振器	一系单向油压减振、二系可变节流阀、横向减振器、横向缓冲器、抗蛇行减振器	一系单向油压减振、二系可变节流阀、横向减振器、横向缓冲器、抗蛇行减振器	一系单向油压减振、二系可变节流阀、横向减振器、横向缓冲器、抗蛇行减振器
抗侧滚装置	有	无	无	有
轴箱弹簧装置形式	圆弹簧	圆弹簧	圆弹簧	圆弹簧
轴箱定位装置形式	转臂式定位	转臂式定位	转臂式定位	双拉杆式定位
最高运行速度	200 km/h	200 km/h	200 km/h	200 km/h

二、CRH 系列动车组转向架悬挂特点

CRH 动车组悬架系统以其先进的技术结合、精确的调节能力、卓越的行驶稳定性和乘车舒适性以及显著的节能环保效益等特点，在高速铁路运行中发挥着至关重要的作用。CRH1、CRH2、CRH3 和 CRH5 动车组悬架特点见表 6-12。

表 6-12　CRH 系列动车组转向架悬挂特点

	CRH1	CRH2	CRH3	CRH5
构架形式	轻量化无摇枕 H 构架	轻量化无摇枕 H 构架	轻量化 H 构架	轻量化 H 构架
轮对	空心轴轮对	空心轴轮对	空心轴轮对	空心轴轮对
一系悬挂	轴箱螺旋弹簧，油压阻尼器，垂向止挡	轴箱螺旋弹簧，下端橡胶垫板，油压阻尼器，垂向止挡	轴箱螺旋弹簧，垂向油压阻尼器	轴箱两组螺旋弹簧，垂向油压阻尼器
二系悬挂	空气弹簧	空气弹簧外侧悬挂，无抗侧滚扭杆	空气弹簧，摇枕内部为辅助气室	空气弹簧，摇枕内部为辅助气室
其他减振形式	横向阻尼器、垂向阻尼器、抗蛇行阻尼器，抗侧滚扭杆，横向止挡、单牵引拉杆	横向阻尼器、抗蛇行阻尼器、横向止挡，单牵引拉杆	横向阻尼器、抗蛇行阻尼器、横向止挡，Z 形牵引拉杆，抗侧滚扭杆	垂向阻尼器、横向阻尼器、抗蛇行阻尼器、横向止挡，Z 形牵引杆，抗侧滚扭杆
轴箱定位装置形式	分体式，转臂式定位	转臂式定位	转臂式定位	双拉杆式定位弹性节点连接

第七章　轨道车辆动力学模型构建

本章以某型客车为例，介绍 SIMPACK 软件的铁路模块和初步应用。SIMPACK 软件在铁路行业的广泛应用确实展示了其强大的仿真能力，尤其是在车辆动力学建模方面。在建立车辆动力学模型时，整理动力学相关基本参数是至关重要的一步。这些参数通常包括质量参数、悬挂参数以及尺寸参数等，见表 7-1。SIMPACK 软件采用国际标准单位，这为国际的数据交流和合作提供了便利。

在处理这些数据以建立模型时，通常有两种主要方法：

（1）建立参变量名称，设计一级数据库，将所有参变量进行提前设定；

（2）建立模型过程中根据需要直接进行数值输入（初学者可以比较直观地进行，本教材也是以此为例进行说明的）。

表 7-1　客车模型参数

质量参数		
名称	数值	单位
轮对质量	1000	kg
轮对侧滚转动惯量	1200	kg·m^2
轮对点头转动惯量	100	kg·m^2
轮对摇头转动惯量	1200	kg·m^2
构架质量	300	kg
构架侧滚转动惯量	1500	kg·m^2
构架点头转动惯量	2500	kg·m^2
构架摇头转动惯量	2800	kg·m^2
车体质量	32000	kg
车体侧滚转动惯量	560000	kg·m^2
车体点头转动惯量	2000000	kg·m^2
车体摇头转动惯量	2000000	kg·m^2
悬挂参数		
名称	数值	单位
一系纵向刚度	1.0e^7	N/m
一系横向刚度	N/m	N/m
一系垂向刚度	0.6e^6	N/m
一系纵向阻尼	6000	N·s/m
一系横向阻尼	6000	N·s/m
一系垂向阻尼	6000	N·s/m
二系纵向刚度	0.15e^6	N/m

续表

悬挂参数		
二系横向刚度	$0.15e^6$	N/m
二系垂向刚度	$0.45e^6$	N/m
二系纵向阻尼	60000	N·s/m
二系横向阻尼	60000	N·s/m
二系垂向阻尼	80000	N·s/m
尺寸参数		
名称	数值	单位
轨距	1.435	m
车轮名义滚动圆直径	0.92	m
滚动圆横向跨距	1.506	m
轴距	2.5	m
车辆定距	18	m
构架重心相对于轨面高度	0.6	m
车体重心相对于轨面高度	1.8	m
一系悬挂横向跨距	2	m
二系悬挂横向跨距	2	m
二系悬挂中心点距轨面高度	0.8	m

第一节　轮对模型

如图 7-1 所示，建立轮对模型是车辆动力学模型构建的基础。自 SIMPACK 9 版本起，轮轨关系的建立方式发生了重要变化。传统的通过铰接自动生成轮轨关系的方法已被取代，取而代之的是采用 Rail Pair 和 Track Pair 的全新定义方式。其中，Rail Pair 用于精确描述轮轨之间的相互作用，而 Track Pair 则专注于定义轮对与轨道之间的关系。这种改进使得轮轨关系的建立更加细致和准确，从而提升了仿真结果的可靠性。SIMPACK 公司在铁路领域拥有数十年的深厚积累，将丰富的经验和先进技术广泛应用于各类轨道车辆的仿真中。其应用范围不仅局限于传统铁路车辆，还涵盖了过山车等娱乐设施。通过这些创新和应用，SIMPACK 为轨道车辆的动力学分析提供了强大的支持，帮助工程师更好地理解和优化车辆的动态性能。因此，本实例主要介绍的内容是：

● 铁路铰接

● Rail Pair 和 Track Pair 的介绍

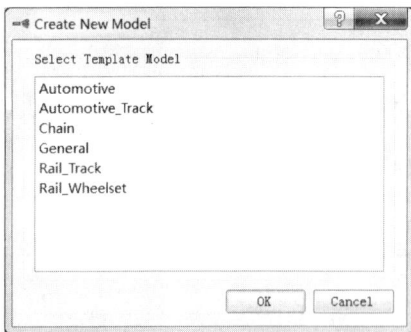

图 7-1　轮对模型

一、铁路铰接（Track Joints）分析

在 SIMPACK 软件的铁路模块中，坐标系的定义如图 7-2 所示。其中，z 轴的正方向向下，绕 z 轴转动方向对应侧滚运动，重力加速度为 9.81 m/s²。x 轴方向为纵向，其方向与轨道中心线一致，绕 x 轴转动方向对应侧滚运动。z 轴方向为垂向，围绕 z 轴的转动对应摇头运动。在软件中，这六个自由度通过特定的符号表示，s 表示纵向位移，y 表示横向位移，z 表示垂向位移，phi 表

示侧滚角，gam 表示点头角，psi 表示摇头角。

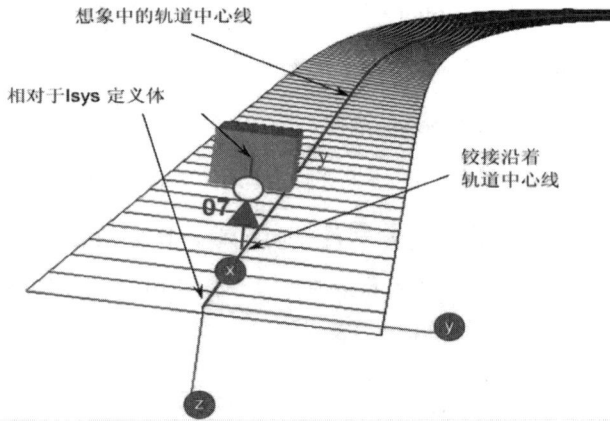

图 7-2　铁路模块中坐标系

s—纵向，沿轨道线路中心线

y—横向

z—垂向

φ—roll angle（绕 s）侧滚角

Ψ—yaw angle（绕 z）摇头角

y-pitch 或 rolling angle（绕 y）点头角

其中 s 的定义需要特别说明一下，s 沿着轨道测量，而不是在 Isys 中测量 x，两者的区别如图 7-3 所示。

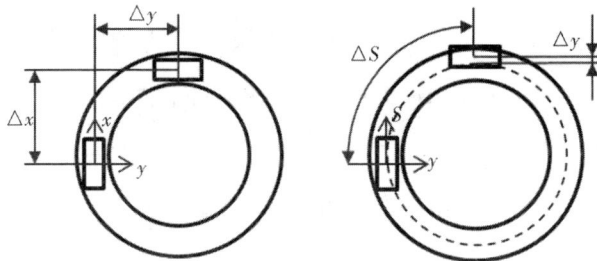

图 7-3　标准铰接、轨道铰接

Track Joint 类型：

07—General Rail Track Joint

09—Rheonomic Rail Track Joint

91—Wheel/Rail Track Sleeper 轨枕

07：General Rail Track Joint 是一种铰接元件，广泛应用的铁路建模、仿真等情况。它具备六个自由度，分别是纵向位移，横向位移，垂向位移，侧滚角，点头角和摇头角。根据具体的建模需求，用户可以选择使用其中的 5 个自由度（不包括 gam），或者仅使用一个自由度（仅 s）。

09：Rheonomic Rail Track Joint 与 7 号铰接相似，拥有 5 个自由度（除了 s）。用户可以根据具体的建模需求进行选择，既可以选用 4 个自由度（不包括 gam），也可以在特定情况下选择 0 个自由度。利用该铰接的车辆在纵向上的速度始终保持不变的特性，进行匀速运行仿真时，7 号铰接可以替换为 9 号铰接。

二、创建轮对模型

轮对的创建可以分为两种：

（1）选择图 7-1 中的 Rail_Wheelset 模块，可以直接得到一个轮对模型；

（2）选择图 7-1 的 Rail_Track 模块，按照以下步骤建立模型。

首先，我们需要从表 7-1 中提取构建轮对所需的参数。在建立模型时，为了尽快获得轮对模型，可以选择 Rail_Wheelset 模板，稍作调整即可投入使用。此外，还可以采用 Rail Pair 和 Track Pair 模块来构建轮对模型。接下来，将详细介绍如何利用 Rail Pair 和 Track Pair 模块来建立轮对模型。

Step 1：在 SIMPACK 前处理界面上点击新建模型图标"▢"在对话框中选择"Rail_Track"选项，并点击"OK"随后输入模型名称。如图 7-4 所示，输入模型名，比如 Wheelset 或 WS，并点击保存。此时，SIMPACK 自动创建蓝色正方体。

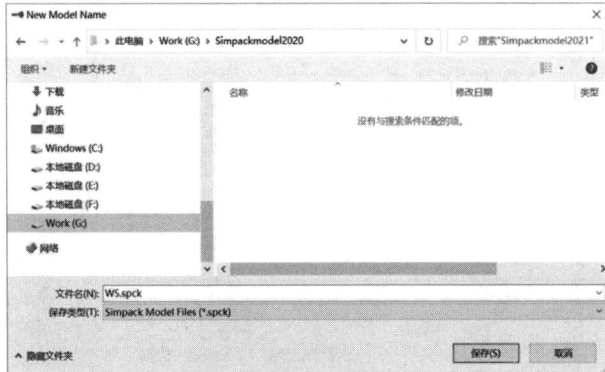

图 7-4　新建模型

Step 2：定义轮对质量属性。

在前处理界面右侧的模型树里选择 Bodies → $B_Body 并点右键，选择 Rename 将 $B_Body 修改为 $B_WS。

在弹出的菜单里选择 Properties。

Data input 选择为 Manual，对应的数据将其中的参数进行修改，轮对质量（mass）输入 1000，重心位置默认，轮对侧滚转动惯量（Ixx）输入 1200，轮对侧摇头动惯量（Izz）设置为 1200，轮对点头转动惯量（Iyy）设置为 100。Relative to（相互作用）选择为 Center of Gravity，并点"OK"确定；如图 7-5 所示。

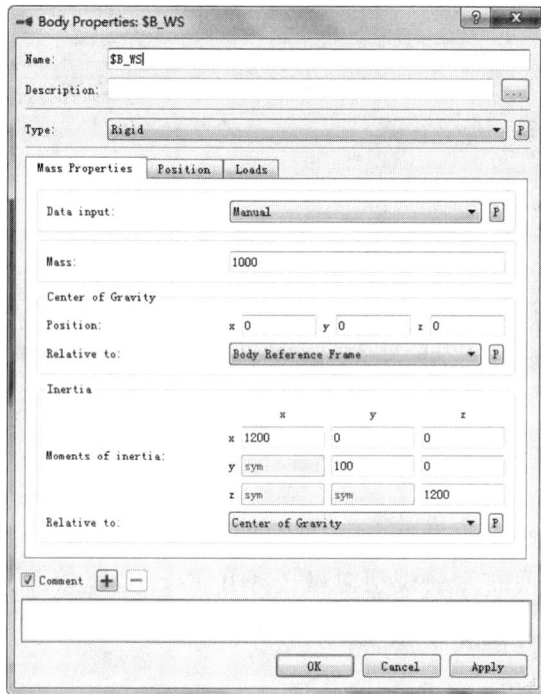

图 7-5　轮对基本属性定义

Step3：定义车轴的外形。

选择 $B_WS → Geometry → $P_WS_cuboid 并双击。

Type 中选择 2：Cylinder（圆柱体代表车轴的外形），

2：Height=2m（车轴的长度）

3：Outer diameter=0.18 m（车轴的外直径）

4：Inner diameter=0 m（车轴的内直径，实心轴 =0，空心轴 <0.18 m）

5：Number of planes=24（24 边形近似圆）

并点"OK"完成轮对的质量属性和车轴的外形的定义，如图 7-6 所示。

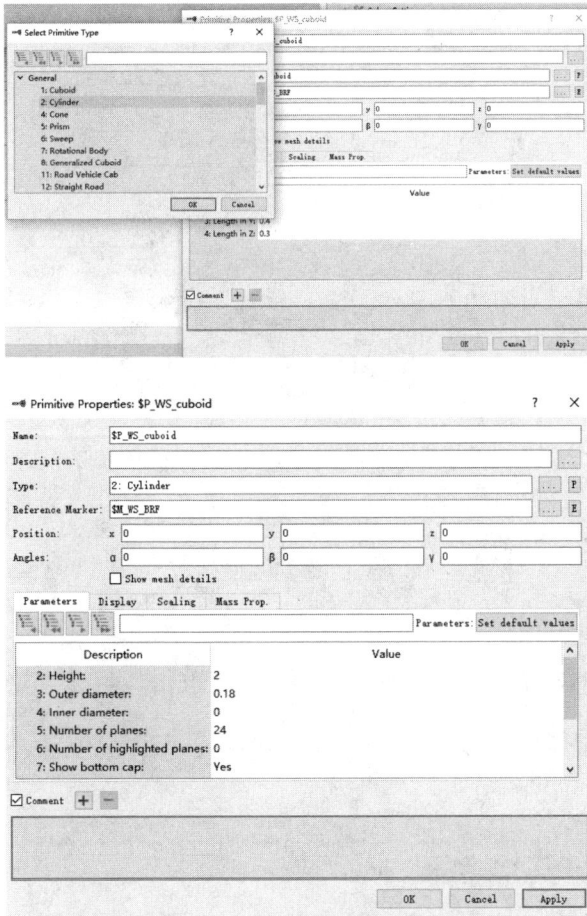

图 7-6 对车轴外形定义

Step 4：修改轮对的铰接。

在界面右侧的模型树中，点击"Joints"下的"$J_WS"，打开如图 7-7 所示的对话框。保持"From Marker"和"To Marker"以及"Type"选项的默认设置不变。

在 z：Vertical position 输入 –0.46，作为初始位置（参数表中车轮名义滚动圆直径的一半）这样就修改好了轮对的铰接。

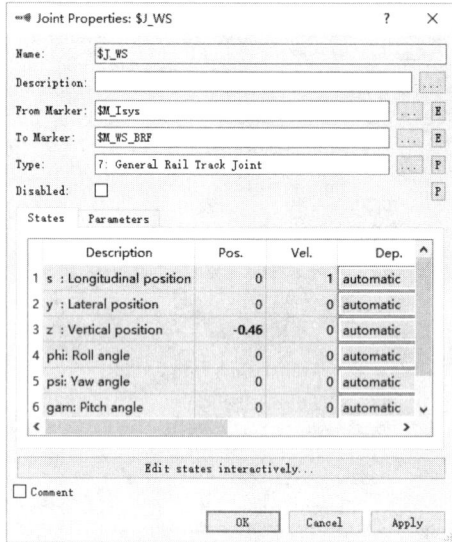

图 7-7　轮对铰接修改

Step 5：定义右侧的轮轨关系 $RWP_R。点击建模元素工具栏中"　"
图标，在界面中输入 $RWP_R，如图 7-8 所示，点击"OK"，出现如图 7-9 所
示的界面。

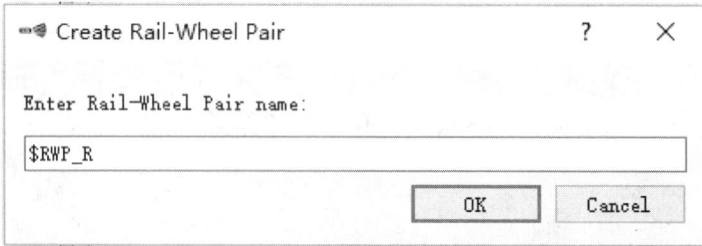

图 7-8　右侧轮轨关系命名

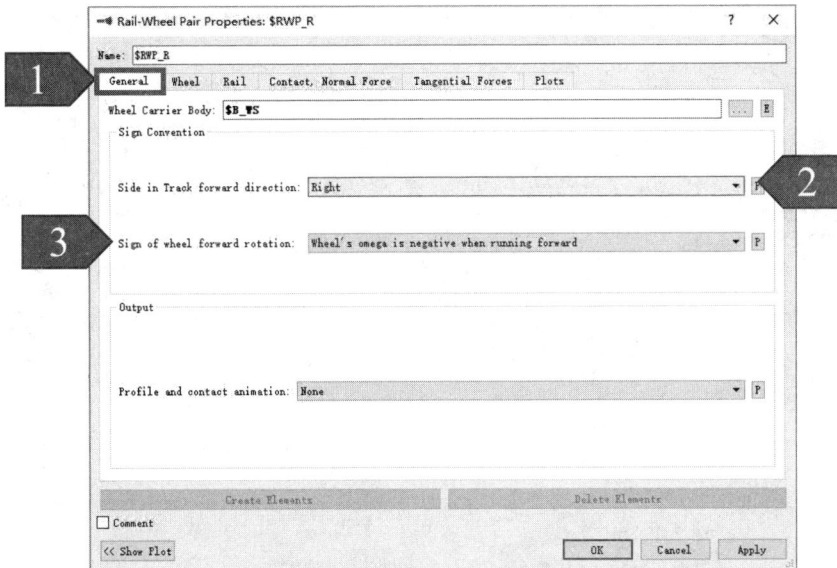

图 7-9 建立右侧轮轨关系

下面对 General、Wheel 等部分进行介绍。

General 定义：

在图 7-9 中设置轮对的主体参数以及轮轨关系的方向等属性。

在 Wheel Carrier Body 处选择已建立的轮对轴 $B_WS。

定义右侧轮轨关系，选择 Side in Track forward direction 中 Right 选项。

在"Sign of wheel forward rotation"处选择"Wheel's omega is negative when running forward"。根据右手定则，当轮对向前运动时，其围绕 y 轴的旋转方向是负向的。随后点击"Wheel"定义车轮的具体参数。

Wheel 定义：

如图 7-10 所示，该部分定义车轮的参数，可分为以下 7 个步骤：

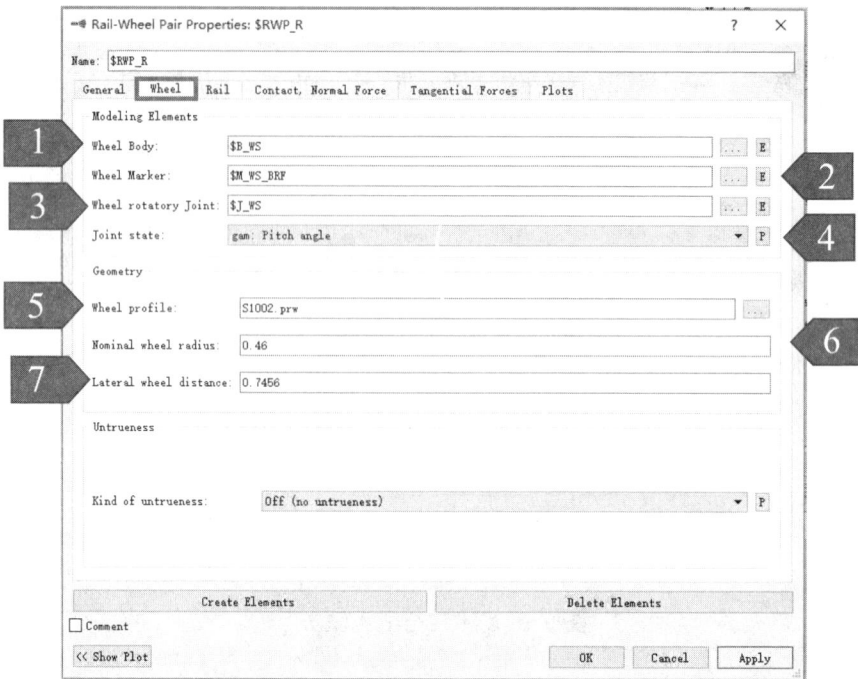

图 7-10 车轮参数定义

在 Wheel Body 处选择 $B_WS（车轮）。

在 Wheel Marker 处选择 $M_WS_BRF，即车轮的 Marker。

在 Wheel rotatory Joint 处选择 $J_WS，即轮对的铰接。

在 Joint state 处选择 gam：Pitch angle，即铰接状态。

在 Wheel profile 处选择 S1002，即车轮的踏面。

在 Nominal wheel radius 处输入 0.46，此处的单位为 m，即车轮的名义滚动圆半径。

Lateral wheel distance，即车轮名义滚动圆之间的横向间距的一半，是轮对设计中的一个关键参数。国内的轮对参数通常设定为 0.7465 m，而在欧洲等地区的轮对设计中，则常采用 0.75 m 的设定值。

在轮对模型的构建过程中，还需要考虑车轮的 Untrueness（即车轮扁疤）问题。SIMPACK 等仿真软件通常允许用户通过 Kind of untrueness 选项来定义车轮扁疤的具体形态。然而，在本章的轮对模型建立过程中，由于我们主要关注的是轮对本身的动力学特性，因此选择忽略车轮扁疤的影响，即将 Untrueness 选项设置为 off（无扁疤），点击"OK"，保存退出。在定义 Rail 栏之前，需要先定义轨道的参数，点击 Create Rail，给所定义的轨道命名 $RWR_UIC 60，出现如图 7-11 所示界面。

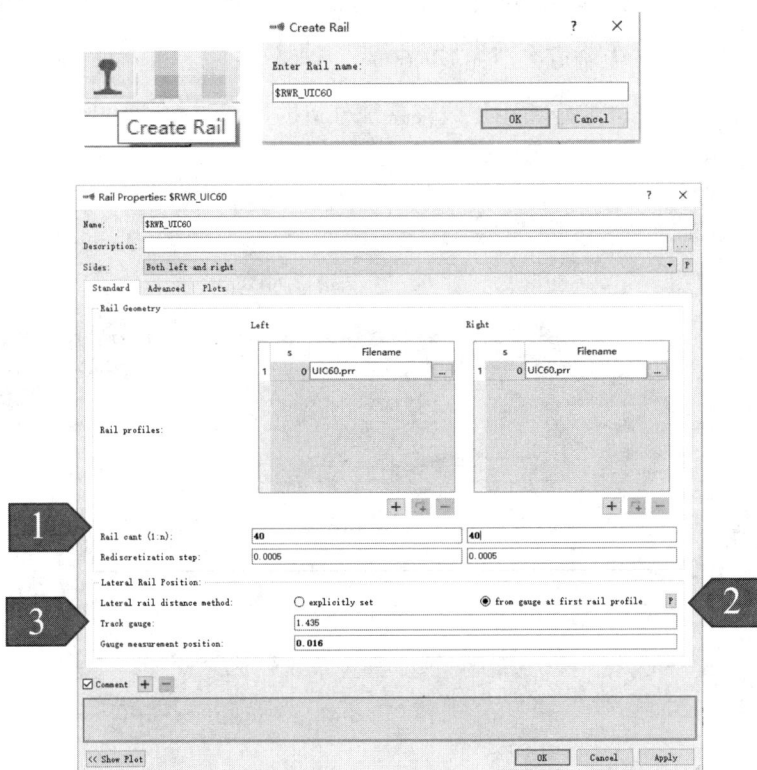

图 7-11　定义轨道 UIC60

Rail cant 1 : n（0=no cant）指轨底坡的设置，用于设置轨道的轨底坡度。通常情况下，轨底坡度有 1 : 20 和 1 : 40 两种选择。在国内，一般采用的是 1 : 40 的轨底坡度，因此在此处应输入 40。

Lateral rail distance method：from gauge at first rail profile。

Track gauge（标准轨距）1.435 m；Gauge measurement position：0.016（轨面垂直下 16mm 处测量）。

Rail 定义：

如图 7-12 所示，该部分定义轨道的参数。

在 Rail is mounted on 选项处，选择刚性轨道 Inertia-fixed track。其中 Body（e.g. moving ballast mass）指弹性路基，Roller 选项代表滚动台；Rail profile 为轨道型面选择，本例中轨道类型为 UIC60。

在 Local Excitation 定义用于线性系统分析的局部激励，对于本练习不用设置。

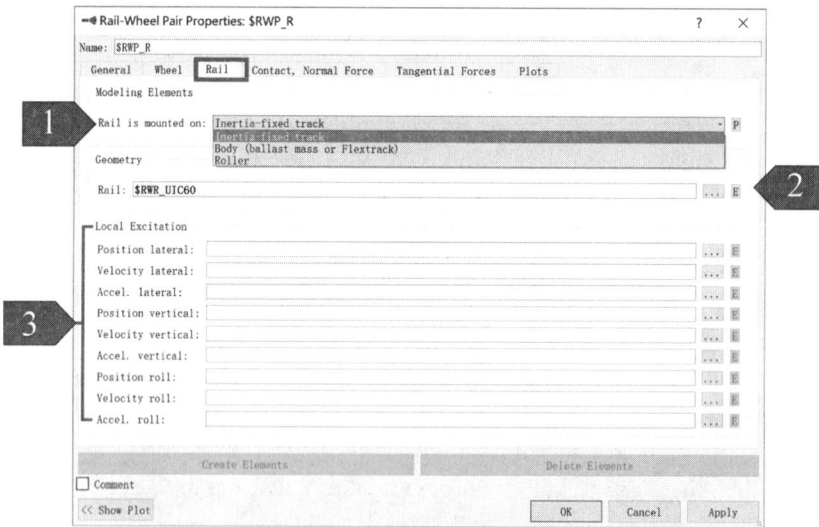

图 7-12　轨道参数定义

Contact，Normal force 轮轨接触参数与法向力定义：轮轨接触和法向力定义选取软件默认参数，如图 7-13 所示。

在 Contact search（接触的处理方法）中，推荐设置为等效弹性法 Equivalent-elastic（recommended）。

在 Wheel rediscretization steps 设置车轮离散步长，用于定义车轮型面用于生成样条曲线的点之间的距离，采用默认值 0.0005。

法向力 Normal force 可以用赫兹 Hertzian 方法或者线性法 Linear；如果选择线性方法 Linear，必须定义线性接触刚度。这里采用默认设置赫兹 Hertzian 方法。

在 Material Parameters 设置材料参数，材料参数包括杨氏模量、泊松比和接触的参考阻尼，选取默认值即可，点击"OK"，保存。

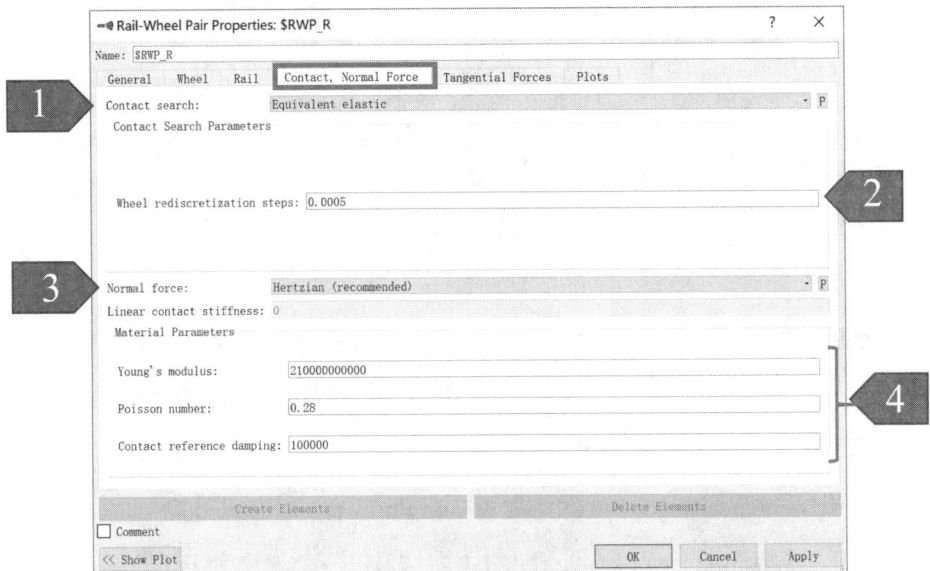

图 7-13　轮轨接触和法向力定义

在定义切向力参数 Tangential Forces 之前，需要先将轮轨接触关系即 Railcontact 定义完成，点击 Create Rail-Wheel Contact，输入 $RWC_Contact 作为名称，点击"OK"，在图 7-14 所示界面 Type 中选择 6：FASTSIM（该方法是推荐方法，可以选择其他方法，如沈氏理论等），其余默认，点击"OK"完成定义。

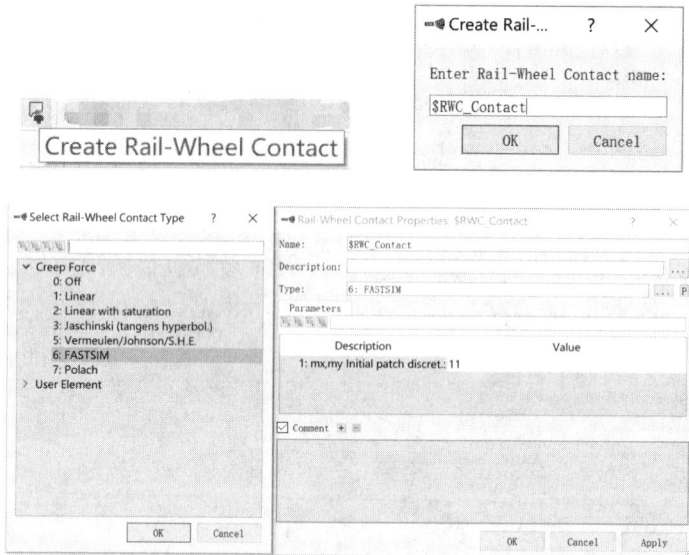

图 7-14　选择轮轨接触计算方法

之后再次定义轮轨关系，点击 Tangential Forces 栏，定义切向力参数。

在 Tangential（creep）forces 旁边点击▣，出现如图 7-15 所示轮轨接触选择界面，选择之前定义的 $RWC_Contact。

Creep reference velocity 处默认为 Mean value（recommended）。

Kalker weighting factor kA 处输入 1（默认值）。

Friction coefficient 中输入 0.4，实际取值范围在 0.25 到 0.35 之间。

通过输入函数指定额外的摩擦加权系数，可以在仿真过程中动态调整摩擦值。如果未设置这些系数，当前的摩擦值将通过摩擦系数与加权系数的乘积来计算。

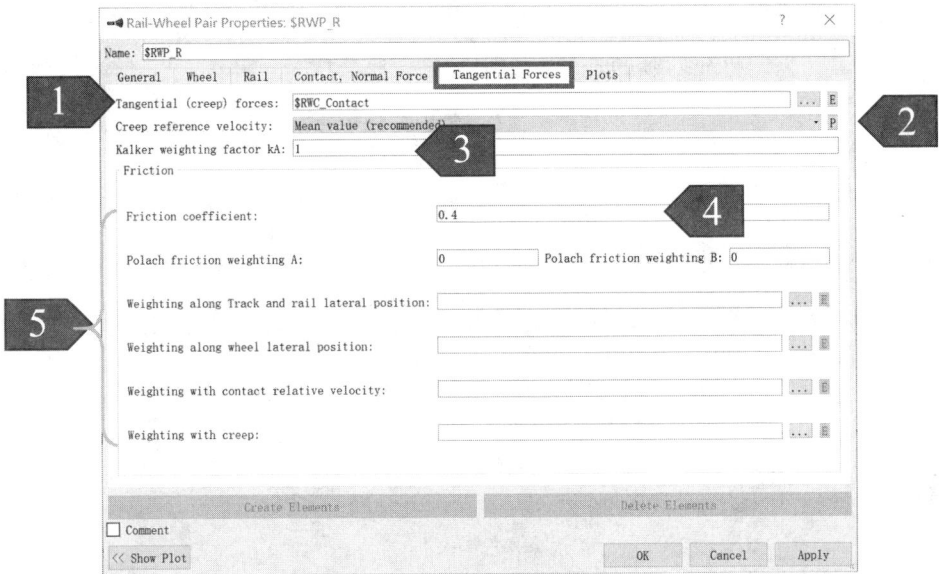

图 7-15　切向力定义界面

上述内容完成后点击如图 7-16 所示的 4 个步骤：

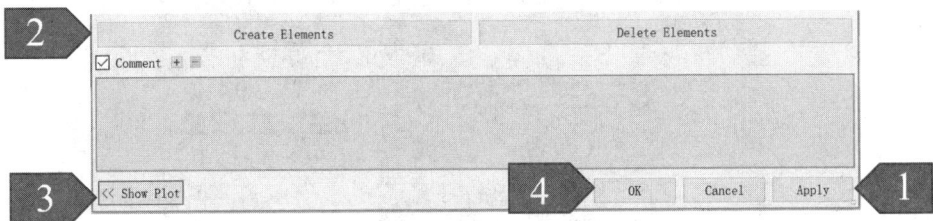

图 7-16　切向力定义界面

点击 Apply，完成所有数据的输入保存。

点击 Create Element，生成右轮对。

点击 ≪ Show Plot。

点击 "OK" 完成轮对的生成。

完成的单个轮对模型如图 7-17 所示。在生成轮轨关系的过程中，系统会自动创建相关的力元和结果单元。这些单元包括垂向力、横向力、脱轨系数、蠕滑力等，它们将在后续的处理分析中发挥重要作用。

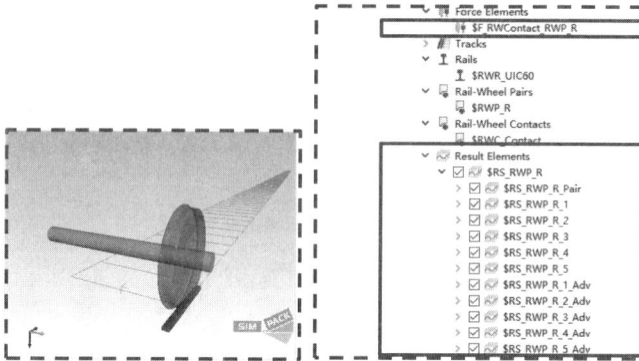

图 7-17　单侧车轮模型

Step 6：定义左侧的轮轨关系 $RWP_L。对右侧车轮模型 $RWP_R 进行复制粘贴（$RWP_R 在 Rail-Wheel Pairs 下方）。通过"Rename"选项，将名称从 $RWP_R_Copy_1 更改为 $RWP_L，如图 7-18 所示。

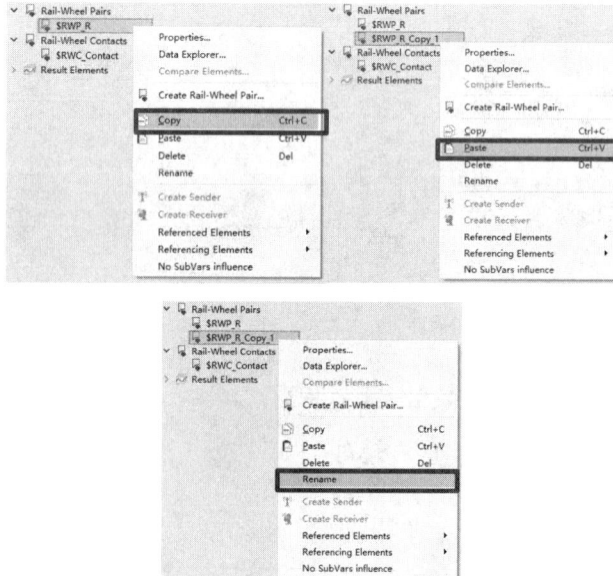

图 7-18　拷贝建立左侧车轮模型

在 Side in Track forward direction 中选择 Left，因为现在定义的是左侧轮轨关系。

点击 Apply。

点击 Create Elements。

定义左侧轮轨关系的步骤如图 7-19 所示，完成上述步骤后，点击"OK"，建立好轮轨关系的模型如图 7-20 所示。

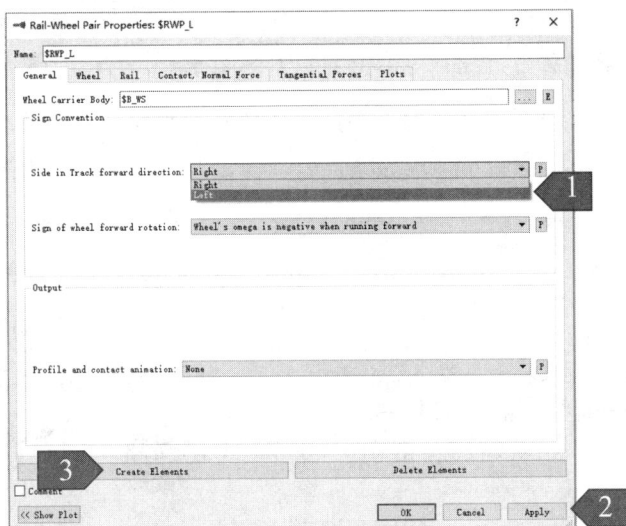

图 7-19　定义左侧轮轨关系

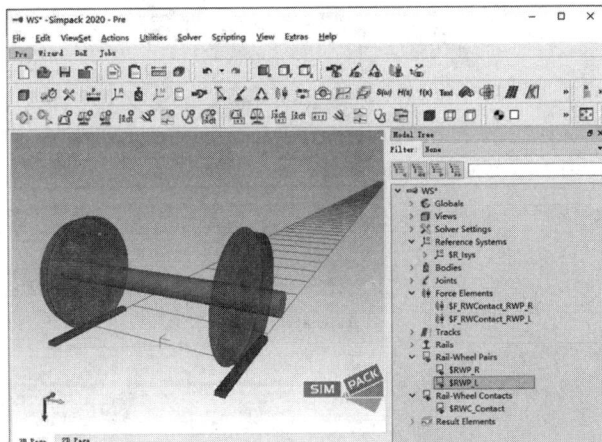

图 7-20　定义轮轨关系的模型

Step 7：定义 Track Pair，点击图 7-21 所示的 Create Wheelset，修改名称为 $RWT_Track，点击"OK"，出现 Track Pair 的定义界面：

Right-hand Rail-Wheel Pair 中选择右侧轮轨关系 $RWP_R。

Left-hand Rail-Wheel Pair 中选择左侧轮轨关系 $RWP_L。

点击 Apply，确认参数。

点击 Create Elements，建立轮对和轨道之间的关系。

"Contact Quasilinearization"部分用于定义轮轨接触的线性化方法和相关设置，这部分内容与建立 Track Pair 无关。点击图 7-21 左下方的"<<Show Plot"按钮，得到接触集合图形，可以直观地获取轮对的踏面形状、轨底坡度等详细信息。图 7-21 中 Plots 可以选择绘图信息。如图 7-22~ 图 7-25 所示。

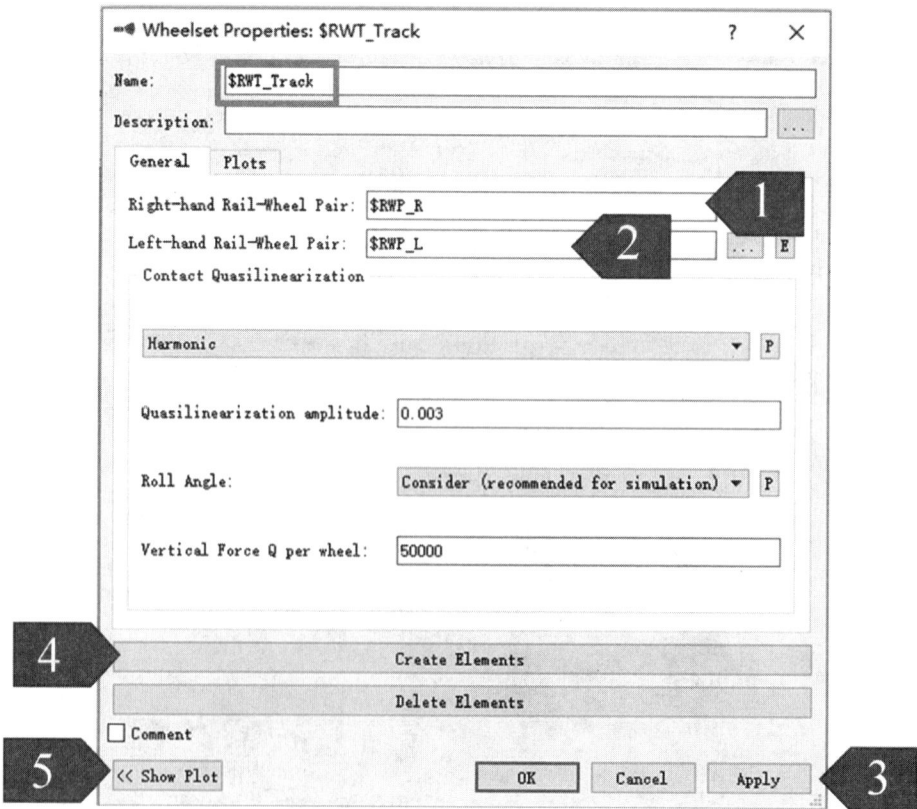

图 7-21　Track Pair 定义界面

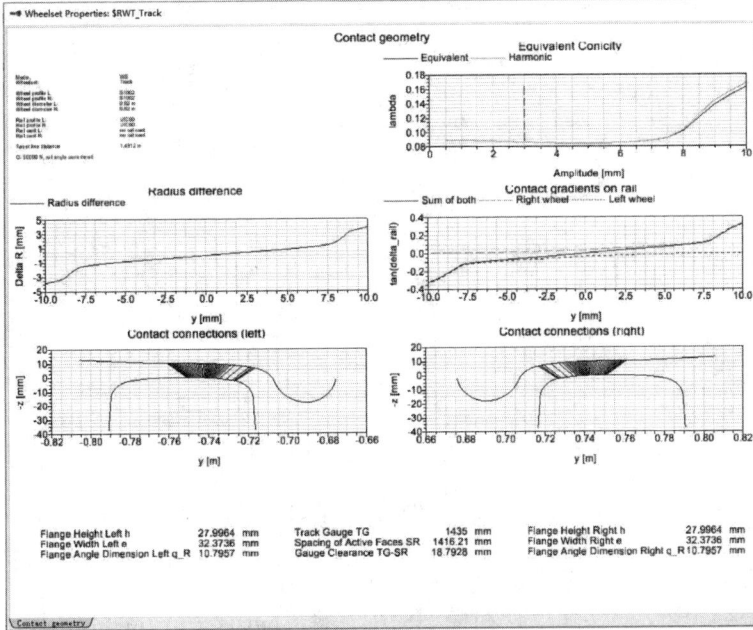

图 7-22 接触几何图

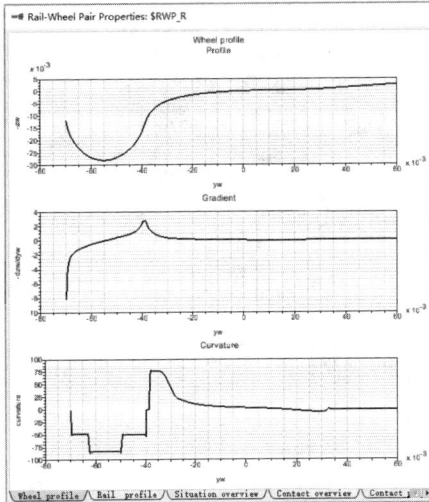

图 7-23 车轮踏面

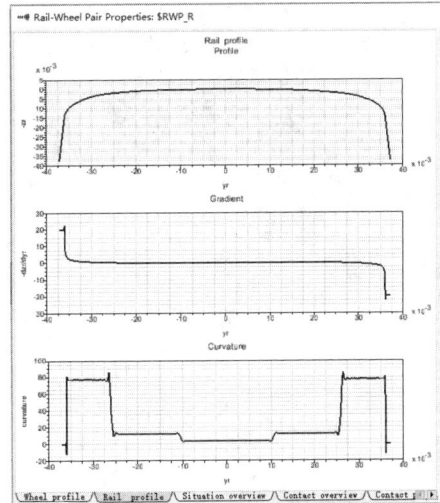

图 7-24 轨道型面

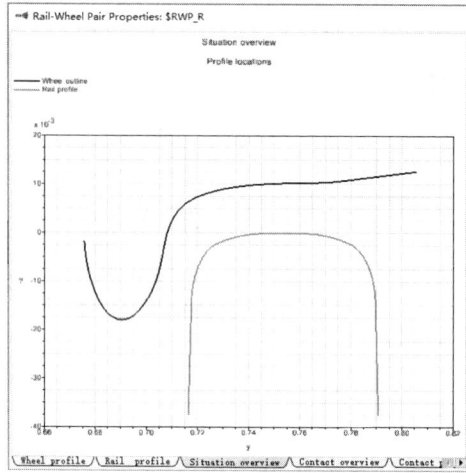

图 7-25　轮轨位置

Step 8：定义初始速度。在模型树中选择 Globals → Vehicle Globals，出现如图 7-26 所示车辆速度定义界面。

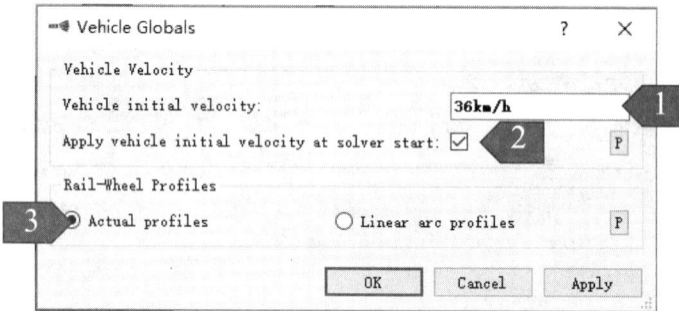

图 7-26　车辆速度的定义

车辆初速度设置为 10，单位默认为国际单位 m/s。

在 Apply vehicle initial velocity at solver start 后方方块处打钩。

选择 Actual profiles，点击"OK"，完成轮对的初速度的设置，随后进行在线积分。

如果轮对正常运动，那么轮对模型的搭建就完成了。接下来，为了建立一系悬挂力，需要在轮对上创建标记点（Marker）。

Step 9：轮对上定义两个标记点（Marker）。

根据参数表，轮对的一系悬挂横向跨距为 2 m。由于在此模型中不考虑轴箱的影响，我们将一系悬挂力直接作用在轴心位置。因此，在轮对的轮对中心（WS）上建立两个 Marker，以对应一系悬挂的横向跨距。如图 7-27 所示。分别是 $M_WS_L 和 $M_WS_R，坐标值分别是（0，-1，0）和（0，1，0）。

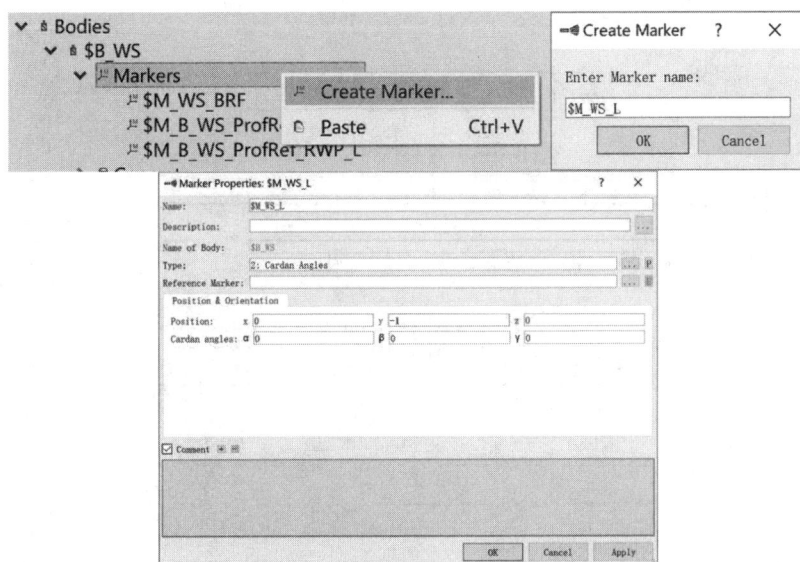

图 7-27　定义一系悬挂 mark 点

在这里请注意与生成轮轨关系时自动建立的 mark 点 $M_B_WS_ProfRef_RWP 相区分。完成 Marker 定义后，则完成了轮对模型 WS 建立，对模型进行保存，随后建立转向架模型。

第二节　转向架模型

转向架结构由虚拟车体（Dummy）、构架（BF）以及前后轮对子结构（WS_F 和 WS_B）构成，虚拟车体相对于地面的运动通过 0 号铰接来表示，虚拟车体与构架之间存在二系悬挂力（SS Force）。构架和前后轮对相对于地面的运动则通过 7 号铰接来表示，构架与轮对之间则有一系悬挂力（PS Force），如图 7-28 所示。所需的参数详细列于表 7-2 中。

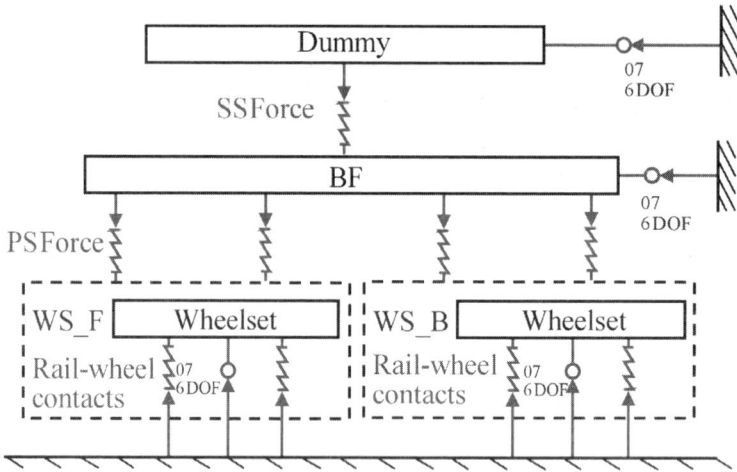

图 7-28　转向架拓扑结构图

表 7-2　构架参数

名称	数值	单位
构架质量	3000	kg
构架侧滚转动惯量	1500	kg/m^2
构架点头转动惯量	2500	kg/m^2
构架摇头转动惯量	2800	kg/m^2
一系纵向刚度	1.0e^7	N/m
一系横向刚度	1.0e^7	N/m
一系垂向刚度	0.6e^6	N/m
一系纵向阻尼	6000	N·S/m
一系横向阻尼	6000	N·S/m
一系垂向阻尼	6000	N·S/m
二系纵向刚度	0.15e^6	N/m
二系横向刚度	0.15e^6	N/m
二系垂向刚度	0.45e^6	N/m
二系纵向阻尼	60000	N·S/m
二系横向阻尼	60000	N·S/m
二系垂向阻尼	80000	N·S/m
轴距	2.5	m
构架重心相对于轨面高度	0.6	m
二系悬挂横向跨距	2	m
二系悬挂中心点距轨面高度	0.8	m

Step 1：在 SIMPACK 的前处理界面上点击新建模型的图标"▢"，将文件命名为"Bogie"。选择"Rail_Track"选项，并点击"OK"。将模型保存位置指定为之前创建的"Simpackmodel2020"文件夹内，确保它与轮对模型位于同一文件夹中。然后，在对话框中输入模型名称"Bogie"，如图 7–29 所示，并完成模型的保存操作。

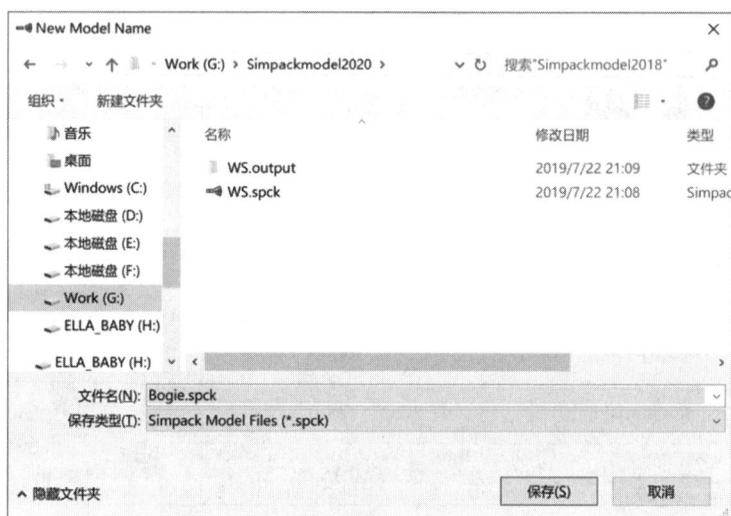

图 7-29　创建模型 Bogie

Step 2：定义构架。

在模型树中，选择 Bodies → $B_Body 并点右键，在弹出的菜单里选择"Properties..."，在弹出的对话框里输入新的名字"$B_BF"（Bogie Frame）。

Data input 选择为"Manual"，按照参数表，质量 Mass 为 3000 kg，质心位置为（0，0，–0.6），转动惯量 Ixx、Iyy 和 Izz 分别是 1500、2500 和 2800，Relative to 选择为"Center of Gravity"，并点击"OK"确定，如图 7–30 所示；接下来定义构架外形，选择 $B_BF → Geometry → $P_BF_cuboid 并双击。

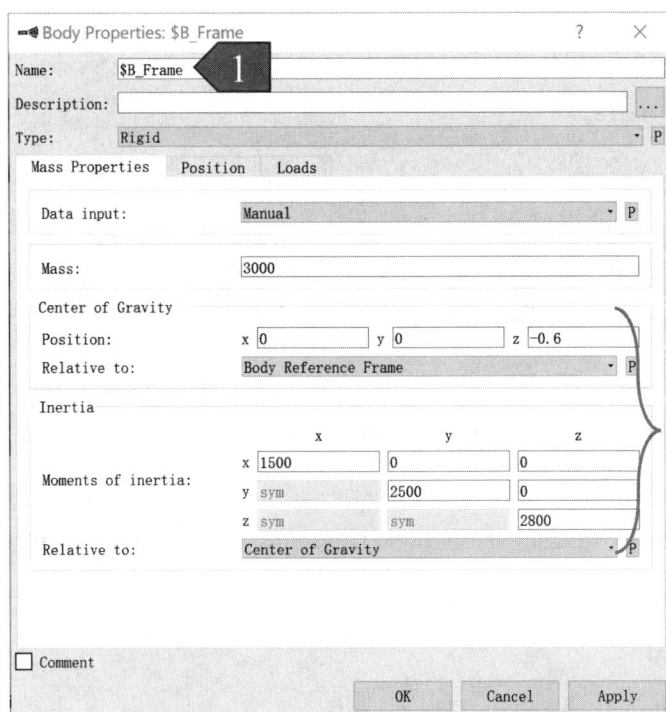

图 7-30　修改构架的基本参数

Type 中选择 22：Wheel Rail Bogie。

在 Position 中的 z 输入 –0.5；

2：Length L1=3.5

3：Length L2=1.5

4：Height H1=0.3

5：Height H2=0.15

6：Width B1=0.15

7：Distance right left=2。

如图 7-31 所示，点击"OK"完成两个侧架的几何模型定义。

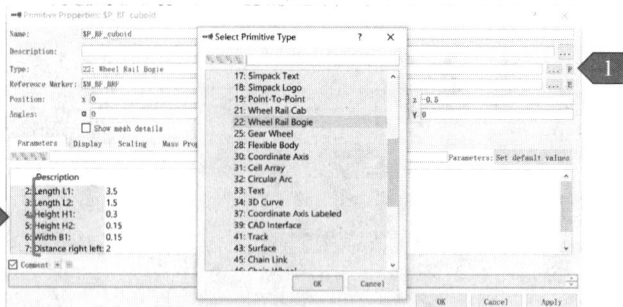

图 7-31　定义构架几何参数

如图 7-32 所示，在 Geometry 中右键 Create Primitive 建立一根梁，名称是 $P_BF_F，F 代表前横梁。

Type 选择为 1：Cuboid，在 Position 中的 x 和 z 中分别输入 0.6 和 −0.575。

参数 2：Length in X =0.15

3：Length in Y=2

4：Length in Z=0.15，点击"OK"。

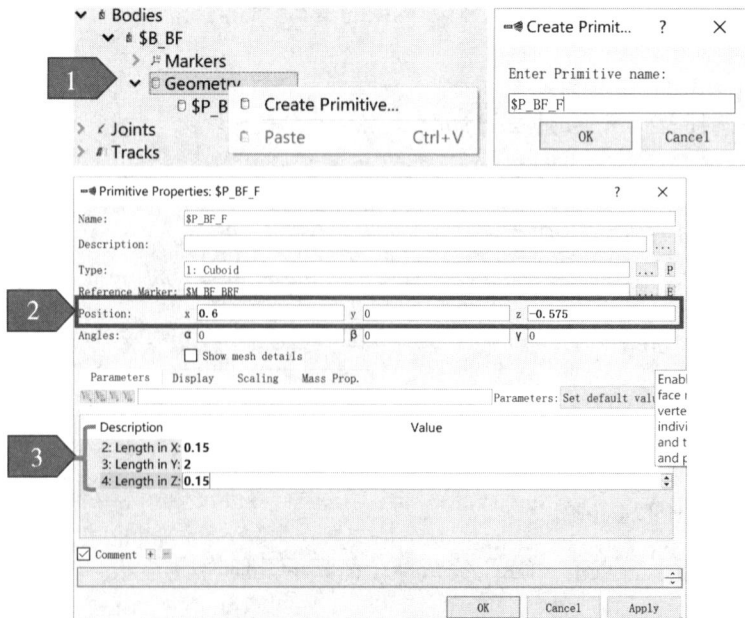

图 7-32　定义前横梁几何参数

点击前横梁 $P_BF_F，右键 Copy，然后 Paste 一份，重命名为 $P_BF_B，同时将把 Position 中的 x 由 0.6 改为 –0.6，如图 7-33 所示，并点击"OK"确定。

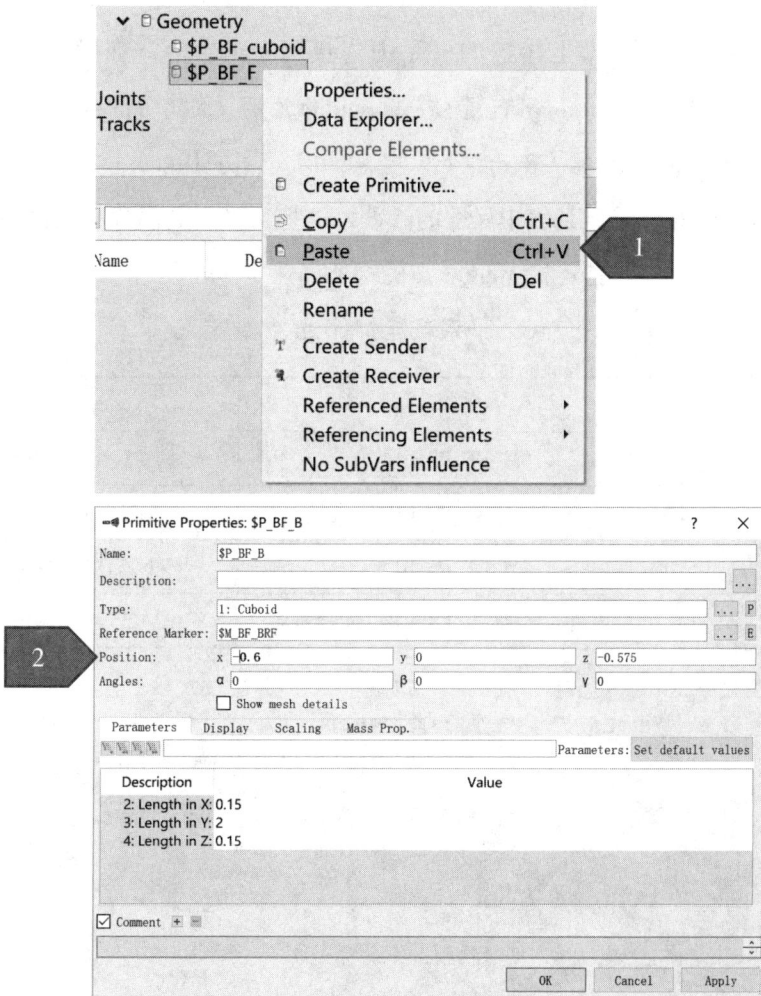

图 7-33　修改参数定义后横梁

上述步骤完成后就定义好了构架的质量属性和外形。

构架的外形参数对动力学计算没有影响，因此在此不作详细描述。在建立模型时，由于选择了"Rail_Track"类型，构架 BF 的铰接已设置为 7 号铰接，

即 "General Rail Track Joint"，这与拓扑图中的定义一致，因此无须对其进行进一步的修改。

定义一系悬挂力，需要在构架 BF 上创建相应的 Marker 点，以便连接一系力。

Step 3：定义构架上相应的一系力连接用 Marker 点。在模型树中选择 Bodies → \$B_BF → Marker，右键 Create marker，定义四个 Marker，分别在构架的前方（Front）右侧（Right）/ 左侧（Left）、后方（Back）右侧（Right）/ 左侧（Left），根据参数列表中尺寸的参数，这些 Marker 的名称和坐标如表 7-3 所示，建立了一些悬挂连接 Marker 点的构架如图 7-34 所示。

表 7-3　一系悬挂 Marker 参数定义

序号	名称	坐标
1	\$M_BF_PS_FL	（1.25，-1，-0.46）
2	\$M_BF_PS_FR	（1.25，1，-0.46）
3	\$M_BF_PS_BL	（-1.25，-1，-0.46）
4	\$M_BF_PS_BR	（-1.25，1，-0.46）

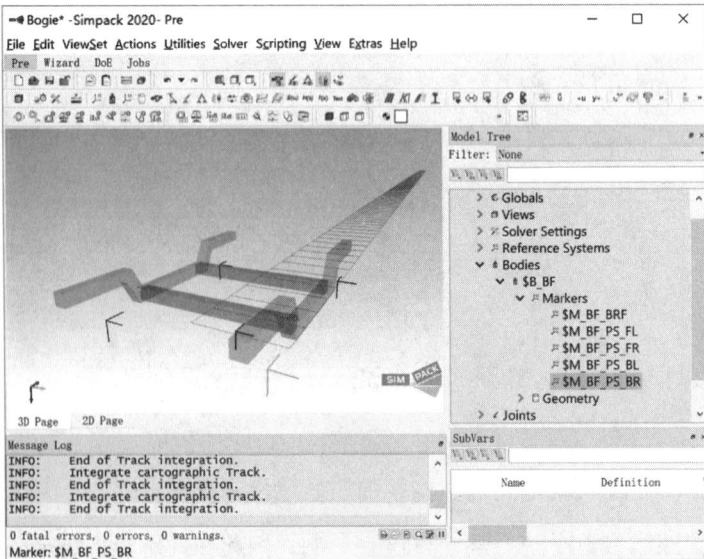

图 7-34　一系悬挂 Marker 点

车辆结构通常具有对称性，对于同一个转向架来说，两个轮对在安装位置上有所不同，但其本身的参数差异不大。因此，可以将轮对视为一个子结构，通过两次调用来将其模型导入到构架模型中。这样，便能够高效地完成转向架的建立。

Step 4：导入轮对模型。

定义 Search Path，选择 Globals → Search Path。

点击"+"，选择轮对所在的文件夹。

选中轮对模型所在的文件夹，本例中即 Simpackmodel2020，如图 7-35 所示。

点击"选择文件夹"，再点击"OK"，完成子结构路径的定义，如图 7-36 所示。

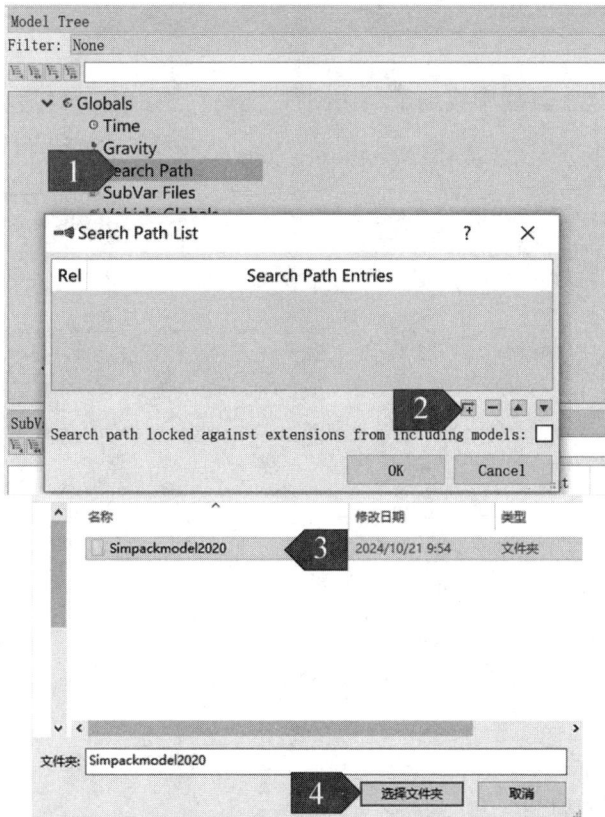

图 7-35　子结构路径定义

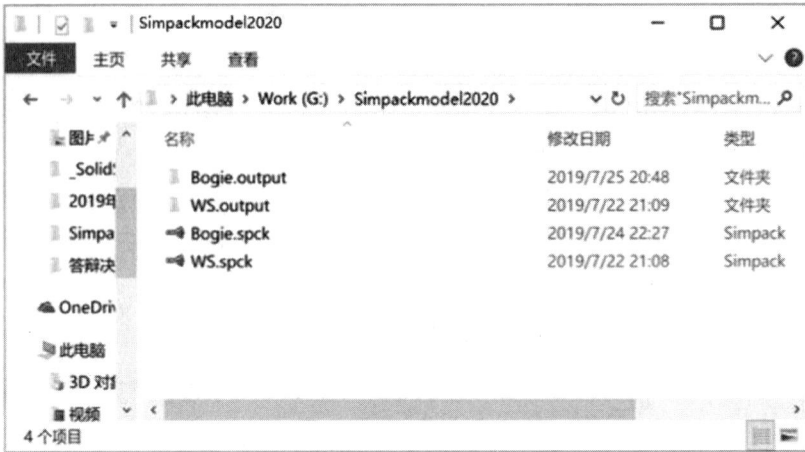

图 7-36　轮对所在文件夹

在建模元素工具栏中找到子结构图标"　"并点击，为其命名"$S_WS_F"，Filename 中选子结构模型 WS.spck，点击"OK"，如图 7-37 所示，保存模型。

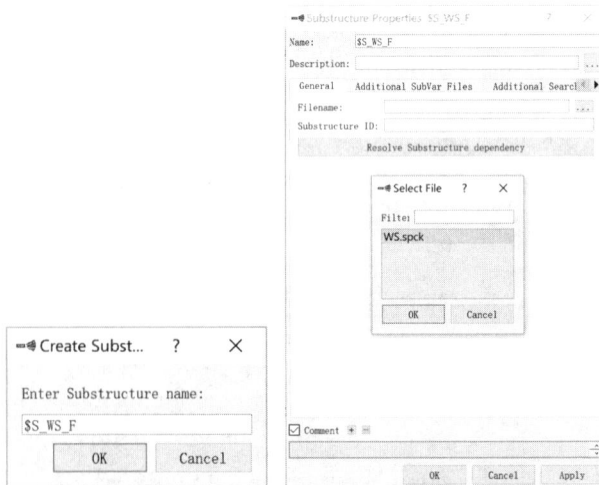

图 7-37　调用 WS_F 轮对

重复上述步骤，命名为"$S_WS_B"，Filename 中同样选子结构模型

WS.spck，点击"OK"，如图 7-38 所示，保存模型。

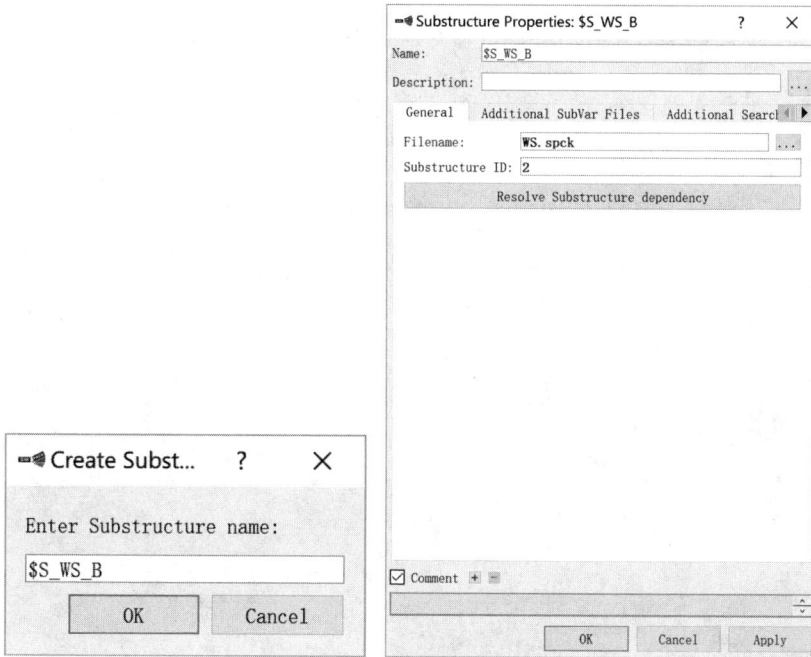

图 7-38　调用 WS_B 轮对

模型图中两个轮对目前重合在同一位置，但是从子结构列表中可以看到目前有两个轮对和一个构架。接下来定义构架的一系悬挂力。

Step 5：定义一系悬挂力。

SIMPACK 铁路模块中的力元方向采用从上至下的建立方式，即车体—构架—轮对—钢轨—轨枕—路基等。

接下来，以 $F_PS_FL 为例，进行说明，所需参数可以从本节的参数列表中查到，点击建模元素工具栏中找到力元图标"![icon]"，输入 $F_PS_FL（Primary suspension front left）作为力元名称，点击"OK"。

From Marker 选择 $M_BF_PS_FL。

To Marker 选择 $S\_WS\_F.$M_WS_L。

Type 中选择 5：Spring-Damper Parallel Cmp，Cmp 是紧凑力元的意思，可以简单理解为需要选择两个空间共点的 Marker 点，建立完成的连接弹簧 Marker 点完全重合，这也是一个基本判别模型正确与否的经验方式，请同学在这里注意。

根据一系悬挂参数（参数表中所列），对应地将连接刚度和连接阻尼分别输入（请注意科学记数法），其中 Stiffness（刚度），Damping（阻尼）如图 7-39 所示，都输入完成后点击"OK"。

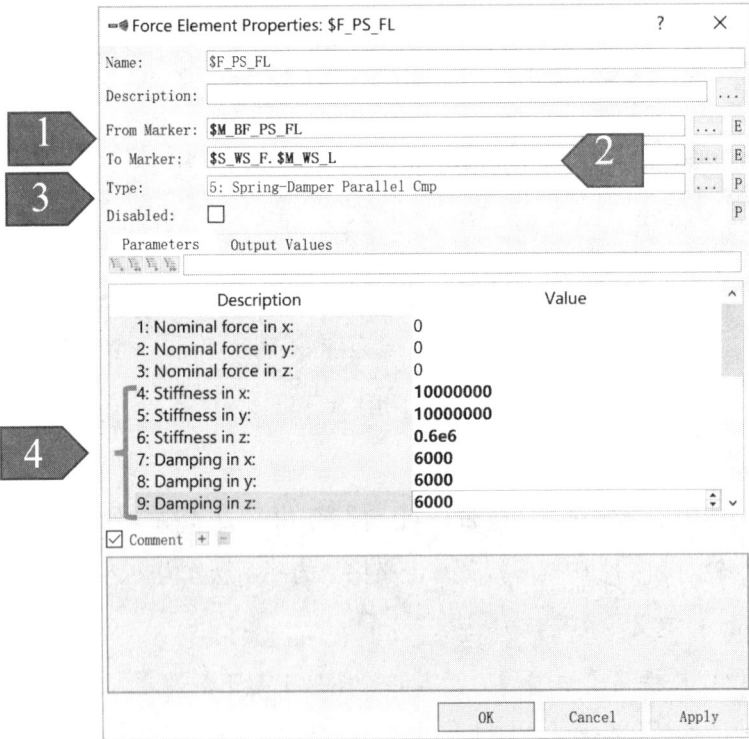

图 7-39　一系悬挂参数

复制上述力元，Paste 三次修改力元名称，修改 From Marker 和 To Marker 点，就可以完成剩下的三个一系力元建立，表 7-4 中将一系悬挂力元的名称与 From Marker 和 To Marker 列出，供参考。

表 7-4 力元连接点列表

力元名称	From Marker	To Marker
$F_PS_FL	$M_BF_PS_FL	$S_WS_F.$M_WS_L
$F_PS_FR	$M_BF_PS_FR	$S_WS_F.$M_WS_R
$F_PS_BL	$M_BF_PS_BL	$S_WS_B.$M_WS_L
$F_PS_BR	$M_BF_PS_BR	$S_WS_B.$M_WS_R

Step 6：修改铰接的初始位置。

以转向架后轮对 $S_WS_B 所在位置为起始 S=0 点，与之对应的前轮对与之距离为轴距，如图 7-40 所示；

选择子结构 Substructures 中的 $S_WS_F 的 Joints → $J_WS。

在本例中 1：s：Longitudinal position 旁边的 Pos. 中输入 2.5，即轴距。

参数输入步骤如图 7-41 所示。

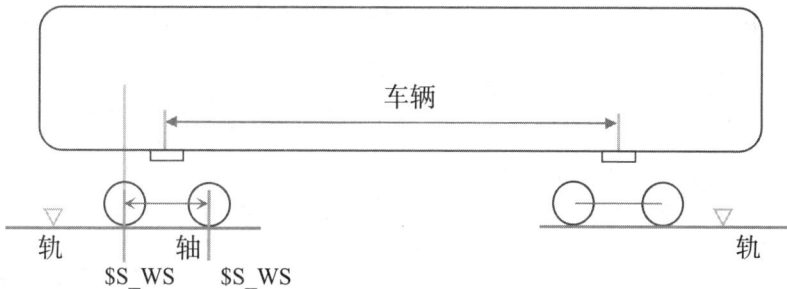

图 7-40 铰接位置示意图

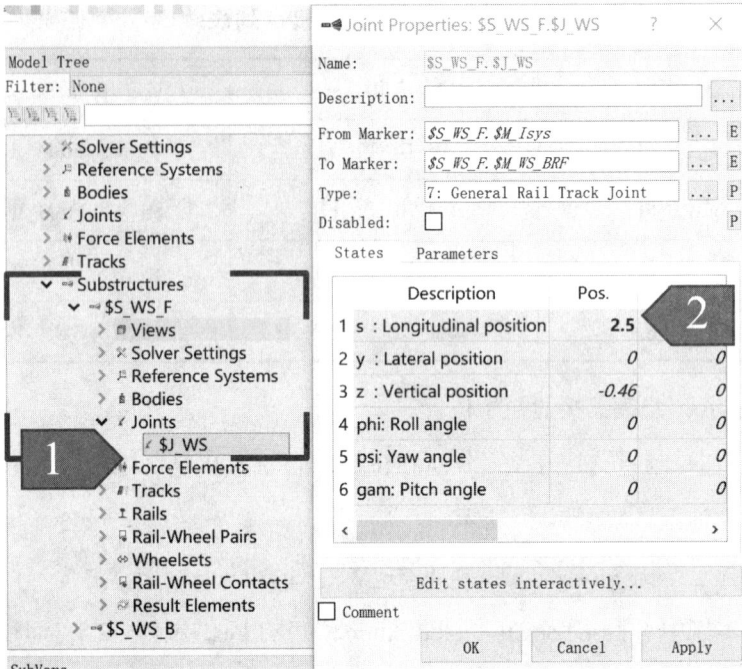

图 7-41　WS_F 轮对铰接

修正构架铰接，此时构架中心距离 WS_B，即 S=0 恰好为轴距的一半，在本例中，s=1.25，如图 7-42 所示。

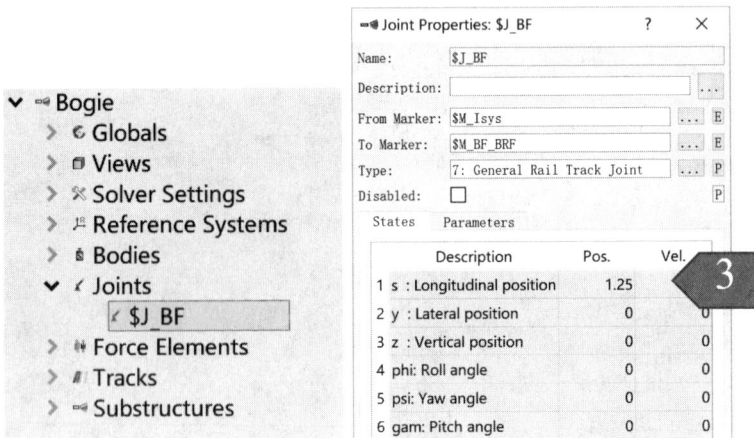

图 7-42　构架铰接

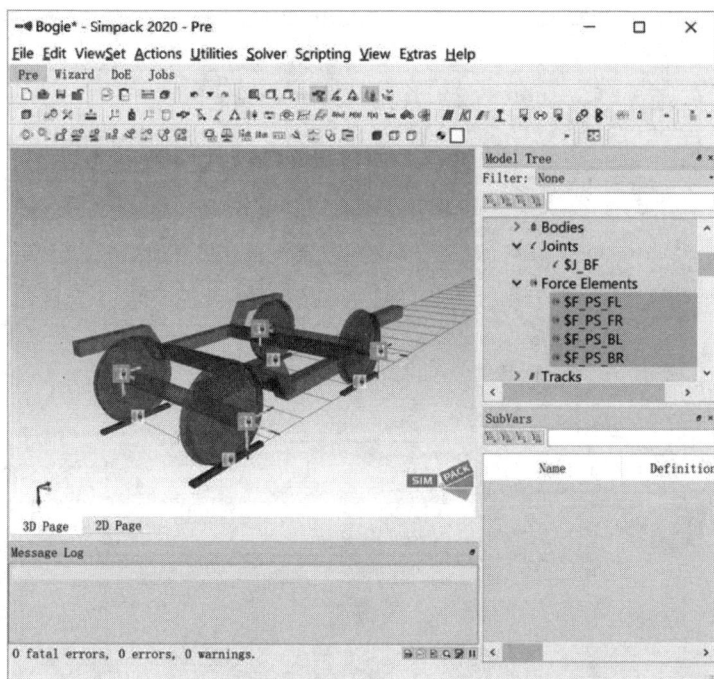

图 7-43　一系悬挂定义完成模型

如图 7-43 所示为一系悬挂定义完成的模型，接下来我们需要引入一个概念。

Step 7：定义虚物体（在目前的模型中代表车体）。

在模型树中，选择 Bodies，Create Body。

将其命名为"$B_Dummy"。

质量和转动惯量选项输入一个极小值（1e-9），质心位置选用默认选项，点击"OK"。

选择 $B_DUM 的 Geometry → $P_DUM，Type 中选择 1：Cuboid，在 2：Length in X=0.3，3：Length in Y=2，4：Length in Z=0.15，如图 7-44 所示。

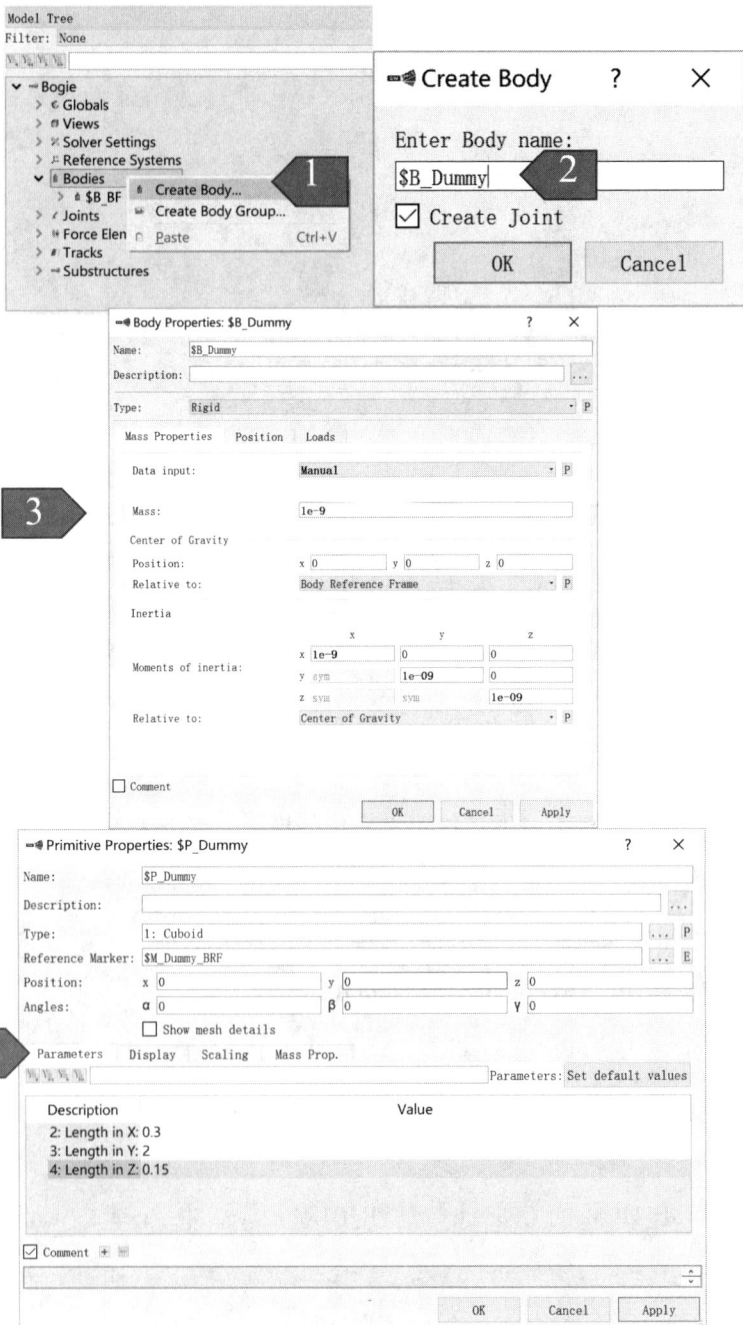

图 7-44　定义 Dummy 参数及几何

Step 8：定义二系力用 Marker。二系力作用在车体和构架之间，由于目前 Dummy 代表车体，所以在 Dummy 和构架上分别建立 Marker。

首先，在构架 BF 上进行定义。选择"Bodies"→"$B_BF"→"Markers"，创建两个 Marker，分别命名为"$M_BF_SS_L"和"$M_BF_SS_R"。它们的坐标值分别设置为（0，–1，–0.8）和（0，1，–0.8）。这里，y 轴方向的坐标值为 1，是因为二系悬挂的横向跨距为 2 m（详见参数表 7–1）；而 –0.8 则是二系悬挂中心点距离轨面的高度。

表 7–5　二系悬挂 Marker 参数定义

序号	名称	坐标
1	$M_BF_SS_L	（0，–1，–0.8）
2	$M_BF_SS_R	（0，1，–0.8）
3	$M_Dummy_L	（0，–1，0）
4	$M_Dummy_R	（0，1，0）

在虚车体 DUM 上，用同样的方式建立两个 Marker，名称分别是"$M_DUM_L"和"$M_DUM_R"，坐标值分别是（0，–1，0）和（0，1，0）。

Step 9：定义二系力。与 Step5 中定义一系力相似，名称分别是 $F_SS_L 和"$F_SS_R"，From Marker 分别是"$M_Dummy_L"和"$M_Dummy_R"，To Marker 分别是"$M_BF_SS_L"和"$M_BF_SS_R"，Type 中选择 5：Spring-Damper Parallel Cmp，根据参数表 7–1，在相应位置输入刚度和阻尼值。至此，转向架模型便构建完毕，定义完整的转向架模型如图 7–45 所示。

在目前这种状况下，转向架无法运动，需要后续调用后，才可以使用离线积分。

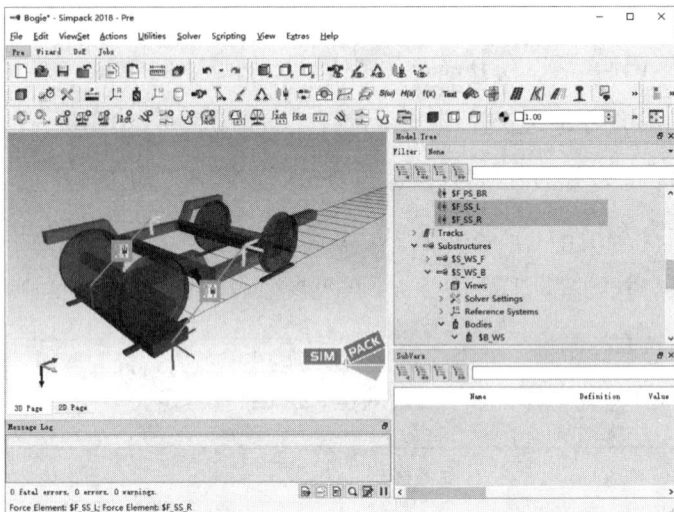

图 7-45 定义好的转向架模型

第三节 整车模型的建立

客车整车模型由车体（Vehicle）和前后转向架（BF_F/B）组成，车体的连接采用 7 号铰接来表示，拓扑结构如图 7-46 所示。在前处理界面上点击新建模型的图标""，随后选择"Rail_Track"选项，并点击"OK"。接下来，选择之前创建的文件夹作为模型的存储位置，并输入模型名称，例如"Vehicle"，然后保存模型，如图 7-47 所示。

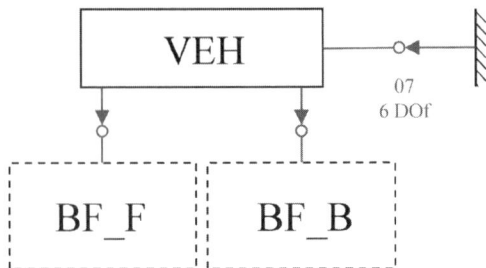

图 7-46 整车模型拓扑图

图 7-47　新建车体模型

Step 1：定义车体。

在模型树中，选择 Bodies → $B_Body 并点击右键，Rename，在弹出的对话框里输入新的名字"$B_Carbody"。

双击进入"Properties..."，Data input 选择为"Manual"，按照上表的参数，

质量：32000kg

质心位置：（0，0，-1.8）

转动惯量：Ixx=560000，Iyy=2000000 和 Izz=2000000

Relative to 选择为"Center of Gravity"，并点击"OK"确定。

定义车体外形，选择 $B_Carbody → Geometry → $P_Carbody_cuboid 并双击，如图 7-48 所示 Type 中选择 1：Cuboid，

Position 中 z=-2.2

2：Length in X=24

3：Length in Y=2

4：Length in Z=2。

由于在模型创建过程中选择了"Rail_Track"类型，车体（Carbody）的铰接已默认设置为 7 号，即"General Rail Track Joint"，这与拓扑图中的定义一

致，因此无需对其进行进一步的修改。

Parameters	Display	Scaling	Mass Prop.					

Draw style:	○ Shaded			● Wireframe				P
Shading:	● Smooth			○ Flat				P
Transparency:	0.25						∨	P

	Name	Color	r	g	b	t	
1	Base color		30	144	255	0	∨

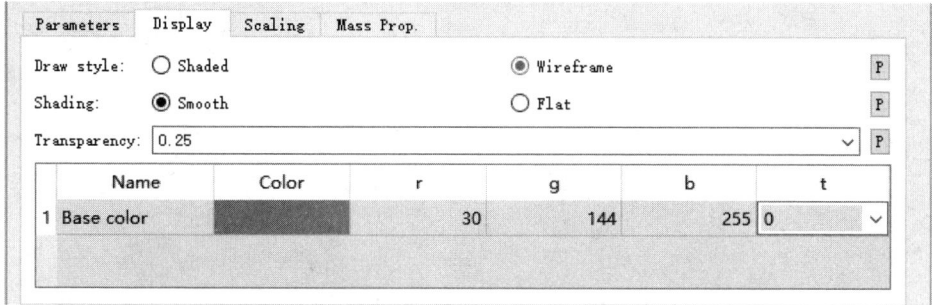

图 7-48 建立车体模型

Step 2：定义车体上 Marker。

选择 Bodies → $B_Carbody → Markers，建立两个 Marker 用于连接虚车体与转向架模型，分别为"$M_Carbody_F"和"$M_Carbody_B"，坐标值分别为（9,0,–0.8）和（–9,0,–0.8),S 轴方向输入 9，是定距之半;z 轴方向输入 –0.8，是二系悬挂中心点距离轨面高度。

Step 3：导入转向架模型。

定义 Search Path，这步与本章第二节中的 Step 4 相同，选择 Globals → Search Path，把转向架模型所在的 Simpackmodel2020 文件夹选中;

如图 7-49 所示，点击工具栏中的子结构图标" "，在出现的选项中选择子结构模型 Bogie.spck 并命名为"$S_BF_F"，点击"OK"，完成前转型架模型导入。重复上述步骤，导入后转向架模型，命名为"$S_BF_B"。至此，完成两个转向架的导入。

图 7-49　Substructure 结构选择前后两个转向架

导入两个转向架之后，整个结构模型如图 7-50 所示，目前两个转向架重合在一起，要完成整个模型的建立，就需要将所有结构的 Joint 修改至合理位置，如图 7-51 所示，以 BF_B 的后轮对 WS_B 为原点，即 S=0，在此基础上修正所有 Joint 的 S 方向的参数。

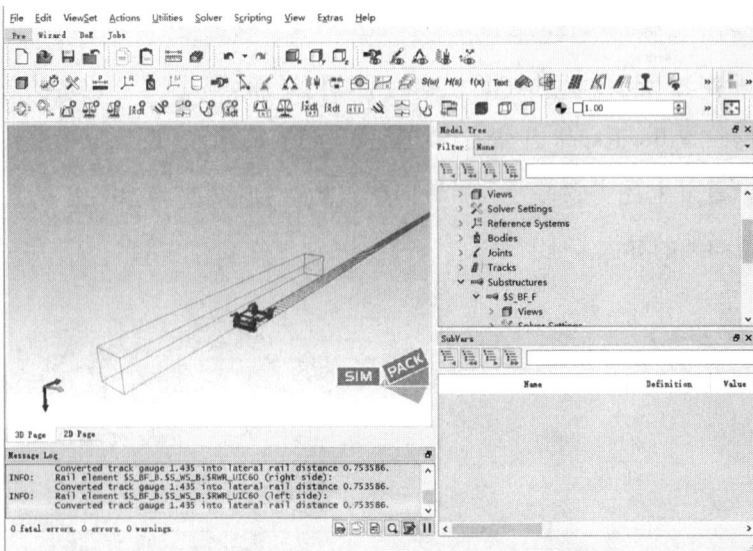

图 7-50　导入转向架后的整车模型

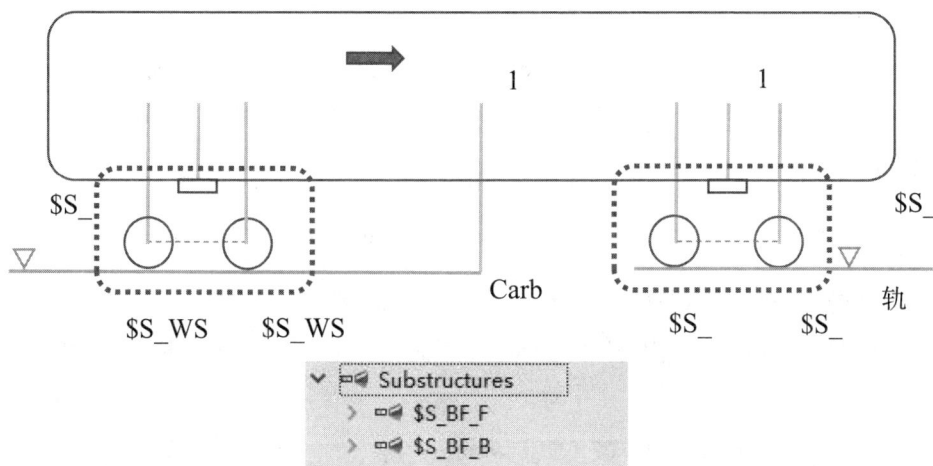

图 7-51　整车 Joint 参数

Step 4 ：进行整车铰接 Joint 的修改。

根据图 7-51，从 S=0 开始依次选取相应的 Joint 进行参数修正。

$S_BF_B → Substructure → $S_WS_B → Joints → $J_WS

s：Longitudinal position=0。

$S_BF_B → Joints → $J_BF　s：Longitudinal position=1.25。

$S_BF_B → Substructure → $S_WS_F → Joints → $J_WS

s：Longitudinal position=2.5。

Vehicle → Joint → $J_Carbody　　s：Longitudinal position=10.25。

$S_BF_F → Substructure → $S_WS_B → Joints → $J_WS

s：Longitudinal position=18。

$S_BF_F → Joints → $J_BF　　s：Longitudinal position=19.25。

$S_BF_F → Substructure → $S_WS_F → Joints → $J_WS

s：Longitudinal position=20.5。

完成上述步骤后，需要将两个 Dummy 回归到自己的位置上，由前述对 Dummy 的介绍可以得到，选择车体定义的连接转向架中心点的坐标，即可以将其归位。

前转向架 $S_BF_F → Joint → $J_Dummy，如图 7-52（a）所示，

FromMarker：$M_Carbody_F

To Marker：$S_BF_F.$M_Dummy_BRF。

后转向架 $S_BF_B → Joint → $J_Dummy，如图 7-52（b）所示，

FromMarker：$M_Carbody_B

To Marker：$S_BF_B.$M_Dummy_BRF。

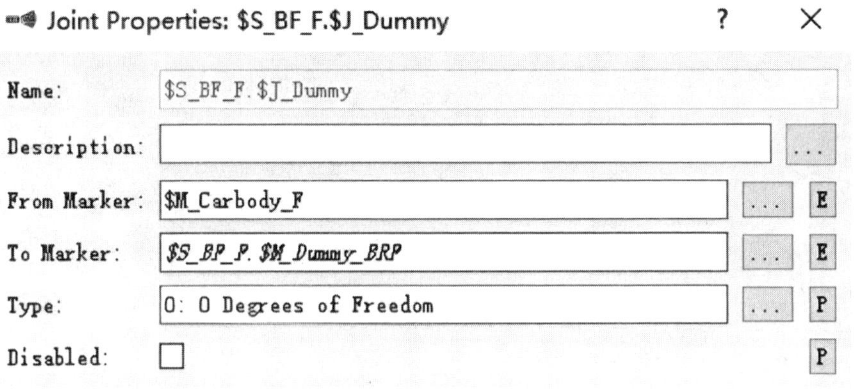

（a）

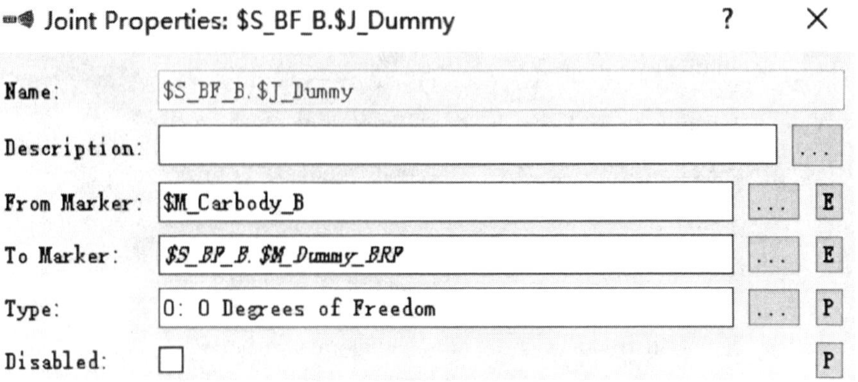

（b）

（a）前转向架的 Joint 修正 （b）后转向架 Joint 修正

图 7-52　Dummy 的 Joint 修正

上述内容完成后，整车模型的建立基本完成。如图 7-53 所示。

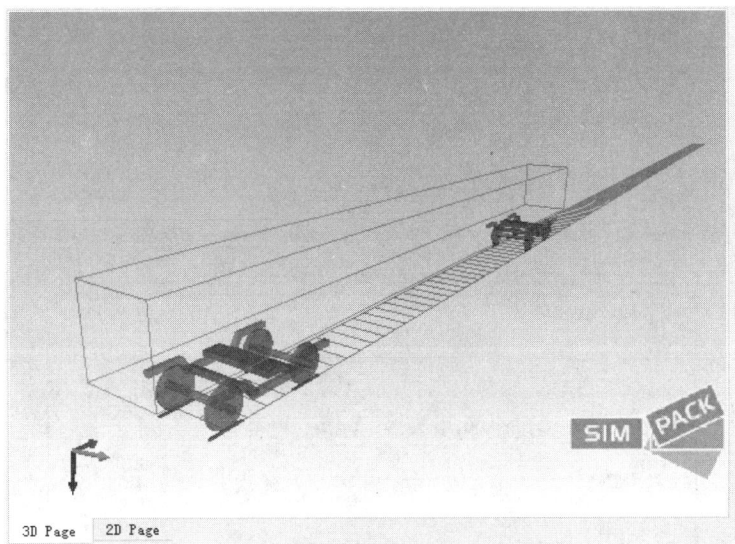

图 7-53　整车模型

在模型树中选择 Globals → Vehicle Globals 检查模型是否正确，定义 Vehicle initial velocity 为 5（默认单位 m/s），点击 "OK" 后，点击在线积分 " $\int \dot{x} dt$ "，可以看到模型可以向前运动。

第四节　名义力计算

模型完成后，已经赋予了初始速度并能够正常运行。接下来的任务是为垂直方向的弹簧设置适当的预载，并进行预载计算，也就是名义力的计算，即 Preload 计算。

Step 1：设置整车模型的速度并进行预载计算。根据预载的定义来调整模型参数。预载是指在系统达到平衡状态时，将系统保持平衡所需要施加的力。如图 7-54 所示，将 "Vehicle initial velocity" 调整为 0 m/s。调整完毕后，点击

"OK"，并保存模型。

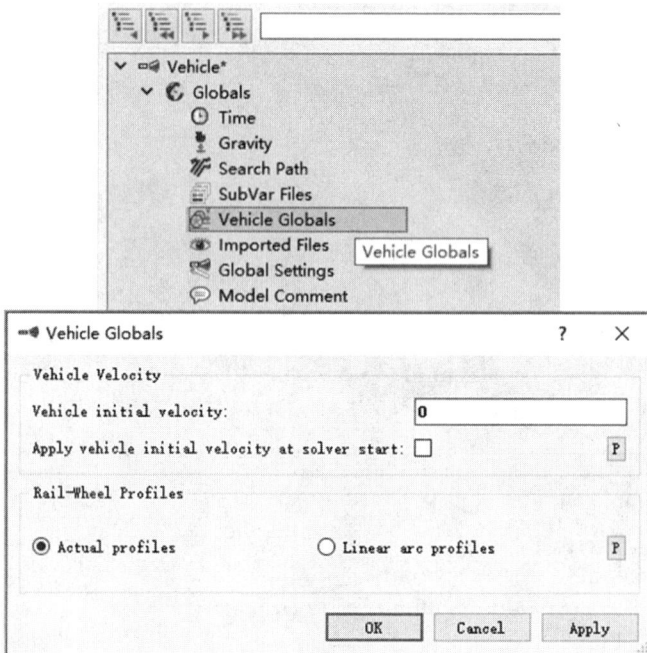

图 7-54　定义整车模型初速度

Step 2：Preload 计算。点击 Preload "⚙"，出现的界面如图 7-55 所示。

在模型静止状态下，由于其完全相对于中心对称，因此各个力的作用仅限于垂直方向的预载。这意味着我们需要计算 "Force Elements" 下各个力元的名义力（Nominal force in z）。为了启动计算，将各个力的 "Nominal force in z" 的 "Calculate" 状态设置为 "Yes"，具体步骤如图 7-55 所示。

上述状态选项更改完毕后，点击界面左下方的 "Perform Preload calculation" 按钮启动预载计算。计算结果显示，模型中最大的残余加速度为 "Maximum residual acceleration in Modal is joint.st.acc（3）：$S_BF_F.$S_WS_F.$J_WS（z：Vertical position）=5.61689e-010"，这一数值远小于 0.001 m/s²，表明模型已经达到平衡状态。

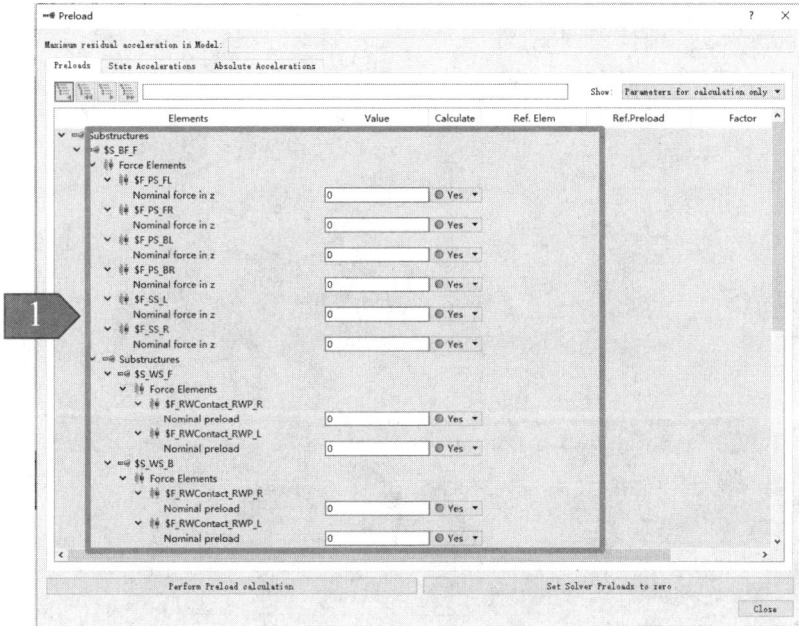

图 7-55　Preload 计算设置

在计算结果中，参与计算的垂向力在相同位置的数值应该高度一致，这符合实际情况。如果发现这些数值异常，可进一步通过点击图 7-56 中的"State Acceleration"和"Absolute Acceleration"查看。根据加速度的数值，可以定位到潜在的错误源。检查完毕后，点击"Close"关闭该界面。随后，打开子结构中参与预载计算的各个力元，此时在"Nominal force in z"中已经显示了初始载荷，如图 7-57 所示。

如果计算有误，可以选择 Set Solver Preloads to Zero。

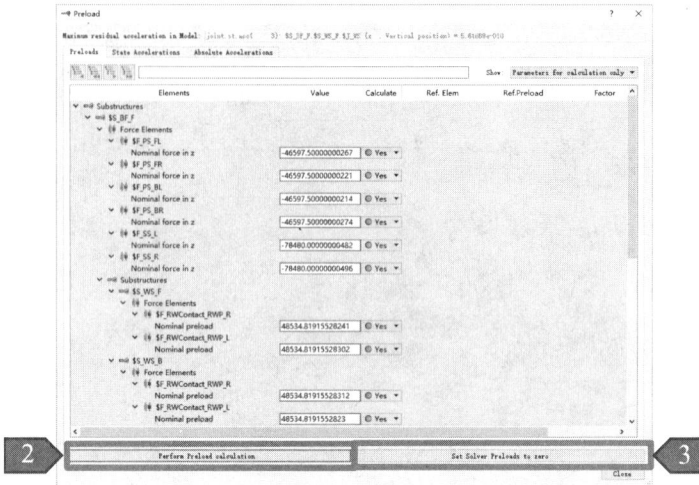

图 7-56　Preload 计算结果

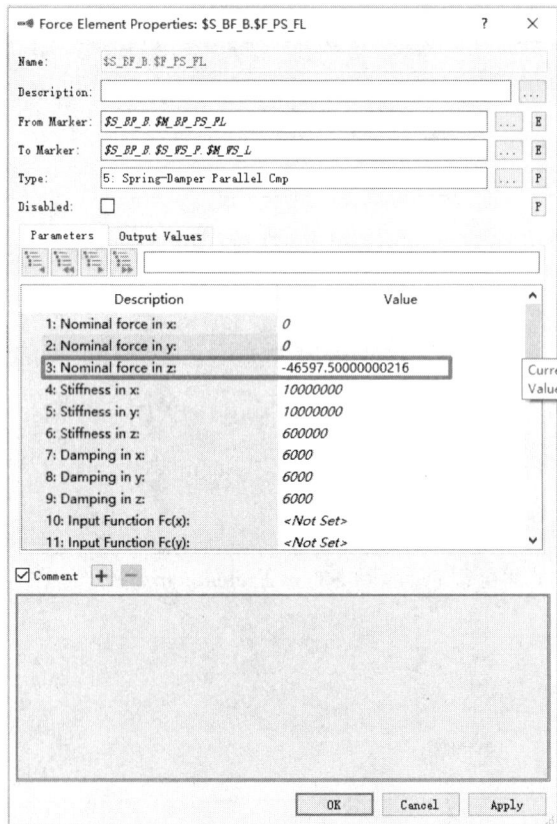

图 7-57　名义力 Preload 计算结果

计算验证：

请大家根据建立的模型参数计算出轮轨接触点的垂直方向接触力大小，并与软件计算结果进行对比，将两个计算结果进行整理并验证。

第五节　轨道线路输入

一、线路平面定义

接下来，通过软件定义来学习如何构建一条完整的线路模型。该模型由直线段、缓和曲线段、曲线段、缓和曲线段以及直线段依次连接而成。以下将以图示为例，详细说明构建步骤：

（1）在 Vehicle 的模型树中选择 Tracks → $Trk_Track，如图 7-58，出现如图 7-59 所示的定义界面。

（2）线路的定义类型分为 Cartographic 和 Measured 两类，这里选择 Cartographic。

Horizontal 包含直线 STR、圆曲线 CIR 和缓和曲线 CLO、BLO、SIN、COS 六种曲线选项。如果需要对曲线选项进行编辑，对话框下方的 "+" 为添加线路类型，"−" 为删除线路类型。

直线在 SIMPACK 动力学软件中的定义比较简单。由于之前在生成轮轨关系时，已经将轨距、轨底坡等参数定义完成，那么与直线相关的参数就仅剩下距离，直线:Straightline，因此在定义中一般选取 STR 来代表，如图 7-59 所示。

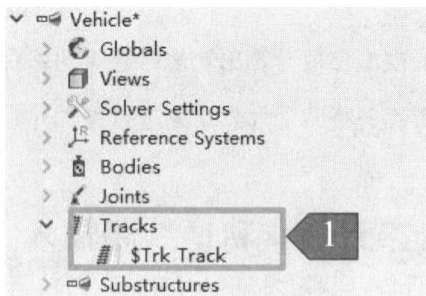

图 7-58　线路定义

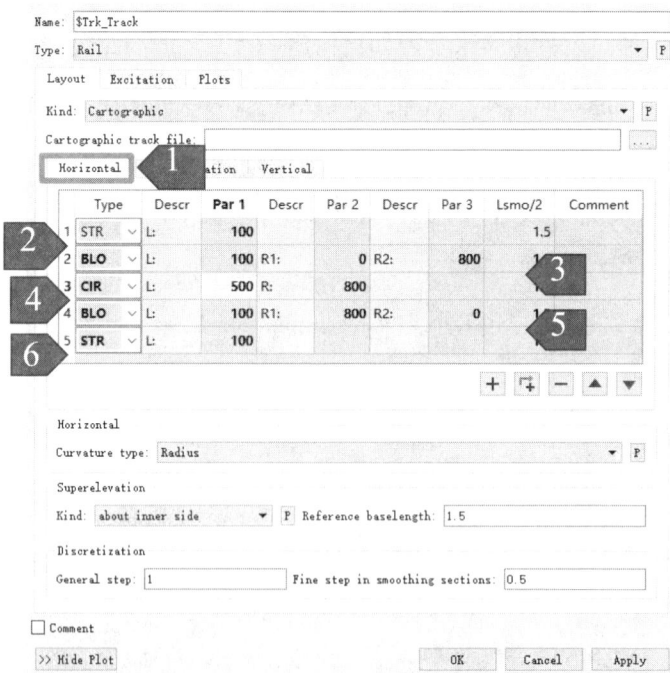

图 7-59　曲线线路平面定义

1STR–L：–Par 1=100，此处为设置 100 m 长的直线；BLO–L：–Par 1=100，设置 100 m 长的缓和曲线；Descr R1：–Par 2=0，R2：–Par 3=800。

根据《GB50090–2006 铁路线路设计规范》，直线与圆曲线之间应通过三次抛物线型的缓和曲线进行连接。在 SIMPACK 软件中，选择缓和曲线类型时，应优先选择 BLO（三次曲线变化）类型。在定义缓和曲线时，应在"Par 1"中输入缓和曲线的长度，长度根据缓和曲线定义来确定。"Par 2"表示缓和曲线起始点（即直线段）的曲率，由于直线的曲率是无穷大，因此这里应输入 0。"Par 3"表示缓和曲线终点（即圆曲线段）的半径，其输入值与圆曲线的曲率匹配。

CIR-L：-Par 1=500，设置长度为 500 m 的圆曲线；Descr R：-Par 2=800；圆曲线 CIR 上，Par 1 指其长度，Par 2 指其曲线半径。4 BLO-L：-Par 1=100，设置长度为 100 m 的缓和曲线；Descr R1：-Par 2=800，R2：-Par 3=0。

STR-L：-Par 1=100，此处为设置 100 m 长的末端直线；完成上述定义，可以点击 Apply，左侧会出现线路的平面图。

二、线路超高定义

由于在曲线线路存在外轨超高，根据设定线路的曲线半径和通过速度，可以相应地设置超高，点击如图 7-60 所示的 Superelvation，定义曲线的超高。

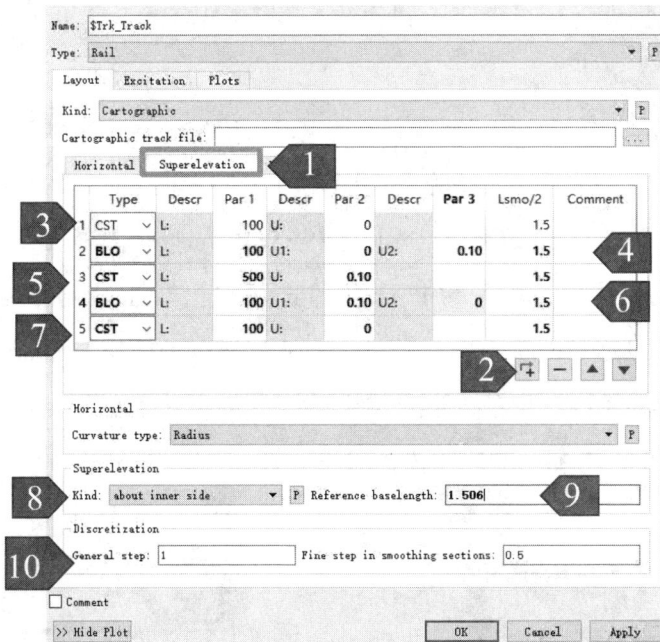

图 7-60　线路超高定义

Type 中包含了 CST（超高恒定）、LIR（超高变化）、BLO（正弦曲线变化）、SIN（正弦变化）和 COS（余弦曲线变化）五种不同的选择，曲线线路平面定义与线路超高定义中，Par 1 处数值相同，如图 7-59 和图 7-60。

（1）点击 Superelevation。

（2）点击"+"增加之前 Horizontal 相同的线路，设定线路长度 Par 1，U1：和 U2：分别代表外轨超高的高度，注意单位是 m，外轨超高值的计算参考式（6-1）。

（3）直线 CST 定义，其中线路长度 Par 1=100 m，直线区段无外轨超高，Par 2=0 m。

（4）缓和曲线 BLO 定义，线路长度 Par 1=100 m，缓和曲线起始的超高值 Par 2=0 m，末端的超高即为圆曲线的超高值 Par 3=0.1 m（在本例中，以 82.3km/h 速度通过 800 m 半径曲线，得到的外轨超高值，同学们可依据自己的线路设计进行设定）。

（5）圆曲线定 CST 定义，圆曲线长度 Par 1=500 m，恒定的外轨超高 Par 2=0.1 m。

（6）缓和曲线 BLO 定义，线路长度 Par 1=100 m，缓和曲线起始的超高值 Par 2=0.1 m，曲线末端由于接的是末端直线，所以超高 Par 3=0 m。

（7）末端直线 CST 定义，直线长度 Par 1=100 m，Par 2=0 m。

（8）超高类型有三种可供选择的选项：相对于轨道中心线（about centerline）、相对于内轨（about inner side）和相对于外轨（about outer side）。图 7-61 为相对于内轨的超高情况，图 7-62 为相对于轨道中心线的超高情况。我国铁路通常采用的是相对于内轨的超高设置。

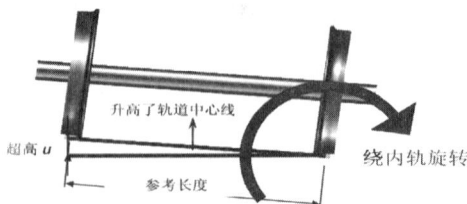

图 7-61 相对于内轨超高　　图 7-62 相对于轨道中心线超高

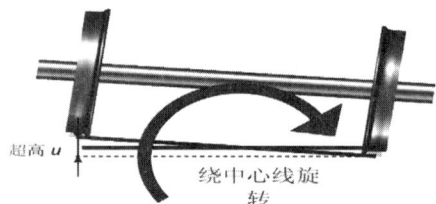

（9）Reference Baselength 是超高的参考长度，设置为 1.506，即标准轨道。

（10）General step 指普通线路离散的长度，Fine step in smoothing sections 指过渡线路离散的长度。

完成上述参数定义后，点击 Apply。

三、线路竖曲线定义

竖曲线，顾名思义就是上坡或者下坡的线路。如果在设定中有这样的线路需求，则可以根据前面平面线路模型的设计分为直线段—过渡段—斜坡段—过渡段—直线段等五部分，

点击 Vertical，如图 7–63 所示，Type 中包含恒定斜率 CSL、斜率线性变化 PL2 以及斜率沿圆曲线变化 CIR。本教材模型中仅使用了恒定斜率 CSL 和斜率沿圆曲线变化 CIR，接下来将对这两种类型进行介绍。

（1）直线段，斜率为 0，一般 Type 中选择 CSL，Par 1 中输入对应线路长度，在本例中为 100 m，Par 2 中输入斜率 0。

（2）过渡段，斜率由 0 逐渐变化为斜坡段的斜率值，故 Type 中选择 CIR（推荐使用），Par 1 中输入长度过渡曲线长度（本例中为 100 m），Par 2 中输入初始斜率 0，Par 3 中输入终止斜率（本例中为 0.1）。

（3）斜坡段，斜率为固定值，故 Type 中选 CSL，Par1 中输入本例所选取的长度 500 m，Par 2 中输入斜率 0.1。

（4）过渡段，斜率由斜坡段的斜率值逐渐变化为 0，故 Type 中选择 CIR（推荐使用），Par 1 中输入本例所选取的长度 100 m，Par 2 中输入初始斜率 0.1，Par 3 中输入终止斜率 0。

（5）直线段，斜率为 0，所以 Type 中选择 CSL，Par 1 中输入本例中的长度 100 m，Par 2 中输入斜率 0。

定义好的竖曲线如图 7–64 所示。

图 7-63　线路竖曲线定义

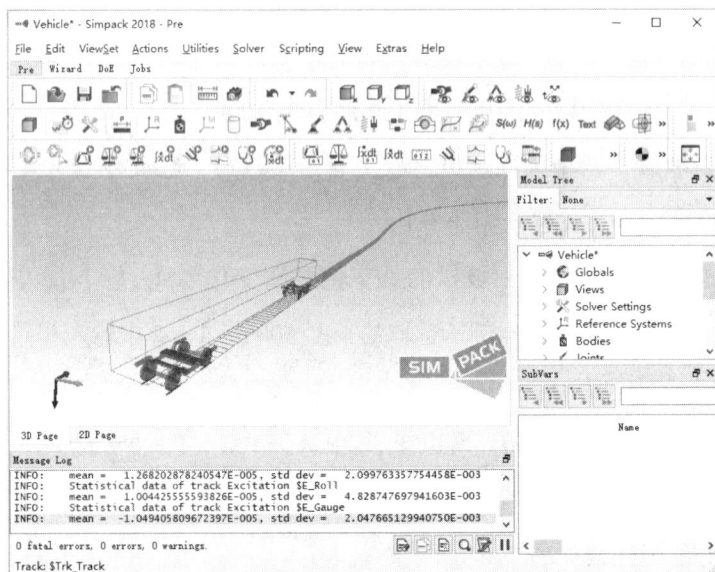

图 7-64　定义好线路的模型

第六节　轨道不平顺功率谱输入的实现

上述这些随机不平顺，在 SIMPACK 中都可以作为激励的形式作用在整车上，在线路不平顺的设置中有以下两种，这两种是将上述的四种不平顺分为两大类：Track-related 和 Rail-related。

轨道不平顺一般来说分为两类，在 SIMPACK9 以上的版本中，可以有两种方式定义轨道不平顺：

（1）读入已有的轨道不平顺的文件，TRE 文件。

（2）利用已有的 PSD 公式生成轨道不平顺。

下面两节内容将以 AAR5 级谱为例，介绍如何采用这两种方式生成轨道不平顺。

1. TRE 文件生成轨道不平顺谱

Step 1：将 AAR5.tre 文件复制到软件安装目录下。本例中安装目录在 C 盘下，因此路径为 C:\Simpack-2020\defaults\database。

TRE 文件选择过程如图 7-65 所示，有下面三个步骤：

在建模元素工具栏中点击"![icon]"，建立输入函数列，名称为 AAR5，点击"OK"。

点击"![...]"进行选择。

选择激励 AAR5.tre，再点击"OK"确定。

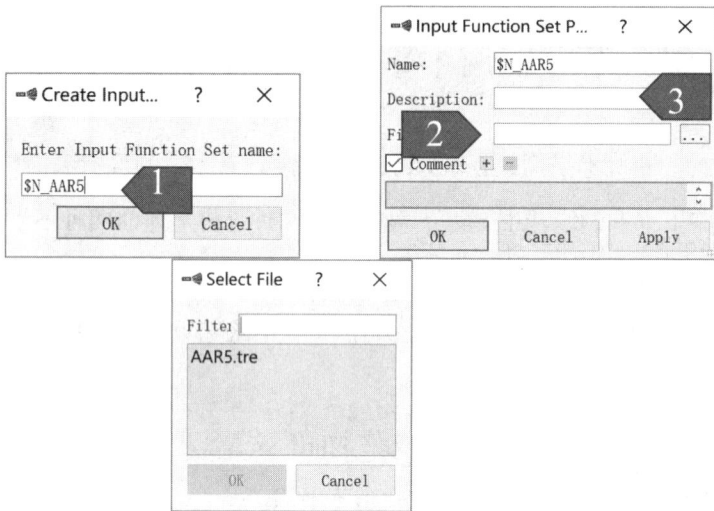

图 7-65　TRE 文件选择过程

在模型树中，选择 Input Functions → $N_AAR5，轨道不平顺的输入函数有横向、垂向、侧滚和轨距四项，如图 7-66 所示。

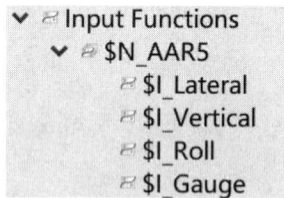

图 7-66　轨道不平顺输入函数

上述函数不能直接进行加载，还需要利用输入函数新建用于分析的四个轨道不平顺激励文件，名称分别为 Lateral，Vertical，Roll，Gauge，名称分别对应 TRE 文件读入的函数。

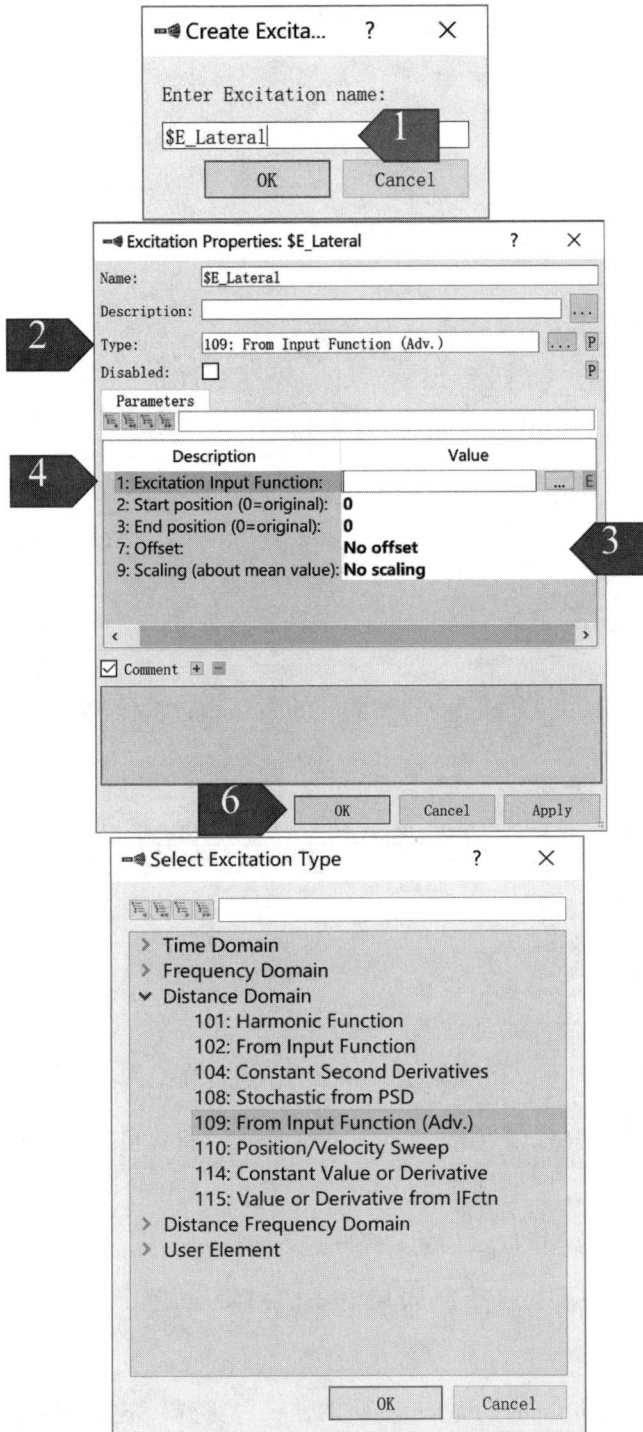

Create Excita...　？　✕

Enter Excitation name:

$E_Lateral

1

OK　　Cancel

Excitation Properties: $E_Lateral　？　✕

Name:　　　　$E_Lateral

Description:　　　　　　　　　　　　　　　...

2　Type:　　109: From Input Function (Adv.)　　...　P

Disabled:　☐　　　　　　　　　　　　　　P

Parameters

Description	Value
1: Excitation Input Function:	... E
2: Start position (0=original):	0
3: End position (0=original):	0
7: Offset:	No offset
9: Scaling (about mean value):	No scaling

4

3

☑ Comment ＋ ▬

6　OK　　Cancel　　Apply

Select Excitation Type　？　✕

> Time Domain
> Frequency Domain
∨ Distance Domain
　　101: Harmonic Function
　　102: From Input Function
　　104: Constant Second Derivatives
　　108: Stochastic from PSD
　　109: From Input Function (Adv.)
　　110: Position/Velocity Sweep
　　114: Constant Value or Derivative
　　115: Value or Derivative from IFctn
> Distance Frequency Domain
> User Element

OK　　Cancel

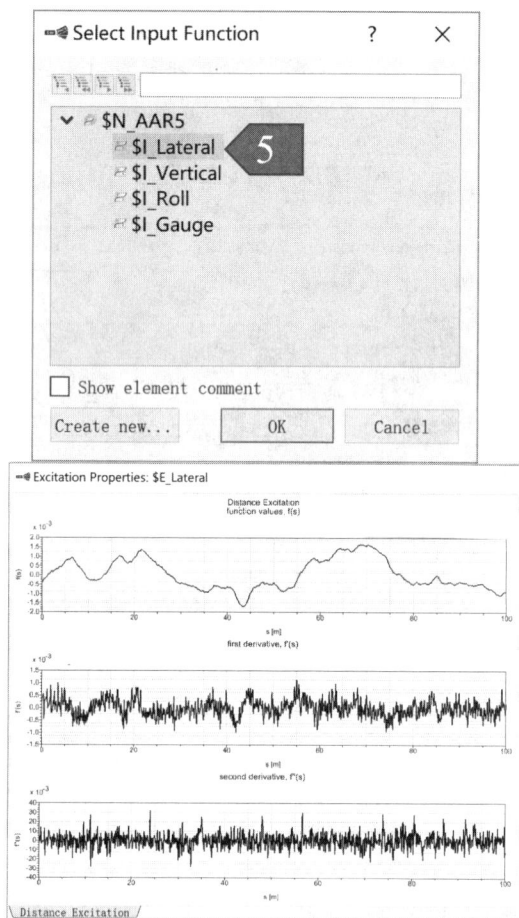

图 7-67　定义 Lateral 激励

Step 2：以横向 Lateral 激励定义界面为例进行介绍，步骤如图 7-67 所示。

在建模元素工具栏中点击"〰"，进行激励文件命名，输入 $E_Lateral 点击"OK"。

在定义界面中点击 Type 后的"…"进行选择。

在出现的选项中选择空间域 Distance Domain 里面的 109：From Input Function（Adv.）。

在 1：Excitation Input Function 后面的"…"，选择 $N_AAR5 → $I_Lateral，

点击"OK"。

点击 Apply，出现横向激励函数。

图 7-67 中，利用 7：Offset 可以对轨道不平顺曲线进行移动，利用 9：Scaling（about mean value）可以对轨道不平顺曲线进行缩放，但是，对于确定的激励，如实测的轨道不平顺，这两项一般不用。通过上述方法，可以分别定义三种轨道不平顺：垂向不平顺 $E_Vertical、侧滚不平顺 $E_Roll 和轨距不平顺 $E_Gauge。在"Excitation Input Function"中，选择输入函数列表 $N_AAR5 下的 $I\_Vertical、$I_Roll 和 $I_Gauge，按照上述步骤进行操作即可完成定义。

Step 3：施加轨道不平顺 Track-relatad。

在模型树中选择 Tracks → $Trk_Track。

选择 Excitation。

Kind 下有 Track-related 和 Rail-related 两类，选择 Track-related。

点击"▭"，分别在 Excitationl lateral 等处把 $E\_Lateral、$E_Vertical、$E\_Roll、$E_Gauge 等激励选入。

"Start position"表示激励开始的位置，"Fade-in/out length"指的是激励开始和终止位置的平滑过渡长度，而"End position"则是激励终止的位置。通过这些设置，可以使用现有的 TRE 文件来准确定义与轨道相关的激励，如图 7-68 所示。

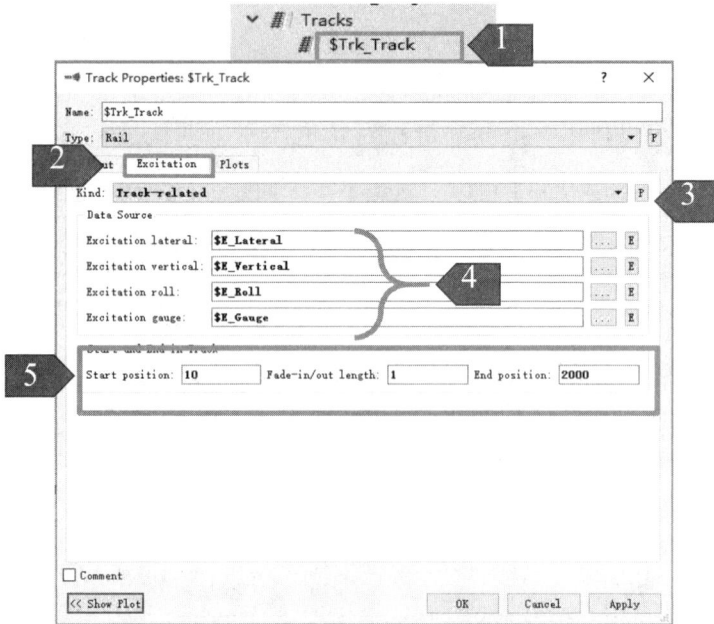

图 7-68　施加 Track-related 轨道不平顺

用同样的方法，可以读入 TRE 文件定义 Rail-related 的轨道不平顺，这里不再赘述。

2. PSD 生成轨道不平顺谱

以 AAR5 级谱（高低不平顺）为例，进行 PSD 功率谱生成时域曲线的方法介绍，首先如式（7-1）所列，将表 7-6 对应参数代入可得式（7-2）。

表 7-6　美国轨道谱典型轨道几何不平顺的参数

参数		各级轨道参数值					
符号	单位	6	5	4	3	2	1
A_v	$cm^2 \cdot (rad/m)$	0.0339	0.2095	0.5376	0.6816	1.0181	1.2107
A_a	$cm^2 \cdot (rad/m)$	0.0339	0.0762	0.3027	0.4128	1.2107	3.3634
Ω_s	rad/m	0.4380	0.8209	1.1312	0.8520	0.9308	0.6046
Ω_c	rad/m	0.8245	0.8245	0.8245	0.8245	0.8245	0.8245

$$S_v(\Omega) = \frac{kA_v\Omega_c^2}{\Omega^2\left(\Omega^2 + \Omega_c^2\right)}\left[\mathrm{cm}^2/(\mathrm{rad}/\mathrm{m})\right] \tag{7-1}$$

$$S_v(\Omega) = \frac{0.25 \times 0.2095 \times 0.8245^2}{\Omega^2\left(\Omega^2 + 0.8245^2\right)} = \frac{0.035604538094}{\Omega^2\left(\Omega^2 + 0.67980025\right)}\left[\mathrm{m}^2/(\mathrm{rad}/\mathrm{m})\right] \tag{7-2}$$

由于 SIMPACK 中采用的是标准单位，所以将 cm 换算成 m，并进行整理得：

$$S_v(\Omega) = \frac{3.5604538094 \times 10^{-6}}{\Omega^4 + 0.67980025\Omega^2}\left[\mathrm{m}^2/(\mathrm{rad}/\mathrm{m})\right] \tag{7-3}$$

点击 $S(\omega)$ Create Power Spectral Density。

输入定义的名称 $PSD_AAR5_Vertical 点击"OK"。

PSD 定义的方式有三种：1：By Polynomial Quotient，2：By Input Function，3：Predefined。其中 1 表示多项式，2 表示输入函数，3 表示已经定义的（自带德国谱）在这里选择 1 多项式进行定义。

1：Numerator degree=0，表示分子的阶数式（7-4）中分子仅为常数，所以这里填写 0

$$S_c(\Omega) = \frac{(A_v/b^2)\cdot\Omega_c^2\Omega^2}{\left(\Omega^2 + \Omega_r^2\right)\left(\Omega^2 + \Omega_c^2\right)\left(\Omega^2 + \Omega_s^2\right)}\left[\mathrm{m}^2/(\mathrm{rad}/\mathrm{m})\right] \tag{7-4}$$

2：Numerator denominator=4，表示分母的阶数，式（7-4）中分母的最大阶数是 4

3：Representation of independent= 角频率（Angular frequency）

4：Free factor alpha=2*pi［beta=sqrt（2*pi）］

5：Sides=One-side；功率谱是偶函数，分为单边谱和双边谱，一般选择单边谱来表示

10：Numerator.coeff.for degree 0= 3.5604538094×10⁻⁶，分子常数的系数

20：Denomin. coeff.for degree 0=0，分母的常数系数

21：Denomin. coeff.for degree 1=0，分母的一次项系数

22：Denomin. coeff.for degree 2= 0.67980025，分母的二次项系数

23：Denomin. coeff.for degree 3=0，分母的三次项系数

24：Denomin. coeff.for degree 4=1，分母的四次项系数

完成上述共 14 步的定义，点击"Apply"，左边即出现单边功率谱密度的形状，如图 7-69 所示。

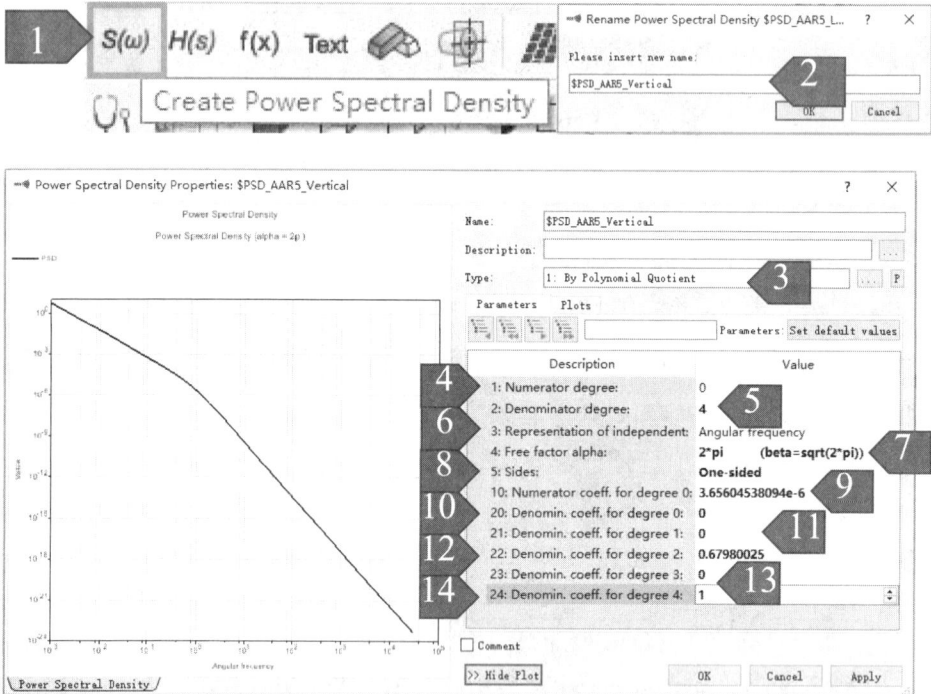

图 7-69　PSD 功率谱密度定义

接下来定义轨道不平顺时域曲线，如图 7-70 所示。

点击 Create Excitation。

根据前述的 PSD 定义 Excitation 的名称"$E_AAR5_Vertical"。

点击 Type：选择 Distance Domain 中的 108：Stochastic from PSD。

2：Random generator start value 设置为 1。根据定义，与轨道相关的激励（Track-related）包括垂向（Vertical）、横向（Lateral）、轨距（Gauge）和侧滚

（Roll），它们分别对应数值1、2、3、4；而与轨道相关的激励（Rail–related）则包括右轨/左轨的垂向和横向激励，分别对应数值1、2、3、4。在本例中，之前定义的功率谱密度（PSD）是针对垂向高低不平顺的，因此在这里应选择数值1

  3：Power Spectral Density=$PSD_AAR5_Vertical

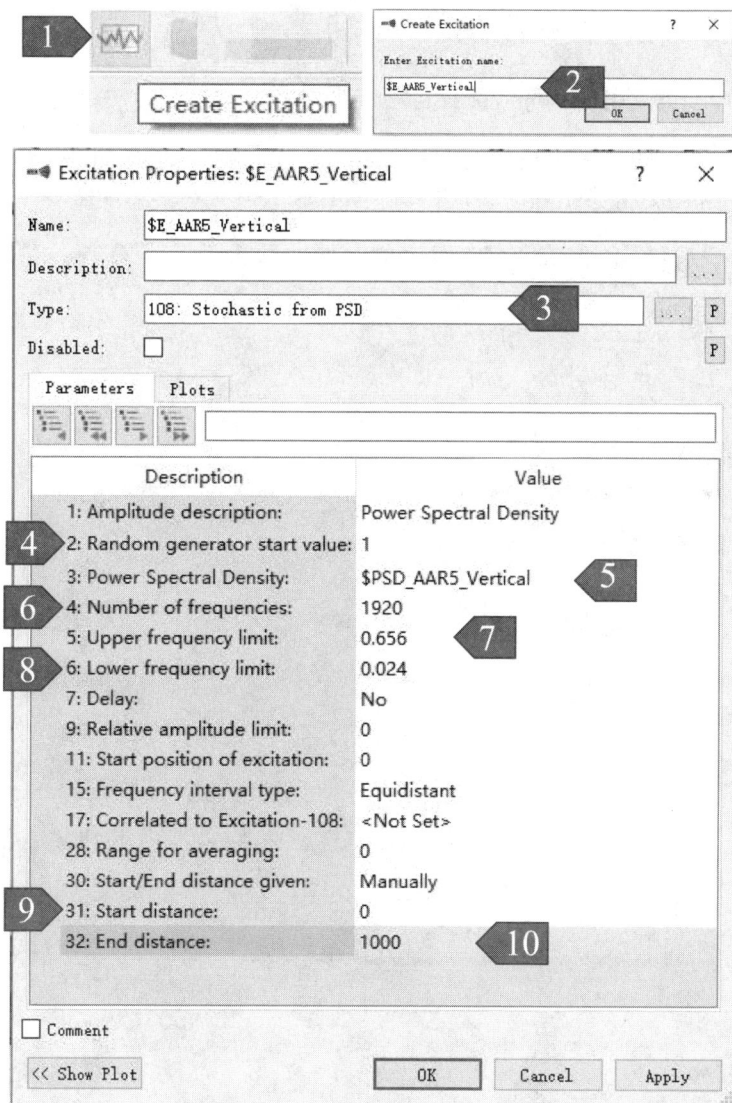

图 7-70　生成 AAR5 的步骤

4：Number of frequencies=1920，这个步骤定义频点数，如果 $n = F_{max} / F_{min}$，则生成的时域激励是周期性的函数，如果 $n \neq F_{max} / F_{min}$，n 的上限频点数不能超过 2000

5：Upper frequency limit=0.656，频率的单位：l/m，波长范围是 1.524~304.8 m，所以上限频率 1/1.524=0.656（1/m），与速度相关，假设速度 40 m/s，则该线路对应的激励频率的上限为 26.24 Hz

6：Lower frequency limit=0.024，频率单位：l/m

31：Start distance=0

32：End distance=1000

点击"Apply"，生成 AAR5 级谱的时域曲线，后续采用 Track-Related 加载在线路上即可。

第八章 车辆动力学性能评定指标

确保车辆运行安全的前提是轮轨间维持稳定的接触状态。行车期间，车辆会遭受多种力的综合影响，在最不利的力学组合下，有可能扰乱轮轨间的正常接触，进而诱发轮轨脱离现象，最终导致脱轨或倾覆事故，此类状况被定义为车辆失去运行安全性。车辆动力学性能的评估可以分为短期和长期两个方面。短期评定标准包括车辆运行平稳性、轮对脱轨稳定性、车辆倾覆安全性及运行品质，评价指标涵盖临界速度、脱轨系数、轮重减载率、轮轴横向力、横向稳定性、倾覆系数、车轮垂向力、乘坐舒适度等。长期动态性能评估则涉及结构疲劳寿命、磨损性能以及线路的概率演化等，影响到产品的生命周期成本。

本章主要关注车辆动力学性能的短期评定，分析其影响因素，并提出相应的改善措施，以确保车辆的运行安全。

第一节 车辆运行平稳性评定

车辆运行平稳性是衡量车辆振动性能的重要指标，它在评估车辆整体运行性能中起着关键作用。铁道车辆作为运输工具，应具备良好的运行平稳性。然而，由于客车和货车的用途不同，对它们的振动性能要求、评定方法和标准也有所不同。接下来将详细说明这两类车辆的具体要求和评估标准。

一、运行平稳性评定

在车辆运行过程中，振动是不可避免的现象。对于客车而言，振动会显著影响旅客的乘坐舒适度。长时间处于振动环境中，除了引起疲劳感外，人体的内部器官和全身组织还可能与外界的振动产生共振，进一步加剧不适感。对于货车，振动则可能对货物的安全性和完整性造成不利影响，尤其是易碎或精密的物品，振动可能导致损坏或变形。因此，控制和减少车辆运行中的振动，确保平稳的行驶状态，对于提高乘客舒适度和货物运输安全至关重要。

在交通运输工具评定指标上，一直沿用狭义舒适度指标作为运行平稳性的评定标准，而作为运输工具的车辆，首先应当具有良好的平稳性，我国铁路系统对机车车辆的运行平稳性评估，主要依据平稳性指标和车体振动加速度等参数进行评价。在此基础上，对人体产生影响的称为舒适性，舒适性又分为狭义舒适性和广义舒适性。

在短时间舒适度分析中，车体振动加速度通常被视为关键指标。然而，对于长时间的舒适度评估，则需综合考量振动加速度的幅值、频率及其持续时间等多重因素。针对铁道车辆舒适性的直接衡量，车体振动加速度往往是首选指标。为了提升舒适度评估的精确度，必须进一步纳入振动频率的影响。在依据频率特征的车体加速度进行舒适度评定时，各国采纳了不同的评价标准体系。1978年，国际标准化组织（ISO）综合了前期的研究成果，发布了振动评定的国际标准——ISO 2631标准，至今仍被广泛应用。类似的标准还有欧洲铁路研究协会ERRIC116、日本JIS平稳性指标等，我国目前车辆动力学性能试验评价是依据GB 5599-2019机车车辆动力学性能评定及试验鉴定规范进行的。

车辆运行平稳性的计算评价流程如图8-1所示，展示了车辆运行平稳性的计算与评价流程，整体分为建模、计算与评价三个阶段。首先，通过基于车辆动力学模型建立平稳性模型，结合分段傅里叶变换和状态空间方法进行分析，同时考虑三种路径分布的建模方法。接着，利用时域法和频域法对平稳性指标进行计算，其中频域法包括传递函数法、功率谱密度法等，时域法则涉及动态响应分析与协方差分析。此外，通过结合功率谱密度函数和时域输入轨迹描述，生成车轮轨迹时间函数，为后续评价提供数据支持。最后，根据计算结果，利用相关评价指标对车辆运行平稳性进行综合评价，完成整个流程。

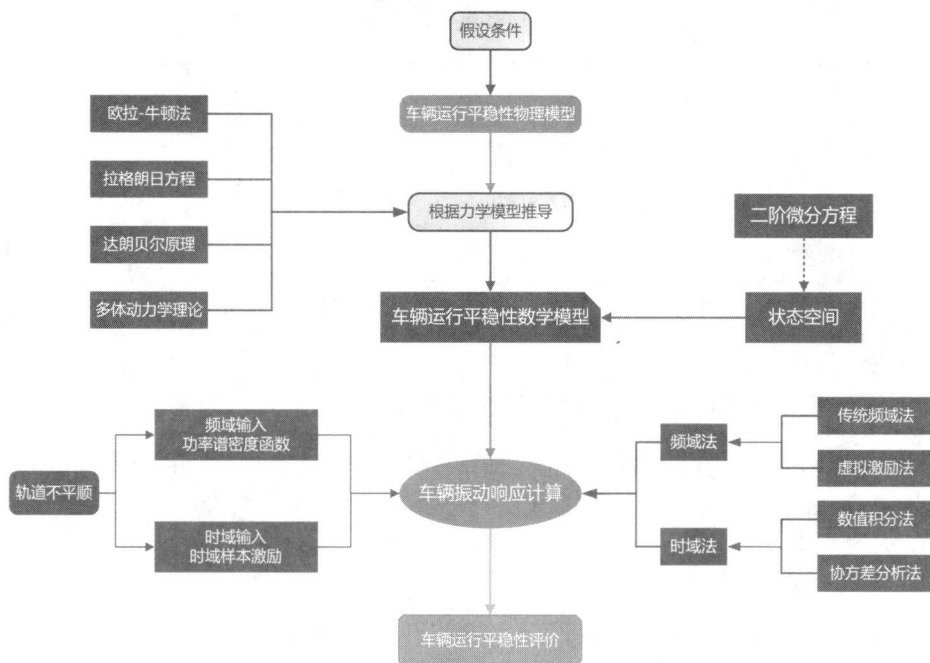

图 8-1 目前车辆运行平稳性评价流程

1. 平稳性指标及其评定标准理论

平稳性指标 W 是在最高运营速度 V_{mope} 范围内评定的，旨在评定机车车辆的旅客和乘员的乘坐舒适性以及货物的运送完好性。评定时以车体振动加速度测量为基础，包括垂向和横向平稳性指标。评定方法涉及测量车体上的振动加速度、分析频谱图、应用频率加权，并计算平稳性指标。标准测量时间为 5 s，每 5 s 为一个分析段。如果曲线和道岔等实际测量时间不足 5 s，则按实际测量时间进行评估。

平稳性指标计算式为：

$$W = 3.57\sqrt[10]{\frac{A^3}{f}F(f)} \tag{8-1}$$

式中，A 为振动加速度（m/s^2）；F 为振动频率（Hz）；$F(f)$ 为频率修正系数，见表 8-1。

表 8-1　频率修正系数表

垂直振动		横向振动	
f/Hz	$F(f)$	f/Hz	$F(f)$
$0.5 \leqslant f < 5.9$	$0.325f^2$	$0.5 \leqslant f < 5.4$	$0.8f^2$
$5.9 \leqslant f < 20.0$	$400/f^2$	$5.4 \leqslant f < 26.0$	$650/f^2$
$f \geqslant 20.0$	1	$f \geqslant 26.0$	1

安装振动加速度传感器时应保证振动加速度的安装系统和安装位置尽可能刚性。振动加速度计算处理的频率修正系数见表 8-1。计算框图如图 8-2 所示。平稳性指标计算方法如下：

（1）计算 5 s 时间段的频谱图。

（2）计算在频率为 f_i 时的平稳性指标分量，见式（8-2）。

$$W_i = 3.57\sqrt[10]{\frac{A_i^3}{f_i}F(f_i)} \tag{8-2}$$

式中，i 为 1，2，3，…；A_i 为振动加速度（m/s^2）；f_i 为振动频率（Hz），$0.5\ \text{Hz} \leqslant f_i \leqslant 40\ \text{Hz}$；$F(f_i)$ 为频率修正系数。

（3）计算平稳性指标，见式（8-3）。

$$X_1 = \sqrt[10]{W_1^{10} + W_2^{10} + \cdots + W_n^{10}} = \sqrt[10]{\sum_{i=1}^{n} W_i^{10}} \tag{8-3}$$

式中，i 为 1，2，3，…，n；W_i 为频率为 f_i 时的平稳性指标分量。

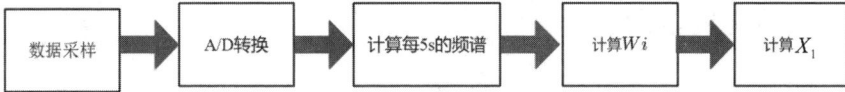

图 8-2 平稳性指标计算方法框图

试验工况的处理：

（1）对各种线路工况各速度级的样本进行统计处理求得均值 $\overline{X}_1$ 和标准差 σ_1。

（2）对于机车，计算统计评定值为：

$$X_{1\max} = \overline{X}_1 + 2.2\sigma_1$$

对于客车、动车组和货车，计算统计评定值为：

$$X_{1\max} = \overline{X}_1$$

2. 平稳性指标评价等级

平稳性指标等级按客车、货车和机车分别进行评价，见表 8-2。

表 8-2 铁路车辆平稳性指标等级表

铁路车辆	平稳性等级	平稳性指标 W	评定
客车及动车组	1 级	W ≤ 2.50	优
	2 级	2.50<W ≤ 2.75	良好
	3 级	2.75<W ≤ 3.00	合格
货车	1 级	W ≤ 3.50	优
	2 级	3.50<W ≤ 4.00	良好
	3 级	4.00<W ≤ 4.25	合格
机车	1 级	W ≤ 2.75	优
	2 级	2.75<W ≤ 3.10	良好
	3 级	3.10<W ≤ 3.45	合格

二、舒适度指标

舒适度指标 N_{MV} 在最高运营速度 V_{mope} 范围内评定，是对机车车辆上乘客和乘员平均舒适度的度量方法。评定以车辆地板面振动加速度测量为基础。振动舒适性的评定是以车辆上测到的振动加速度和相当数量的乘客在 5 min 期间内给出的舒适性评分平均值之间的关系为基础的。

评定方法包括五个步骤：①测量地板面上的振动加速度；②分析测得信号；③频率加权；④计算每 5 s 的加权均方根值，并对 5 min 内的这些均方根值进行统计分析；⑤计算舒适性评分。

测量时间根据试验目的决定，取 5 min 的倍数，5 min 是使用此方法的基本单位。在典型运用条件下，最小时间段需要 4 个 5 min。

GB 5599–2019 机车车辆动力学性能评定及试验鉴定规范中舒适度的评定主要参考了 UIC 513–1994，以车辆地板面振动加速度测量为基础。

根据《UIC 513–1994 铁路车辆乘坐舒适性评估》，舒适度指标计算公式为：

$$N_{MV} = 6\sqrt{(a_{XP95}^{W_d})^2 + (a_{YP95}^{W_d})^2 + (a_{ZP95}^{W_d})^2} \tag{8-4}$$

式中，N_{MV} 为舒适度指标；a_{XP}，a_{YP} 及 a_{ZP} 为在地板水平高度上所使用的变量；下标 X，Y，Z 表示所测得的加速度轴线方向分别为纵向、横向和垂向，下标 P 表示测点位于地板，且取 95% 置信点的有效值，上标 W_d 表示站姿简化的计权曲线。

客车振动加速度传感器的安装位置如图 8-3 所示。司机室垂向、横向和纵向振动加速度传感器安装在司机座椅下方的地板面上。

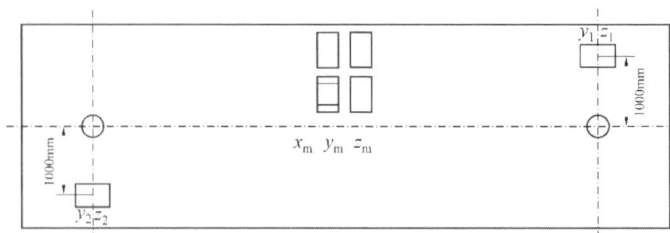

图 8-3　客车振动加速度的测量安装位置图

加速度传感器安装规则：①加速度传感器应尽可能与安装座椅的结构部分做相同运动；②应保证加速度传感器的安装系统和安装位置尽可能刚性；③测量点应在车体中央以及两端靠近这些位置的座椅附近；④加速度传感器应固定在地板面，应尽可能靠近（如果可能在 100 mm 之内）椅垫中心垂直投影处；⑤研究短途运输站立位时，还应固定在通过台地板上；⑥以试验的特殊目的确定，可使用其他测点。

最后分别对不同速度级的样本进行统计处理，求得均值 $\bar{X}_2$，作为统计评定值。舒适度指标等级见表 8-3。

表 8-3　客车和动车组舒适度等级表

舒适度等级	舒适度指标	评定
1 级	$N_{MV} < 1.5$	非常舒适
2 级	$1.5 \leqslant N_{MV} < 2.5$	舒适
3 级	$2.5 \leqslant N_{MV} < 3.5$	一般
4 级	$3.5 \leqslant N_{MV} < 4.5$	不舒适
5 级	$N_{MV} \geqslant 4.5$	非常不舒适

注：动力集中动车组的动力车除外。

三、运行品质评定

（1）运行品质在最高试验速度 y_{max} 范围内评定，试验区段包括：直线、大半径曲线、小半径曲线、侧向通过道岔、直向通过道岔等。

GB 5599-2019 给出了运行品质评定值 a_{ty}、a_{tz} 的数据统计处理方法：

①机车、客车和动车组采用 0.4~40 Hz 进行带通滤波；货车采用 0.4~15 Hz 进行带通滤波。

②统计求出采样段内加速度的最大值 $x_{i\,max}$ 和最小值 $x_{i\,min}$ 的绝对值。每个值作为一个统计样本。

（2）对各种线路工况各速度级的 $2N$ 个样本进行统计处理求得均值 $\bar{X}$ 和标

准差 σ。

计算统计评定值：

$$X_{\max} = \bar{X} + 2.2\sigma \tag{8-5}$$

$$\bar{X} = \frac{1}{N}\sum_{i=1}^{n} X_i \tag{8-6}$$

$$\sigma = \sqrt{\sum_{i=1}^{n}(X_i - \bar{X})^2 \Big/ N-1} \tag{8-7}$$

计算统计评定值应小于规定的评定限值，运行品质的评定限值按客车和动车组、货车、机车规定如下：

①客车和动车组：$a_{tz} \leqslant 2.5$ m/s², $a_{ty} \leqslant 2.5$ m/s²；

②货车：$a_{tz} \leqslant 5.0$ m/s², $a_{ty} \leqslant 3.0$ m/s²；

③机车：$a_{tz} \leqslant 3.5$ m/s², $a_{ty} \leqslant 2.5$ m/s²。

四、车辆运行平稳性 SIMPACK 仿真分析

根据平稳性计算分析流程，我们已在前期建立了整车 SIMPACK 动力学仿真模型，并输入了轨道不平顺的时域样本，接下来采用时域的数值积分进行求解，SIMPACK 采用的积分方法是 SODASRT2（Solving ordinary differential algorithms）。具体步骤如图 8-4 所示：

①在模型树中点击 Solver Settings，进行求解设定；

②选择 Time Integration；

③根据车辆运行速度，与线路总长进行 End time 时间设定；本例中，车辆 F_BogieFrame 下的 WS_F 轮对，到达线路终点的时间 T_{End} =（线路总长 – 车辆定距 – 车辆轴距）/v，注意：其中速度单位和长度单位应统一；

④设定 Samplingrate，计算求解的频率上限，也可以理解为 $1/200 = 0.005$ 为单个时间步长；

⑤选择积分求解的数值方法，SODASRT2。

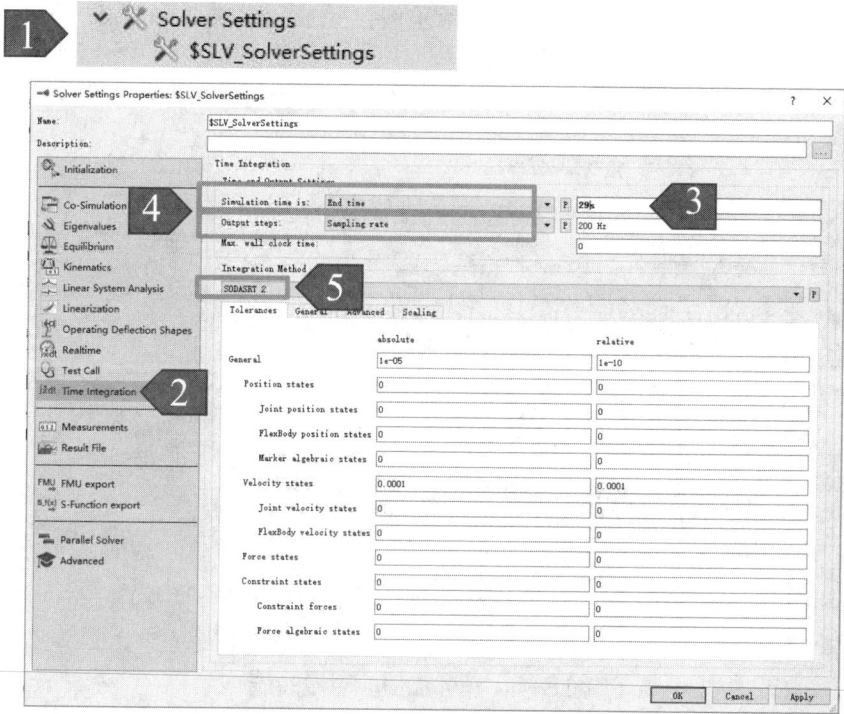

图 8-4　分析求解设定

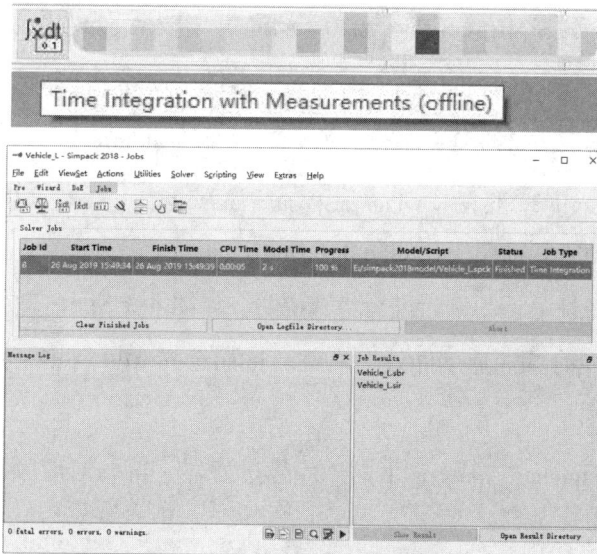

图 8-5　计算求解界面

设定完成后，点击 Time Integration with Measurements（offline），进行求解，如图 8-5 所示，Status 为 Finished 显示求解已完成，生成 vehicle.sbr 的后处理文件。

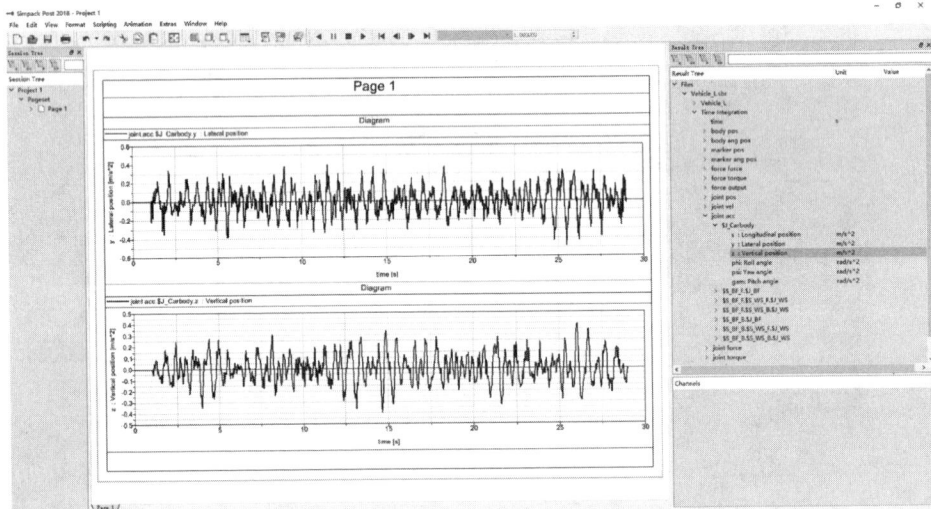

图 8-6　车体加速度时域曲线

打开桌面上的 SIMPACK Post 2020（64bit），进入后处理模块，选择上述求解得到的数据文件，选择框图输入的格式，本例中选择了平行的两个框图，平稳性分析以加速度为计算基本数据，所以选择车体加速度为分析数据，将最右侧 Jointacc-$J_Carbody 下的 y : Lateral Position m/s² 和 z : Vertical Position m/s²，分别点中之后拖入到框图中，如图 8-6 所示。

以横向平稳性分析为例，进行步骤说明，如图 8-7 所示：

①点击横向时域加速度曲线，右键，进而选择 Add Filter... 进行时、频转换；

②选择 Frequency Analysis 下的 106 号过滤器，得到对应频域下的加速度曲线。

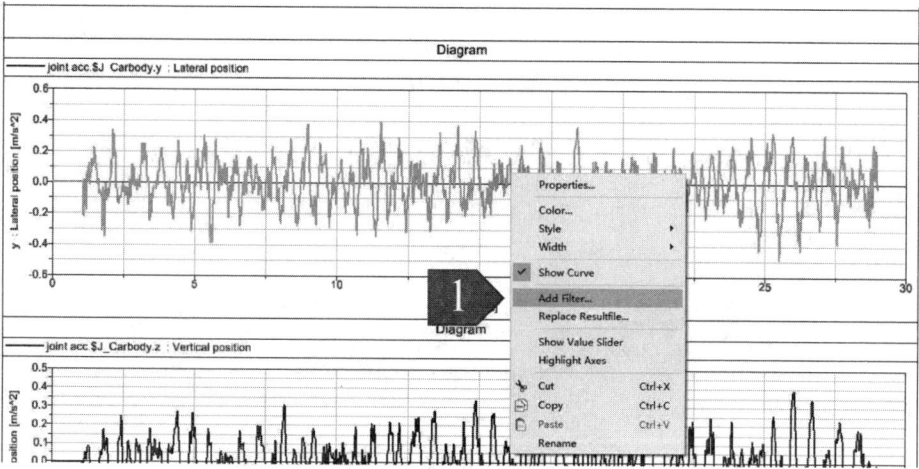

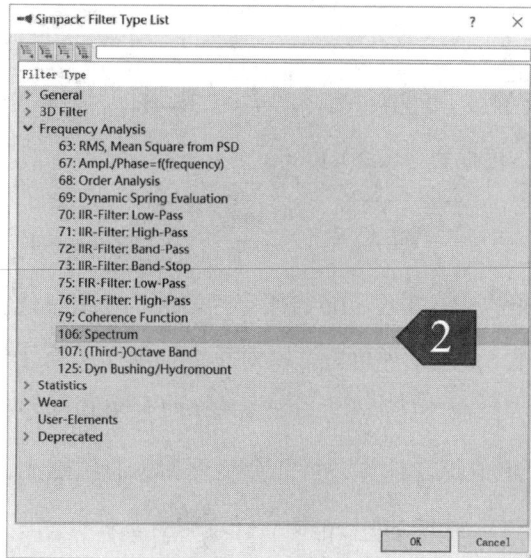

图 8-7　车体频域加速度曲线输出过程

例 8-1　图 8-8 为某客车的计算结果转换完成的垂向加速度频谱曲线，选择峰值点进行平稳性指标的计算示例，所选取峰值点的加速度幅值为 0.001 m/s²，对应频率为 1.36 Hz，请计算垂向平稳性指标 W。

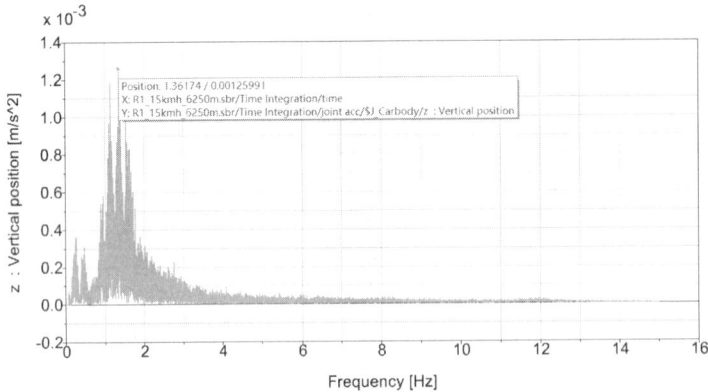

图 8-8　垂向加速度频谱曲线

解：已知数据 $a = 0.001 \ \mathrm{m/s^2}$，$f = 1.36 \ \mathrm{Hz}$，根据表 8-1 可得加权函 $F(f) = 0.325 f^2$，根据式（8-2）可得

$$W = 3.57 \sqrt[10]{\frac{A^3}{f} F(f)} = 3.57 \sqrt[10]{\frac{0.001^3}{1.36} 0.352 \times (1.36)^2} = 0.41$$

由表 8-2 可得，$W = 0.41 < 1.5$，平稳性等级为 1 级，优。

标准中给出的 Sperling 评价方法将对垂向与横向平稳性分别进行评定，这一点是不全面的，同时式（8-2）为频率为 f_i 时的平稳性指标分量，指标值为不同频率下指标 W 的综合计算，可能会出现指标总值很小，但是某一频率范围的 W 很大的情况。软件 SIMPACK 后处理中有 Sperling 的平稳性评价，是通过连续单一权重函数和相应积分算法，获得的平稳性指标。

第二节　蛇行运动稳定性

一、蛇行运动稳定性评定

由于车轮具有一定的锥度，轨道车辆运行时有横向振荡的趋势，在小于一个特定的速度时，横向振荡是稳定的和衰减的，会随着时间的推移逐渐消失。在一个特定的速度以上，这个振荡不再衰减，变得不稳定，并且幅值逐步增大直到与轮缘发生接触。这种现象被称为 Hunting，它会对轨道和车辆造成损害，并存在脱轨风险。在这个现象开始发生时的速度被称为临界速度 Critical Speed。当车辆的运行速度超过临界速度，车辆失稳，开始出现不稳定的蛇行运动。轮对的蛇行运动会在不同速度下引发不同的振动模式。以车体为主振型的低频率振动称为车体蛇行运动（一次蛇行），以转向架为主振型的振动称为转向架蛇行运动（二次蛇行）。常用的车辆系统临界速度计算方法有特征根法和阻尼系数法。

特征根法判别临界速度示意图如图 8-9 所示。

将踏面的等效锥度 λ、蠕滑力以及各种阻尼参数均假设为线性，忽略其他非线性因素，将车辆系统作为一个线性系统，其微分方程为：

$$M\ddot{q} + \left(C + \frac{C_{wr}}{v}\right)\dot{q} + (K + K_{wr})q = 0 \qquad (8-8)$$

其中，q 为系统广义坐标列向量；M、C 和 K 为悬挂系统的质量、阻尼和刚度矩阵；C_{wr}、K_{wr} 为与轮轨接触参数相关的矩阵。

引入新的变量 $y = \begin{Bmatrix} \dot{q} \\ q \end{Bmatrix}$，得到状态空间矩阵：

$$\dot{y} = \begin{bmatrix} -M^{-1}\left(C + \dfrac{C_{wr}}{v}\right) & -M^{-1}(K + K_{wr}) \\ I & 0 \end{bmatrix} y = Ay \qquad (8-9)$$

矩阵 A 为系统的状态矩阵，是 $2n \times 2n$ 阶的方阵。A 可以用标准的 QR 分解计算得到全部的特征根 λ_i 和对应的特征向量 ϕ_i。$2n$ 个特征根中有 n 个是独立的，特征根如式（8-10）：

$$\lambda_i = a_i + jb_i \cdots (i = 1, 2, \cdots, n) \qquad (8-10)$$

当速度变化时，各特征根的实部随之变化：$a = a(v)$，临界速度计算方法为：

$$v_{cr} = \min\{v \mid a(v) > 0\} \tag{8-11}$$

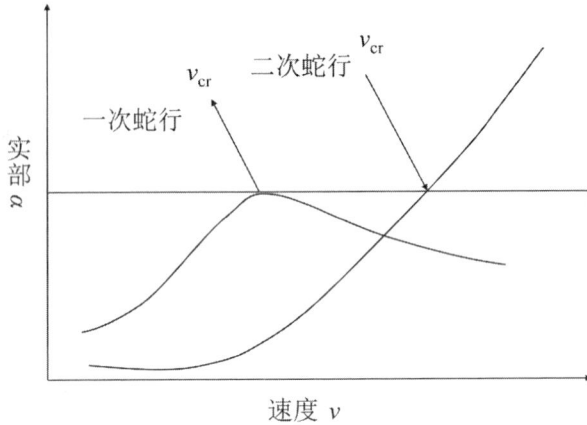

图 8-9　特征根判别临界速度示意图

　　阻尼对系统具有衰减作用，因此，在计算车辆系统的临界速度时，需考虑阻尼系数以评估系统的稳定性。根据 hunting 固有模态，阻尼可分为三种情况：正阻尼时，激励随时间衰减；零阻尼时，激励保持不变；负阻尼时，激励逐渐增大，如图 8-10 所示。hunting 固有模态会根据行驶速度改变其阻尼，随着速度 v 的增加，阻尼减小直到变成负值。如果达到临界速度（critical speed）v_{cr}，这时车辆变得不稳定，如图 8-11 所示。可以在频域中使用根轨迹图对其进行分析。它能在一个图中显示不同速度下的固有模态，能可视化显示不同速度下的变化。

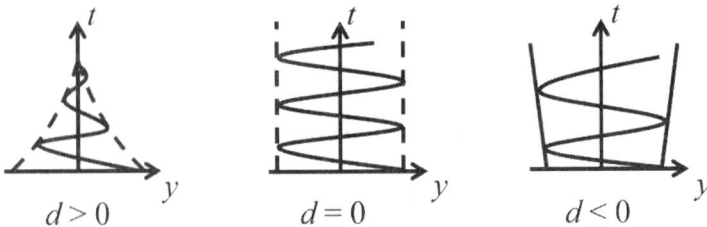

图 8-10　阻尼变化下的横向位移

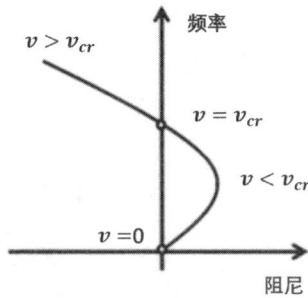

图 8-11　车辆临界速度示意图

hunting 模态的固有频率和阻尼取决于轮轨接触几何的三个非线性函数：

左右两侧车轮的侧滚 Rolling 半径差

$$\Delta R(y) = R_r(y) - R_l(y) \tag{8-12}$$

绕纵向轴的轮对侧滚角 roll angle

$$\varphi(y) = \frac{\varphi_r(y) - \varphi_l(y)}{2} \tag{8-13}$$

绕纵向轴的接触角差

$$\delta(y) = \frac{\delta_r(y) - \delta_l(y)}{2} \tag{8-14}$$

准线性化在一个已定义的 hunting 幅值上为这三个接触参数产生一个平均值。随后使用现在已有的线性化函数通过特征值分析进行线性化。这使 hunting 固有模态有更真实的结果。车辆动力学模型完成 Preload 计算后，已处于装配状态，可进行运行稳定性和临界速度计算。临界速度分为线性和非线性两种，下面将分别介绍。

二、线性临界速度

线性临界速度通过根轨迹法计算，该方法基于车辆不同速度下各刚体的固有振动频率确定失稳速度。计算时需满足车辆模型处于平衡状态、轨道为直线、轮轨处于线性化状态三种条件。

接下来，介绍计算线性临界速度的步骤：

Step1：轮轨线性化。使用"Rail-Wheel Profiles"下的"Linear arc profiles"参数进行轮轨线性化，操作如图 8-12 所示。

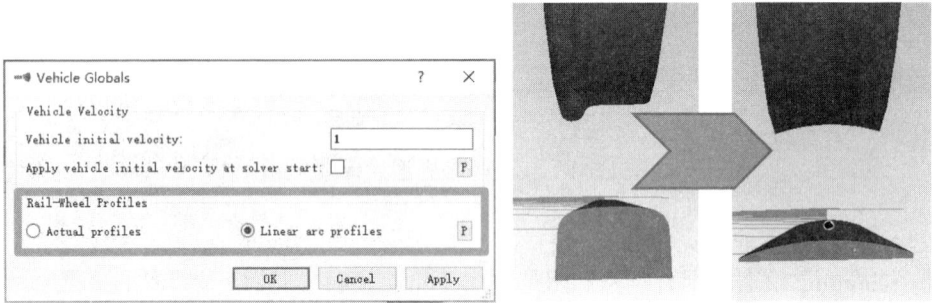

图 8-12　轮轨关系线性化设置

Step2：线性临界速度计算——使用脚本 Root Loci Calculation，如图 8-13 所示。

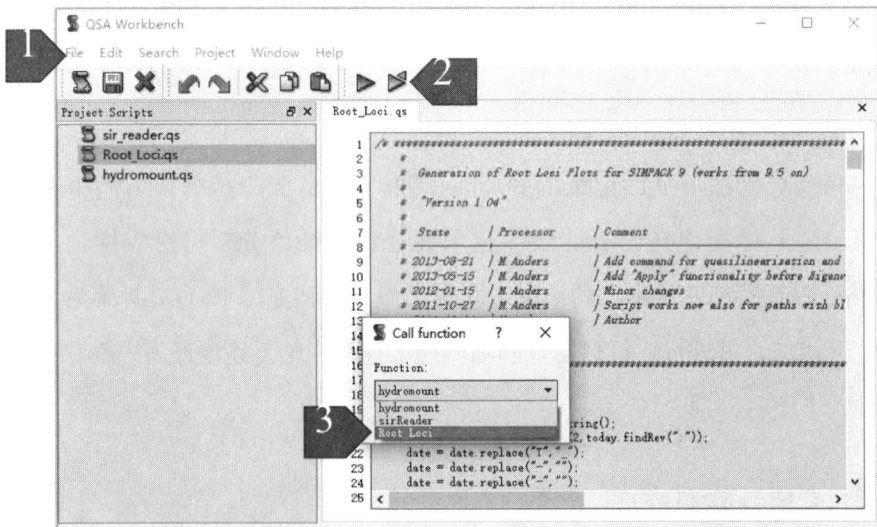

图 8-13　QSA Workbench 界面选择 Root_Loci

首先，将 Root_Loci.qs 文件复制到当前车辆模型所在的 Vehicle 文件夹中。然后，打开 SIMPACK 软件的后处理模块 Post Processor，在菜单中选择 Scripting→Open Editor...，进入 QSA Workbench 界面。

①点击 File→Import Script，选择并导入 Vehicle 文件夹中的 Root_Loci.qs 文件；

②点击 ▷ 示意；

③选择 Root_Loci，出现如图 8-14 迹定义界面；

④点击 Choose Model 按钮，选择需要进行计算的车辆模型 Vehicle；

⑤设置开始和终止速度，Start/End velocity 设置为 300 和 450，注意，旁边的速度单位需要统一，本例中是 km/h；

⑥最小频率 Minimum frequency 设置为 0.1，其他参数保持默认值，点击"OK"后，软件自动进行计算并输出结果。

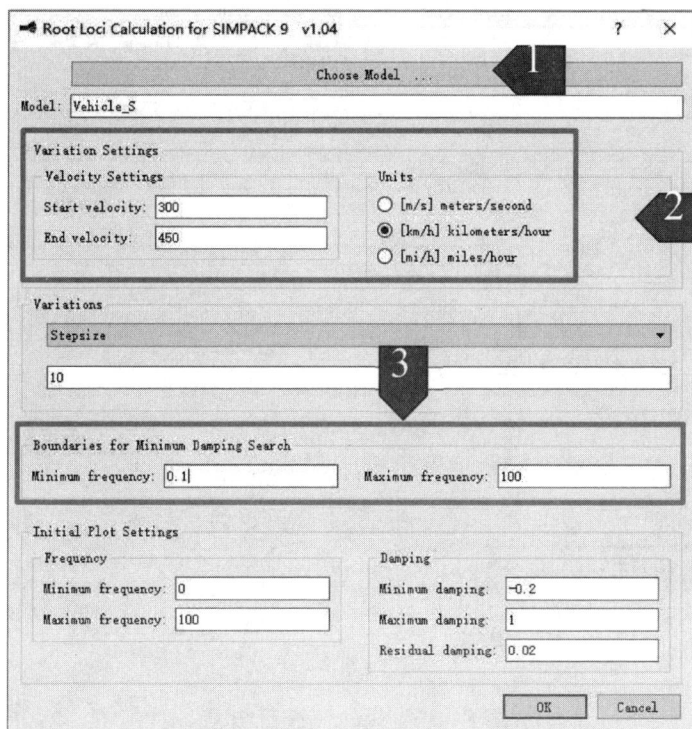

图 8-14　Root_Loci 参数定义界面

根轨迹计算结果如图 8-15 所示，随着速度增大，根轨迹沿图中箭头方向变化，表示车辆不同体的固有频率变化。当某条根轨迹的自然阻尼降至 0 以下时，系统发生失稳。为了确保安全，通常将自然阻尼值设定为 0.05。

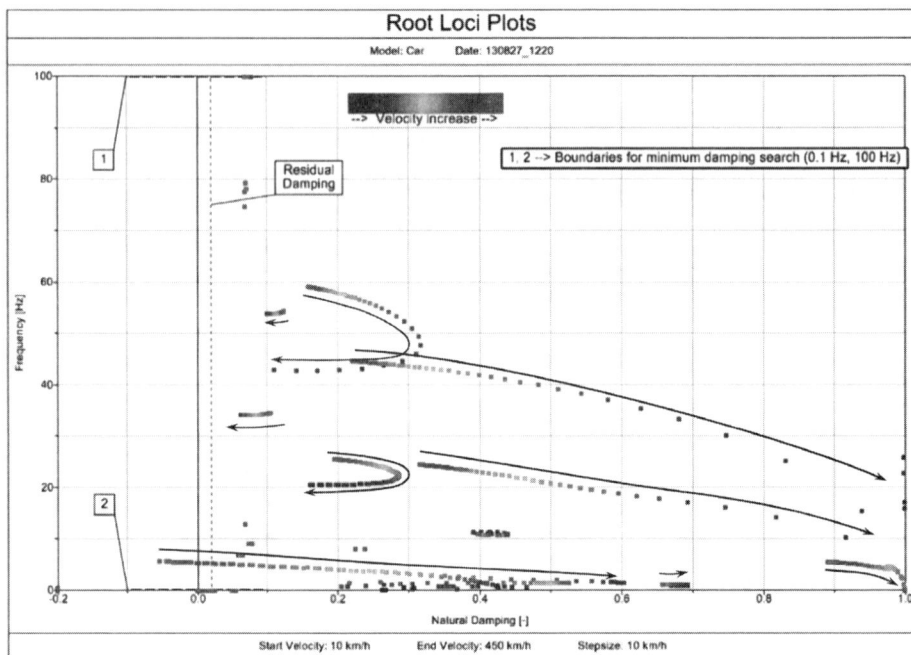

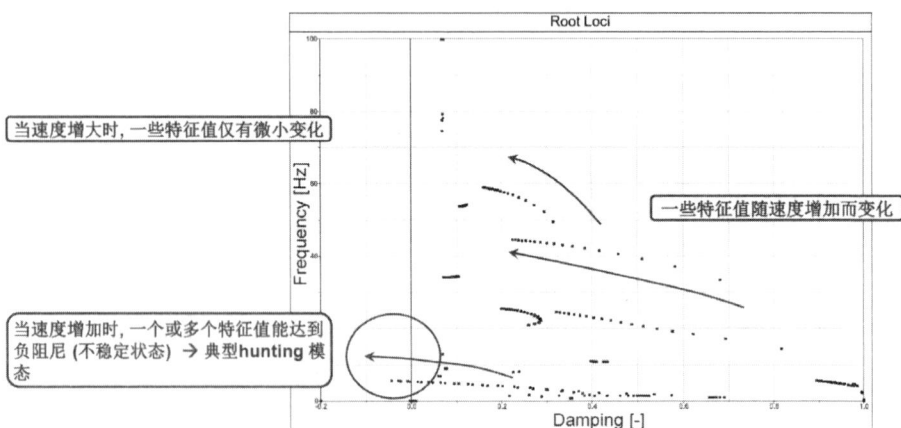

图 8-15　根轨迹计算结果

图 8-16 展示了阻尼与车辆速度之间的关系。考虑到安全余量设置为 0.05，

根据该图，可以推算出本车辆模型的线性临界速度大约为 370 km/h。

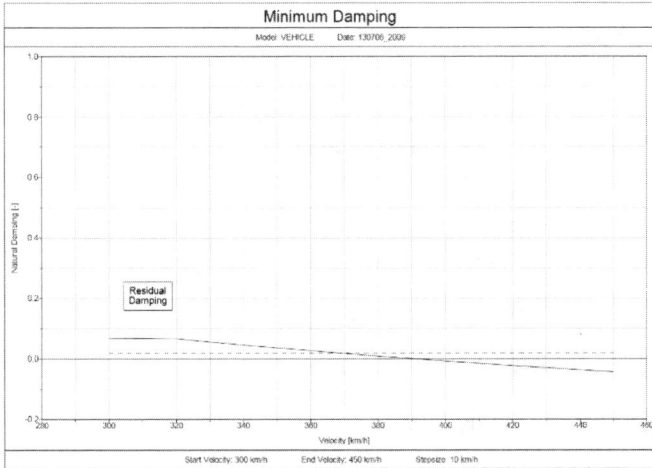

图 8-16　线性临界速度计算结果

三、非线性临界速度

非线性临界速度的计算方法是通过在时域中让车辆以特定速度行驶在有激励的线路上，随后转至光滑线路，观察轮对横移量是否收敛来判断的。接下来，将介绍一种用于计算非线性临界速度的具体方法。

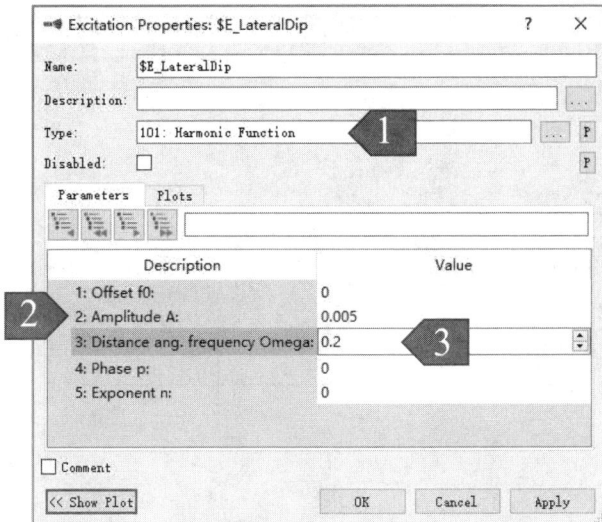

图 8-17　定义横向正弦激励 LateralDip

Step 1：定义激励，如图 8-17 所示。

在建模元素工具栏中点击"🌀"，新建轨道不平顺，名称为"$E_LateralDip"；

① Type 选择为 101：Harmonic Function；

② Amplitude A=0.005；

③ Distance ang frequency Omega=0.2。

Step 2：添加激励和定义线路，如图 8-18 所示。

①把线路激励类型定义为 Track-related；

②激励 $E_Lat 添加在 Excitation lateral；

③起始位置和终止位置分别设置为 30 m 和 80 m，平滑长度为 5 m。线路类型定义为直线，长度为 10000 m。

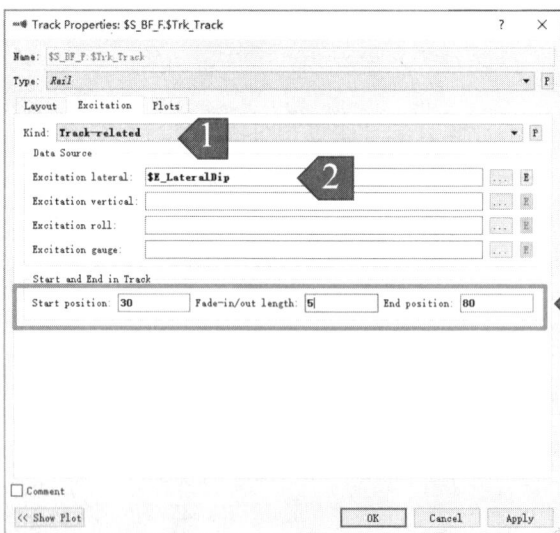

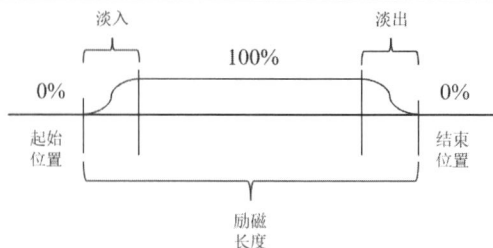

图 8-18　添加及线路说明

Step 3：定义力。需要使用力元用于仿真过程后期的车辆制动，如图 8-19 建一个力，名称为"$F_Braking_Force"：

① From 选择 $M_Isys；

② To Marker 选择 $M_Carbody_BRF，Type 选择 5：Spring-Damper Parallel Cmp；

③ x 轴方向的名义力 Nominal force in x 定义为 16000，其值为车体质量与 0.5 的乘积。

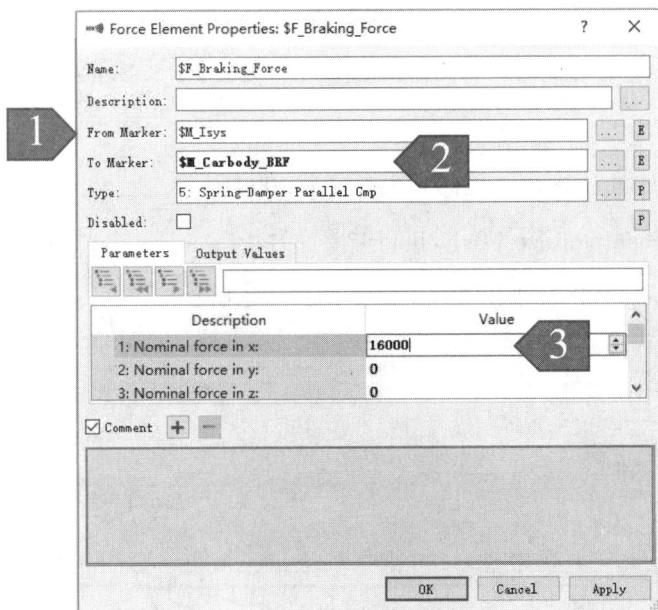

图 8-19 定义制动力

Step 4：定义速度，如图 8-20 选择 Globals → Vehicle Globals，定义初始车速为 400 km/h，Rail-Wheel Profiles 选择为 Actual profiles，在不受干扰的线路开始反向运行。

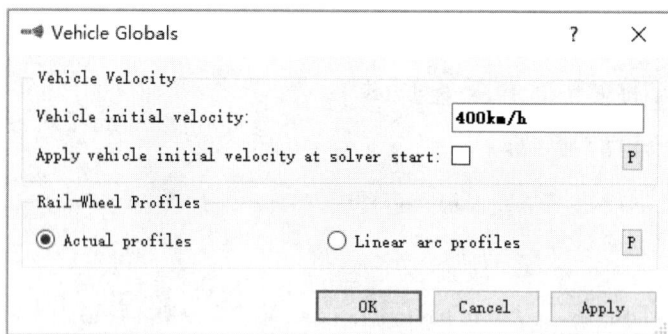

图 8-20　定义速度

Step 5：定义求解器。选择 Solver Settings→$SLV_SolverSettings，如图 8-21 所示。

①仿真时间为 100 s，采样频率设定为 100 Hz；

② Maximum stepsize（0=no limit）设置为 0.1 s；

③ MBS Formalism 采用 Residual 使用并行求解功能。

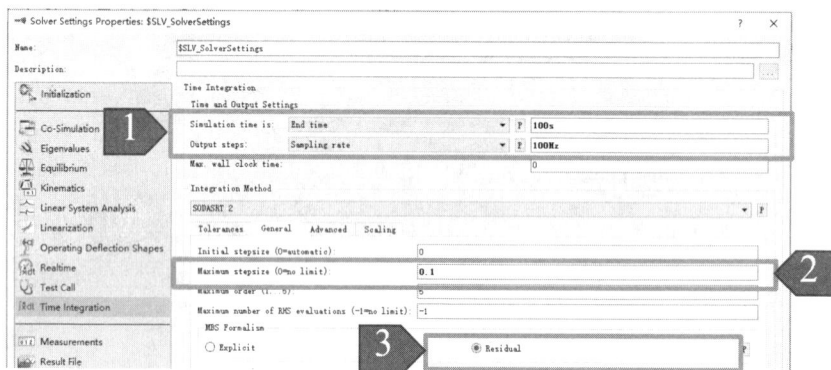

图 8-21　求解器定义

Step 6：查看结果，如图 8-22 开 SIMPACK 软件后处理 Post Processor，选择结果文件 Vehicle.sbr。

如图 8-23 所示，选择"joint pos → $S_BF_F.$S_WS_F.$J_WS → y : Lateral position"绘制曲线。右键点击该曲线，选择"Properties"，将 x 轴数据源改为

车体速度，得到轮对横移量与车辆速度的关系。当横移量小于 0.1 mm 时，系统视为收敛。分析结果表明，模型的非线性临界速度约为 310 km/h。

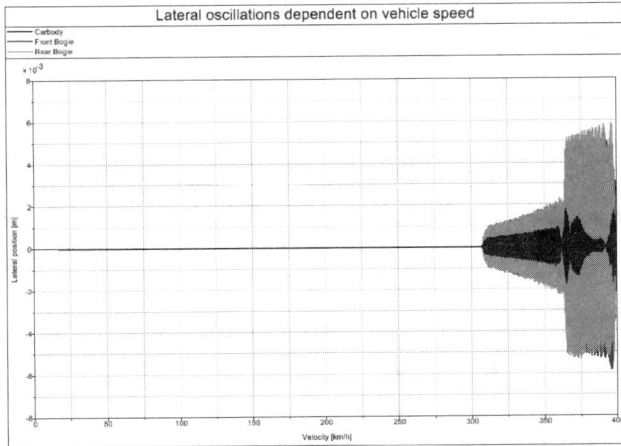

图 8-22 轮对横移量与速度关系曲线

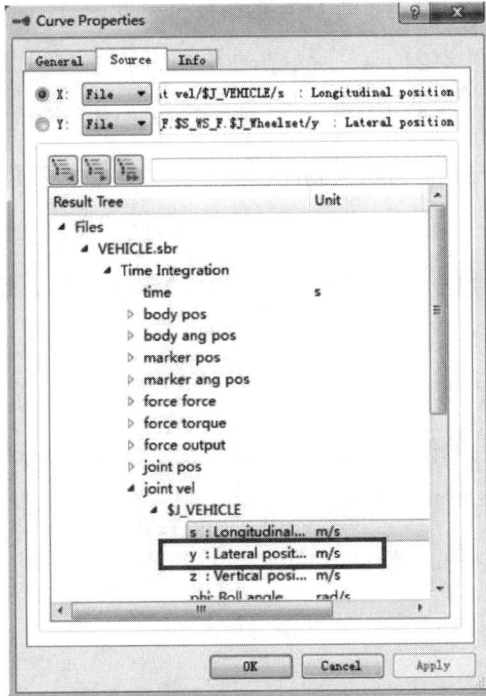

图 8-23 修改 x 轴数据源

横坐标选取的基本单位是 m/s，需要在后处理的 Filter 中将 x 乘以 3.6 转换成 km/h，并且对图标的横坐标进行修正。

第三节　轮对脱轨条件与评定指标

车辆脱轨有爬轨脱轨、跳轨脱轨和掉道脱轨三种。其中，爬轨脱轨是指在车轮转动过程中，受到外力的作用，导致车轮爬上轨道的现象。跳轨脱轨是指车轮在受到较大冲击时，车轮瞬间脱离轨道的状态。掉道脱轨是指车轮在轨距加宽、轮轨磨耗等因素影响下，车轮从钢轨上掉落的状态。目前，在车辆运行中，最常见的脱轨形式为爬轨脱轨，本节内容也主要围绕车轮爬轨脱轨的过程展开。

车轮爬轨脱轨的主要原因是车轮作用于钢轨的侧向力 Q_1 偏大或垂向力 P_1 偏小，导致车轮爬上轨道引发脱轨。此过程可细分为三个阶段。

第一阶段，如图 8-24（a）所示，在侧向力的作用下，前轮对的外侧车轮轮缘会紧贴钢轨。在此过程中，前轮对外侧车轮的轮缘可能与轨头的侧面接触，形成轮缘根部的圆弧与轨头侧面圆弧部分的接触，从而产生爬轨趋势。

第二阶段，如图 8-24（b）所示，当侧向力增大到一定程度，车轮踏面逐渐抬起，爬轨趋势加剧，轮缘沿轨面滚动。当轮缘与轨头接触点达到拐点时，形成临界状态。

第三阶段，如图 8-24（c）所示，当车轮的垂向力不足以有效抵抗侧向力时，车轮会在侧向力的作用下继续向上爬升。一旦超过临界状态，轮缘顶部的圆弧部分将与轨头的顶面发生接触，最终车轮完全爬上钢轨。这时，车轮会脱离钢轨并在轨枕上滚动，最终导致脱轨事故的发生。

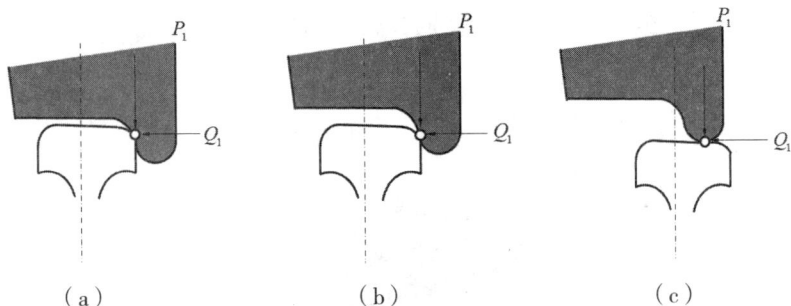

（a）　　　　　　　　（b）　　　　　　　　（c）

图 8-24　车轮脱轨过程

一、脱轨条件与评定指标

评估车辆脱轨的安全性需要深入分析车辆在脱轨过程中所受的各项力，并明确其临界条件。目前，我国相关部门主要通过脱轨系数和轮重减载率这两个指标来衡量脱轨的风险水平。

1.脱轨系数

在考察车辆系统的安全性时，常选用侧向力和垂向力同时发生时的数值，计算二者的比值，并将其定义为脱轨系数。下面以是否考虑侧向力作用时间为背景，展开分析脱轨系数对车辆运行安全的影响。

（1）不考虑作用时间的脱轨系数。

首先，分析车轮在脱轨临界状态下的受力情况。如图 8-25 所示，假设车轮与轨头接触点位于轮对中心线的垂直平面，忽略车轮相对轨头的冲角，在侧向力作用下，车轮一边转动一边沿轨头爬升，踏面逐渐抬起。最终，车轮在轮重和其他力的作用下达到平衡，处于临界状态，即它既试图下滑，又由于各种力的作用无法下滑。

通过将作用力投影到轮轨接触点的切线和法线方向，可推导出脱轨的临界条件：

$$\left. \begin{array}{l} P_1 \sin\alpha_1 - Q_1 \cos\alpha_1 = \mu_1 N_1 \\ N_1 = P_1 \cos\alpha_1 + Q_1 \sin\alpha_1 \end{array} \right\} \qquad （8-15）$$

式中，Q_1 为作用于轮缘上的侧向力；P_1 为作用于车轮上的垂直力；N_1 为钢轨对轮缘的法向反力；μ_1 为轮缘与钢轨间的摩擦系数；α_1 为通过轮缘圆弧面上的拐点所作切线与水平线的倾角，简称轮缘角。

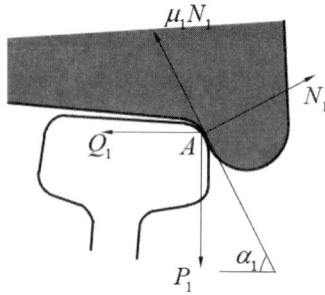

图 8-25　车轮脱轨的作用力关系

求解联立方程式（8-15）得

$$\frac{Q_1}{P_1} = \frac{\text{tg}\,\alpha_1 - \mu_1}{1 + \mu_1 \text{tg}\,\alpha_1} \tag{8-16}$$

其中，比值被定义为脱轨系数，其数值仅依赖于轮缘角度和轮轨间的摩擦系数。式（8-16）表示轮缘与轨头接触时力的平衡方程，标志着车辆脱轨的临界状态。当脱轨系数大于方程右侧的计算结果时，车轮将继续爬升；反之，则会下滑。为了使车轮发生脱轨，即爬上钢轨，必须满足以下条件：

$$\frac{Q_1}{P_1} \geqslant \frac{\text{tg}\,\alpha_1 - \mu_1}{1 + \mu_1 \text{tg}\,\alpha_1} \tag{8-17}$$

式（8-17）仅表示基本的脱轨条件，实际情况更为复杂。脱轨系数不仅与 μ_1、α_1 有关，还受轮轨冲角、曲线半径、车轮直径、速度及蠕滑力等因素影响，尽管这些因素对脱轨系数的影响较小，但摩擦系数变化幅度较大，因此难以精确计算脱轨系数的允许限度。实际应用中，脱轨系数的限值通常通过实验确定。根据我国车辆标准，车轮的轮缘角为 69° 12'，实际测得的范围为 68°~70°。摩擦系数通常在 0.20~0.30 之间变化，且摩擦系数越大，脱轨的风险也越高。因此，在确定脱轨系数的允许限度时，通常采用摩擦系数的上限值，即 0.30~0.35。如图 8-26 所示，当 $\mu_1 = 0.32$、$\alpha_1 = 68°$ 时，$Q_1 / P_1 = 1.2$。

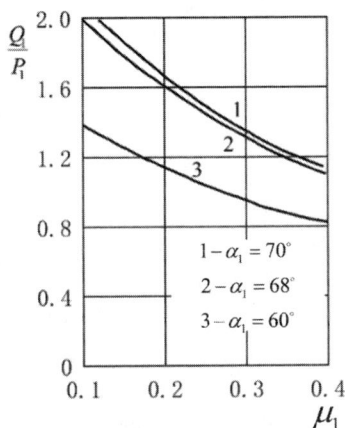

图 8-26　Q_1/P_1 与 μ_1、α_1 的关系

在脱轨过程中，除爬轨侧的轮轨接触点外，另一侧的轮轨接触点也会受到影响。如图 8-27 所示，假设左侧车轮已达到脱轨临界状态，车轮处于企图下滑但无法下滑的状态。此时，轮对承受来自车体传递的侧向力 H 和垂直力 P_a、P_b。

为了计算脱轨系数，需要分别分析左右两侧车轮。在车轴切断面上，存在轴向力 Q_2、切力 Q_r 和弯矩 M，这些力通过车轮传递到轮轨接触点。考虑到左侧车轮有下滑趋势，右侧车轮的摩擦力方向将朝左，因此右侧车轮的侧向力必然朝右；同时，左侧车轮轮缘上的侧向力 Q_1 方向和 H 相同，因此 $Q_1 = H + Q_2$。

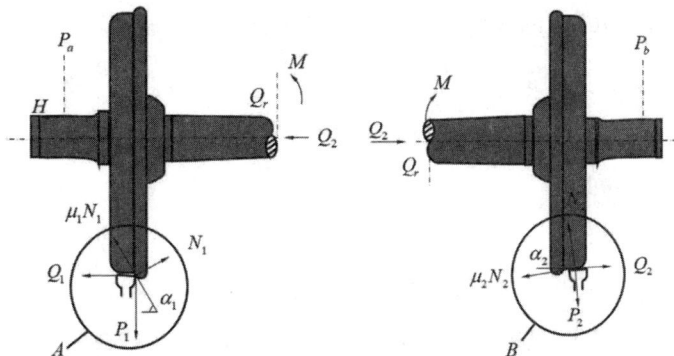

图 8-27　轮对脱轨的作用力关系

如图 8-27 所示，根据平衡条件，可得下列关系式：

$$\left.\begin{array}{l} \dfrac{Q_1}{P_1} = \dfrac{\mathrm{tg}\,\alpha_1 - \mu_1}{1 + \mu_1 \mathrm{tg}\,\alpha_1} \\[4mm] \dfrac{Q_2}{P_2} = \dfrac{\mathrm{tg}\,\alpha_1 + \mu_2}{1 - \mu_2 \mathrm{tg}\,\alpha_1} \end{array}\right\}$$

(8-18)

式中，P_1、P_2 为分别作用于爬轨侧和非爬轨侧车轮的轮重；α_1、α_2 为左右轮轨接触点的切线与水平线的夹角，α_1 是轮缘角，α_2 是踏面倾角，我国标准踏面斜率为 1/20；μ_1、μ_2 为左右侧车轮与钢轨间的摩擦系数，μ_1 是轮缘与钢轨侧面的摩擦系数，μ_2 是踏面与钢轨顶面的摩擦系数。

由式（8-18）和 $Q_1 = H + Q_2$ 关系，可得轮对脱轨的条件：

$$\frac{H}{P_1} \geqslant \frac{Q_1}{P_1} - \frac{P_2}{P_1}\left(\frac{\mathrm{tg}\,\alpha_1 - \mu_2}{1 - \mu_2 \mathrm{tg}\,\alpha_2}\right)$$

(8-19)

由 $\mathrm{tg}\,\alpha_2$ 很小可以忽略不计，则式（8-19）可简化得：

$$\frac{H + \mu_2 P_2}{P_1} \geqslant \frac{\mathrm{tg}\,\alpha_1 - \mu_1}{1 + \mu_1 \mathrm{tg}\,\alpha_1}$$

(8-20)

比较式（8-20）和式（8-17）可以看出，车轮和轮对脱轨系数的公式形式是相同的，即式（8-20）中的（$H + \mu_2 P_2$）与式（8-17）中的侧向力 Q_1 相当。

关于摩擦系数 μ_1、μ_2 的取值，一般情况下，轮缘上的接触点（即角度为 68°～70° 的区域）不常与钢轨侧面接触，且该区域表面光洁度较差，通常有锈蚀和污垢。而踏面与钢轨顶面的接触点则经常受到滚压作用，表面光洁度较高，所以 $\mu_1 > \mu_2$，通常取 $\mu_1 = 1.2\mu_2$。

根据理论分析和实验研究，当前我国车辆科研部门建议采用的脱轨系数安全指标为：

$$\frac{Q_1}{P_1} = \begin{cases} 1.2 & \text{危险限度} \\ 1.0 & \text{允许限度} \end{cases}$$

(8-21)

脱轨系数是评估车辆脱轨风险的关键指标。当其值未超过"危险限度"时，车辆处于安全状态；未超过"允许限度"则为设计期望目标。新设计的车辆通常要求脱轨系数不超过"允许限度"。

需要注意的是，以上限度指标主要适用于低速脱轨情况。对于高速脱轨的问题，仍需通过进一步的实验和研究来明确相关的安全标准。

（2）考虑作用时间的脱轨系数。

在国外的模拟试验研究中，针对高速行驶时自激蛇行运动引发的脱轨现象，试验结果表明，侧向力对脱轨的影响仅在短时间内显著。当侧向力作用时间超过 0.05s 时，容易引发爬轨现象；而当侧向力作用时间小于 0.05s 时，脱轨风险则更大，容易发生跳轨。

脱轨系数的安全指标定义如下。对于侧向力作用时间大于 0.05s 时：

$$\frac{Q_1}{P_1} = \begin{cases} 1.0 & \text{危险限度} \\ 0.8 & \text{允许限度} \end{cases} \tag{8-22}$$

对于侧向力作用时间小于 0.05s 时：

$$\frac{Q_1}{P_1} = 0.04\frac{1}{t} \tag{8-23}$$

式中，t 为侧向力作用时间（s）。此时，Q_1/P_1 的临界值可取为与 t 成反比。

2. 轮重减载率

脱轨系数分析表明，车轮的垂直力和侧向力是脱轨的关键因素，且两者通常同时存在。尽管以往研究认为脱轨主要由侧向力增大引起，但实际应用中，侧向力较小时，轮重显著减载也可能导致脱轨。

在图 8-27 中，若 $p_2 \gg p_1$，当 $H=0$ 时，右侧车轮踏面的摩擦力仍可能导致左侧轮缘爬上钢轨。接下来，将讨论轮重减载引发脱轨的情况。

设：

$$\overline{P} = \frac{1}{2}(P_1 + P_2), \quad \Delta P = \frac{1}{2}(P_1 - P_2);$$

则

$$P_1 = \overline{P} - \Delta P, \qquad P_2 = \overline{P} + \Delta P \tag{8-24}$$

其中，$\overline{P}$ 表示左右侧车轮的平均轮重；ΔP 表示轮重的减载量。而 $\Delta P / \overline{P}$ 就称为爬轨侧车轮的轮重减载率。

当 $H=0$ 时，由式（8-20）可知，脱轨条件成为：

$$\frac{Q_1}{P_1} - \frac{P_2}{P_1}\left(\frac{\mathrm{tg}\alpha_2 + \mu_2}{1 - \mu_2\mathrm{tg}\alpha_2}\right) \leqslant 0 \tag{8-25}$$

将式（8-17）代入上式，移项得：

$$\frac{P_2}{P_1}\left(\frac{\mathrm{tg}\alpha_2 + \mu_2}{1 - \mu_2\mathrm{tg}\alpha_2}\right) \geqslant \frac{\mathrm{tg}\alpha_1 - \mu_1}{1 + \mu_1\mathrm{tg}\alpha_1}$$

又将式（8-24）中 P_1、P_2 代入，则：

$$\frac{\overline{P} + \Delta P}{\overline{P} - \Delta P} \cdot \frac{\mathrm{tg}\alpha_2 + \mu_2}{1 - \mu_2\mathrm{tg}\alpha_2} \geqslant \frac{\mathrm{tg}\alpha_1 - \mu_1}{1 + \mu_1\mathrm{tg}\alpha_1}$$

经整理后得

$$\frac{\Delta P}{\overline{P}} \geqslant \frac{\dfrac{\mathrm{tg}\alpha_2 - \mu_1}{1 + \mu_1\mathrm{tg}\alpha_2} - \dfrac{\mathrm{tg}\alpha_2 + \mu_2}{1 - \mu_2\mathrm{tg}\alpha_2}}{\dfrac{\mathrm{tg}\alpha_2 - \mu_1}{1 + \mu_1\mathrm{tg}\alpha_2} + \dfrac{\mathrm{tg}\alpha_2 + \mu_2}{1 - \mu_2\mathrm{tg}\alpha_2}} \tag{8-26}$$

由式（8-26）可得 $\Delta P / \overline{P}$ 与 μ_1 的关系，如图 8-28 所示。当 $\alpha_1 = 68° \sim 70°$，$\mu_1 = 0.3 \sim 0.32$ 时，$\Delta P / \overline{P}$ 的允许限度为 0.6。

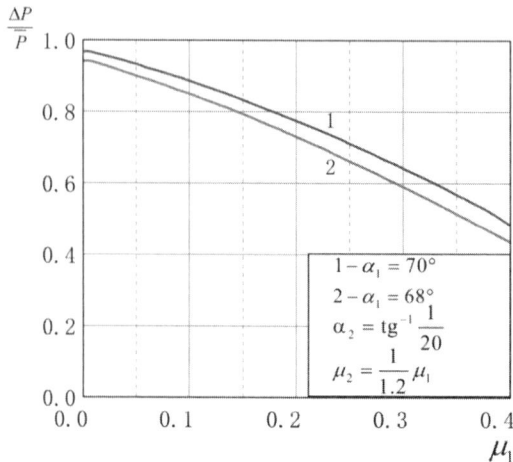

图 8-28　$\Delta P / \overline{P}$ 与 μ_1 的关系

根据理论分析和实验研究结果，目前我国车辆研究部门推荐的轮重减载率安全指标为：

$$\frac{\Delta P}{P} = 0.65 \quad 危险限度$$

$$\frac{\Delta P}{P} = 0.6 \quad 允许限度$$

（8-27）

在轮重减载量较大时，即使减载侧车轮的横向力较小，也可能发生脱轨，通常发生在车辆低速行驶并通过小曲线半径时。根据不同运行速度，我国采用了以下轮重减载率安全指标：

①当试验速度 $v < 160$ km/h

$$\frac{\Delta P}{P} \leqslant 0.65$$

（8-28）

②当试验速度 $v > 160$ km/h

$$\frac{\Delta P}{P} \leqslant 0.80$$

（8-29）

脱轨系数和轮重减载率是评估脱轨风险的关键指标，均基于车轮垂直力与侧向力平衡的条件进行推导。两者的主要区别见表 8-4。

表 8-4　脱轨系数与轮重减载率对比表

指标	脱轨系数	轮重减载率
定义	评估脱轨风险的关键指标，基于车轮垂直力与侧向力平衡的条件进行推导	评估脱轨风险的关键指标，基于车轮垂直力与侧向力平衡的条件进行推导
假设条件	假定轮对存在侧向力	假定轮对不存在侧向力
本质区别	假定轮对存在侧向力	假定轮对侧向力为零
适用范围	通常用于动态运行状态下的安全评估	主要用于静态条件下的轮重减载评估，在低速行驶且曲线半径小于 300 m
安全性评价	脱轨系数小于 1.0 却可能有安全隐患，通常应优先使用脱轨系数进行脱轨安全性评估	轮重减载率大于 0.6 可能表明存在安全隐患，但侧向力为零假设不成立

3. 倾覆系数

（1）车辆倾覆的类型。

车辆倾覆是指在行进过程中，由于侧向力和垂向力的综合作用，车辆整体发生严重倾斜或翻倒。倾覆可分为曲线外倾覆、曲线内倾覆和直线倾覆三种类型。曲线外倾覆：高速行驶时，车辆受风力、离心力和横向振动惯性力等作用，向曲线外侧倾覆；曲线内倾覆：车辆缓慢进入曲线时，由于内倾和侧向力作用，向曲线内侧倾覆；直线倾覆：直线行驶时，强侧风或严重横向振动可能导致倾覆。

（2）车辆倾覆的评定方法。

车辆倾覆的主要影响力为侧向风力、离心力和横向振动惯性力，这些力共同作用导致车辆向一侧倾斜，从而引起一侧车轮轮重减载。当减载侧车轮轮重降至零时，车辆可能发生倾覆。车辆运行中的受力状态如图 8-29 所示，在这些力的作用下，左右车轮的轮重会发生变化。

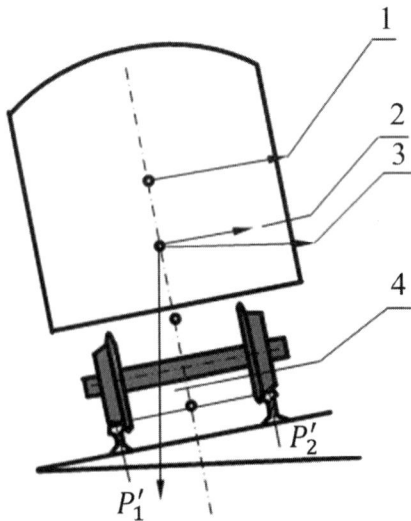

1- 侧向风力　2- 横向振动惯性力　3- 离心力　4- 重力

图 8-29　车辆在运行中基本受力状态

设外轨侧的轮轨间压力 $P_2^{'}$，内轨侧的轮轨间压力 $P_1^{'}$，且令

$$D = \frac{P_2^{'} - P_1^{'}}{P_2^{'} + P_1^{'}} \qquad (8\text{-}30)$$

其中，D 即称为倾覆系数。

当一侧车轮轮重减载至零时，车辆进入倾覆临界状态，此时的值即为倾覆临界值。我国采用倾覆系数评估车辆倾覆安全性，并要求满足相应安全标准。考虑风力、离心力和横向振动惯性力等因素，倾覆系数的安全标准可用式（8-31）表示。

$$D = 0.8 \quad 危险限度 \qquad (8\text{-}31)$$

通过比较式（8-30）和（8-24），可见倾覆系数与轮重减载率都反映车轮轮重的减载程度。二者主要区别在于，轮重减载率适用于低速条件下的静态减载，而倾覆系数则考虑了正常运行中的动态减载。尽管形式相似，它们在实际应用中存在显著差异。

二、脱轨原因及其防止措施

1. 影响脱轨的因素

车辆脱轨通常由多种因素共同作用，如列车碰撞、线路与车辆的最不利条件组合以及设备故障等。脱轨一般不是单一因素引起，而是多个不利因素的综合结果，可归纳为以下几个方面：

首先，是线路状态对脱轨的影响。在低速行驶时，曲线外轨超高会导致车体倾向曲线内侧，导致外侧车轮轮重减轻，内侧车轮轮重增加。而在高速情况下，如果外轨超高不足，则会导致车体向外侧倾斜，产生外向侧向力，从而减少内侧车轮的轮重。线路的扭曲和不平顺，如顺坡、三角坑及不平整的轨道，也会使车体扭曲，影响车轮轮重分布，增加脱轨风险。小半径曲线、道岔以及不平直的轨道则会产生较大的侧向力，进一步增加脱轨的可能性。在 S 形曲线行驶时，车钩压缩作用力产生的力矩会增大前后转向架的侧向力，从而增加脱轨风险，如图 8-30 所示。

　　车辆的结构参数和状态也是影响脱轨的关键因素。转向架的斜对称载荷、旁承摩擦力矩以及轴箱的横向定位刚度都会对轮重的分布及车辆的稳定性产生重要影响。转向架构架、车体的扭曲刚度以及轴箱弹簧的垂直刚度较大时，车辆通过扭曲线路时的轮重减载量会增加，增加脱轨风险。旁承摩擦力矩的增加会影响转向架的正常转动，增大轮缘侧向力，进一步提高脱轨系数，如图 8-31 所示。若轴箱的横向定位刚度过大，则会显著增大轮轨之间的侧向力，从而加剧脱轨的风险。车辆的重心高度也是关键因素，重心过高时，未平衡的横向力将导致垂直增减载，影响车辆的稳定性。

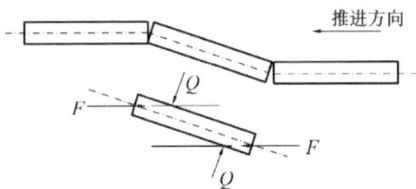

图 8-30 车钩压缩力使侧
向力增大

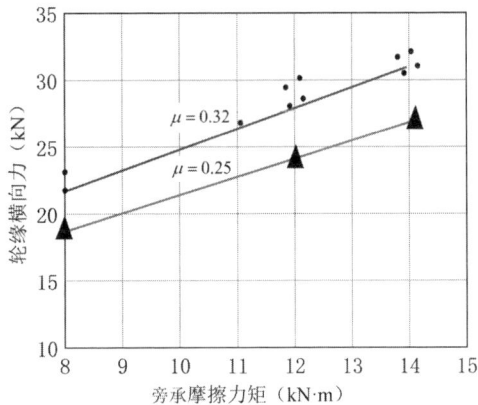

图 8-31 旁承摩擦力矩与轮缘
侧向力的关系

　　运用条件同样对脱轨有显著影响。空载车辆因弹簧变形量较小，更难适应轨道变形，从而更容易发生脱轨。此外，货物的不均匀分布（偏载）会导致车辆重心偏移，影响车轮承载分布，进而增加脱轨风险。大车与小车连挂通过曲线时，由于大车的端部偏离轨道中心较小车更大，可能会对小车施加较大侧向力，增加脱轨风险。不同的运行速度对脱轨的影响也不相同。车辆通过曲线时，一般可分为超速、平衡速度和低速三种情况。实验表明，低速行驶时比高速行驶时脱轨风险更高。反向运行时，车钩的压缩力可能导致车辆两端偏移，从而增加侧向力，进而提高脱轨风险。风力的影响尤其在长大且轻型车体上更为显著，也会增加脱轨的可能性。

2.防止脱轨的安全措施

车轮脱轨是一个复杂的问题，涉及车辆结构特性、铁路线路状况及运行条件。实践表明，货车脱轨多发生在货物偏载和大车与小车组合连挂的情况下，尤其在曲线路段。为有效降低脱轨风险，应控制货物偏载、减轻线路扭曲，并避免不当连挂。

根据《铁路货物装载与加固规则》，货物重心应位于车底板中心线交点，横向偏移不超过 100 mm；纵向方向上，每个转向架所承载货物的重量不应超过额定载重的一半，且转向架间重量差应保持在 10 t 以内。

《铁路工程技术规范》规定线路扭曲率不应超过 2%，最小曲线半径要求分别为 800 m、600 m 和特殊地段的 400 m、350 m。随着曲线半径缩小，车体与转向架之间的相对位移增大，轮轨间侧向力增加，脱轨风险上升。因此，需在小半径曲线内涂油减少摩擦，控制道岔和横向不平顺的冲击，并确保转向架设计合理，制造与维修质量可靠，从而有效减小轮缘侧向力和轮重减载。

为此，可以采取以下几项具体措施：

（1）适度增加轴箱弹簧的静挠度。

转向架的弹簧刚度，特别是轴箱弹簧的刚度，直接影响车轮的轮重减载情况。通过增大轴箱弹簧的静挠度，可以有效避免在扭曲线路上运行时产生过大的轮重减载，从而提升车辆稳定性。

（2）采用空、重车两级刚度的弹簧装置。

随着货车载重量的增加，空车和重车弹簧的质量差异会导致空车时弹簧静挠度过小，振动性能恶化。为了解决这一问题，许多高速货车转向架采用了两级刚度的弹簧系统。该系统通过在空车和重车时使用不同的刚度，能够在空车时提供较大的弹簧静挠度，改善运行平稳性，并有效减少由于线路扭曲引起的轮重减载现象。这种两级刚度的设计确保了在不同载重条件下都能保持较好的运行稳定性，从而提高抗脱轨能力。

（3）采用具有扭曲弹性和活节式构架。

轮重减载量与车体扭曲刚度呈正相关，降低车体扭曲刚度即可减少减载现象，但考虑到结构强度要求，车体刚度不能过低。转向架的扭曲刚度同样影响轮重减载，若轴箱弹簧刚度过大，转向架经过扭曲线路时会增加减载量。为控制载荷波动和预防脱轨，常采用活节式架构设计，横梁与侧梁通过橡胶衬套连接，允许侧梁围绕横梁水平轴线旋转，从而有效减小轮重减载，提升车辆稳定性。

（4）采用轴向弹性轴承。

车轴的侧向力与转向架构架中的横向约束弹性密切相关。通过引入轴向弹性轴承，可以有效减小最大侧向力，降低曲线行驶过程中轮缘的磨损，从而延长轴承的使用寿命。

（5）在空气弹簧悬挂系统中安装压差控制阀（简称差压阀）。

差压阀可以调节左右侧空气弹簧之间的压力差，从而防止由于压差过大引起轮重减载量的异常波动，有效提升车辆的稳定性和安全性。

（6）采用弹性旁承。

增加旁承的游间量有助于减轻线路扭曲对轮重减载的影响，但过大的游间量可能导致高速直线行驶时产生过大晃动，影响振动性能。采用弹性旁承设计既能减少轮重减载，又能改善振动特性。目前，国外高速货车和部分国内长大货车已普遍采用此设计。设计时应确保车体重量均匀分布，降低重心高度，并合理选择旁承支重摩擦力矩。制造和维修过程中应严格控制转向架各弹簧的高度差和轮径，避免对角旁承被压死，以减少脱轨风险。

3.防止车辆倾覆的安全措施

车辆倾覆的发生与脱轨类似，不仅与车辆的结构设计密切相关，还受到轨道状况和运行条件的影响。因此，要有效预防倾覆事故，需要从多个角度采取措施。

在车辆结构方面，影响倾覆的主要因素包括弹簧悬挂系统的横向刚度、角刚度以及车体重心的高度。外力作用下，较低的横向刚度会导致车体横向偏移增大；角刚度过低则使车体的倾斜角度增大，而较高的重心会加剧车体的偏移。因此，增加横向刚度、角刚度并降低车体重心高度，可有效提高车辆的抗倾覆能力。

为提升振动性能并防止倾覆，通常会设计增大弹簧角刚度。通过适度增大左右侧弹簧的横向间距，在不增加垂直刚度的前提下，可提高车体抵抗侧向转动的能力，减少车体倾斜角度，从而增强防倾覆效果。新型转向架设计中，外侧悬挂装置的应用，如将摇动台吊杆和中央弹簧布置在构架外侧，有助于实现这些目标。

此外，国外在防侧滚方面引入了一些创新技术。例如，通过增加中间旁承垫或安装抗侧滚稳定器，可以有效增大车体侧滚时的反作用力矩，从而减小侧滚角度，提升车辆适应不良轨道的能力，同时减少曲线行驶时的回转阻力。摆式车体设计的应用，使得车辆在过曲线时能够内倾，从而确保车体与轨道保持平稳接触，进一步提升行驶安全性。

三、脱轨系数及轮重减载率的 SIMPACK 分析模型

点击 Output Values for Force element，这时出现第二个对话框中是所有建立的力单元的结果，在这里我们可以看到自动生成的 8 个轮子的名称，如图 8-32 所示，根据名称可以确定各个轮子的位置，在这里以前转向架的前轮对为例进行说明，首先选择 \$S_BF_F → \$RS_RWP_R → \$RS_RWP_R_Pair 可以看到下面列出了所有关于该轮的计算结果：

Y —Lateral force on track 表示作用在轨道上的侧向力；

Q —Vertical force on track 表示作用在轨道上的垂向力；

Y/Q —Derailment coeff. Wheel 表示脱轨系数。

图 8-35 为脱轨系数在整个时间范围内的变化，横坐标是时间单位为秒，纵坐标是脱轨系数。计算结果表明，在整个曲线线路中车辆运行速度 100 km/h，列车脱轨系数最大值为 0.173，在允许限度范围内，列车运行安全。在实际分

析中，需要根据标准要求进行分段数据的统计而得到最终结果。

如果需要这些数值用做其他的用途也可以直接输出，Export 中可以输出 Excel 格式等的数据。

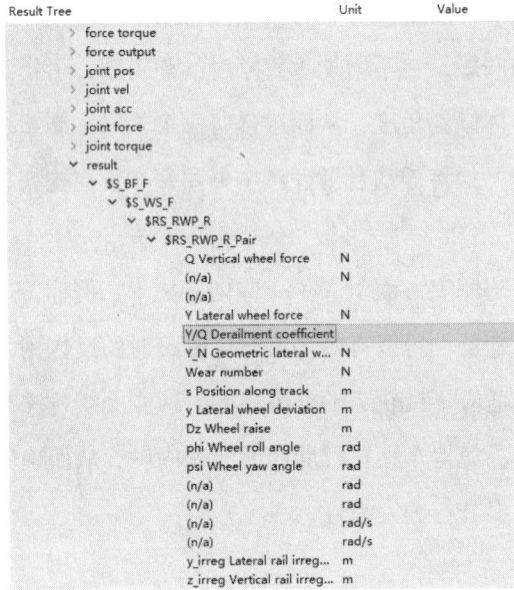

图 8-32 曲线通过的脱轨系数

如图 8–32 所示 result → \$S_BF_F → \$S_WS_F → \$RS_RWP_R → \$RS_RWP_R_Pair，把轮轨垂向力 Q、轮轨侧向力 Y、脱轨系数 Y/Q，分别绘制在不同的三张 Page，然后把 \$RWP_Left → Pair 下的这三个力也绘制在这三种 Page 中，结果曲线如图 8–33 至图 8–35 所示。

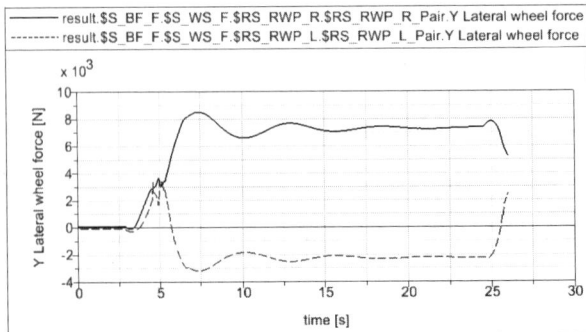

图 8-33 左右轮轨侧向力

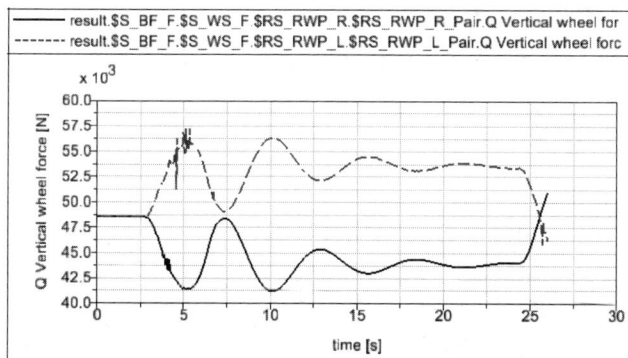

图 8-34　左右轮轨垂向力

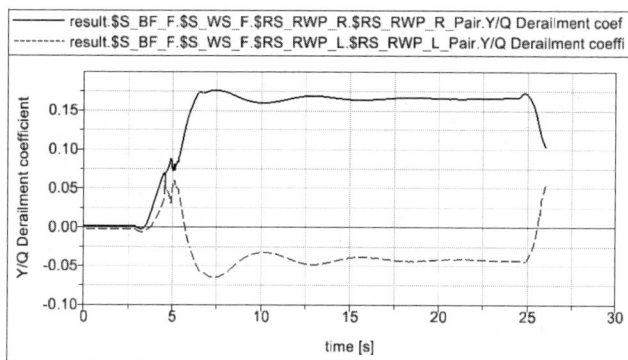

图 8-35　左右轨脱轨系数

例 8-2　建立的车辆动力学模型中，车体质量 32000 kg，单个构架质量 3000 kg，单个轮对质量 1000 kg，请计算平均轮重。

解：车辆包含 1 个车体，2 个构架，4 个轮对，分布于 8 个轮轨接触点处

$$Average wheel weight = \frac{(3200 + 2 \times 3000 + 4 \times 1000) \times 9.81}{8} = 51.5025(kN)$$

输出一个轮的侧向力曲线，如图 8-36 所示，对其进行数据处理。General 中有很多的数据计算处理公式，利用 1（SIMPACK 自带的函数编号）shift y，在输出的垂向力结果上，整体减去平均轮重，即在移动值中，填写 $-Average wheel weight$，计算得到 ΔP。

在 ΔP 的基础上，除以平均轮重，就可以输出轮重减载率的曲线。轮重减载率不能作为运动中动态的评价指标，因为它一般是在车辆低速运行时才有可能，所以我们取出其中最大值进行评价，只要该值在许用值以内就可以。

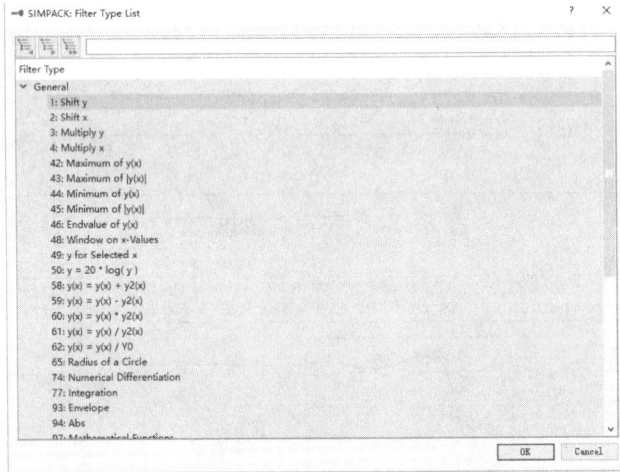

图 8-36　轮重减载率的后处理

轮轴侧向力评定按照式（8-32）：

$$H \leqslant 15 + \frac{p_0}{3} \qquad (8\text{-}32)$$

其中，P_0 为静轴重，单位 kN。

例 8-3　建立的车辆动力学模型中，车体质量 32000 kg，单个构架质量 3000 kg，单个轮对质量 1000 kg，请计算轮轴横向力的限值。

解：车辆包含 1 个车体，2 个构架，4 个轮对，静轴重 P_0

$$P_0 = \frac{(3200 + 2 \times 3000 + 4 \times 1000) \times 9.81}{4} = 103(\text{kN})$$

根据式（8-32）可得

$$H \leqslant 15 + \frac{p_0}{3} = 15 + \frac{103}{3} = 49.33(\text{kN})$$

附　录

横移量（mm）		12	11	10	9	8	7	6	5
接触半径增量（mm）	左轮	24.055	23.208	22.013	20.104	15.002	1.850	1.068	0.686
	右轮	−1.228	−1.228	−1.228	−1.228	−1.227	−1.224	−1.218	−1.208
接触角（°）	左轮	45.340	49.960	55.070	61.180	69.130	10.500	7.700	6.240
	右轮	0.530	−0.170	−1.160	−1.160	0.110	0.180	0.180	0.180
接触距离（mm）	左轮	702.25	703.05	704	705.19	707.45	725.36	730.28	733.51
	右轮	777.28	777.28	776.93	775.05	769.79	767.5	766.45	765.41
接触椭圆面积（mm²）	左轮	21.06	19.75	20.03	23.01	26.9	93.14	87.75	70.27
	右轮	38.96	38.49	40.97	52.09	62.62	72.49	75.13	75.15
接触椭圆半径比 a/b	左轮	17.111	18.595	19.461	18.876	19.848	1.125	1.247	1.85
	右轮	4.622	4.716	4.306	2.992	2.226	1.731	1.622	1.621

续表

横移量（mm）		4	3	2	1	0	−1	−2	−3
接触半径增量（mm）	左轮	0.575	0.437	0.305	0.148	0	−0.140	−0.596	−1.155
	右轮	−1.186	−1.155	−0.596	−0.140	0	0.148	0.305	0.437
接触角（°）	左轮	6.230	6.020	582	5.480	5.190	5.050	4.040	0.600
	右轮	0.430	0.600	4.040	5.050	5.190	5.480	5.820	6.020
接触距离（mm）	左轮	734.55	735.89	737.23	738.9	740.56	742.22	748.59	762.09
	右轮	763.75	762.09	748.59	742.22	740.56	738.9	737.23	735.89
接触椭圆面积（mm²）	左轮	66.27	63.35	62.86	65.86	69.18	77.1	107.76	83.31
	右轮	77.11	83.31	104.76	77.1	69.18	65.83	62.86	63.35
接触椭圆半径比 a/b	左轮	2.042	2.207	2.236	2.058	1.894	1.563	0.862	1.348
	右轮	1.551	1.348	0.862	1.563	1.894	2.058	2.236	2.207

续表

横移量（mm）		−4	−5	−6	−7	−8	−9	−10	−11	−12
接触半径增量（mm）	左轮	−1.186	−1.208	−1.218	−1.224	−1.227	−1.228	−1.228	−1.228	−1.228
	右轮	0.575	0.686	1.068	1.850	15.002	20.104	22.013	23.208	24.055
接触角（°）	左轮	0.430	0.180	0.180	0.180	0.110	−1.160	−1.160	−0.170	0.530
	右轮	6.230	6.240	7.700	10.500	69.130	61.180	55.070	49.960	45.340
接触距离（mm）	左轮	763.75	765.41	766.45	767.5	769.79	775.05	776.93	777.28	777.28
	右轮	734.55	733.51	730.28	725.36	707.45	705.19	704	703.05	702.25
接触椭圆面积（mm²）	左轮	77.11	75.15	75.13	72.49	62.62	52.09	40.97	38.49	38.96
	右轮	66.27	70.27	87.75	93.14	26.9	23.01	20.03	19.75	21.06
接触椭圆半径比 a/b	左轮	1.551	1.621	1.622	1.731	2.226	2.992	4.306	4.716	4.622
	右轮	2.042	1.85	1.247	1.125	19.848	18.876	19.461	18.595	17.111

参考文献

［1］陆冠东.车辆系统动力学计算方法研究［M］.北京：中国铁道出版社，2011.

［2］刘瑞扬，王毓民.铁路货车运行状态地面安全监测系统(TPDS)原理及应用［M］.北京：中国铁道出版社，2005.

［3］周素霞，陶永忠，张志华，等.SIMPACK9实例教程下［M］.北京：联合出版公司，2013.

［4］刘瑞扬，杨京.铁路客车运行安全监控系统(TCDS)原理及应用［M］.北京：中国铁道出版社，2005.

［5］沈钢.轨道车辆系统动力学［M］.北京：中国铁道出版社，2014.

［6］王伯铭.高速动车组总体及转向架：第2版［M］.成都：西南交通大学出版社，2014.

［7］王伯铭.高速动车组总体及转向架［M］.成都：西南交通大学出版社，2008.

［8］任尊松.车辆系统动力学［M］.北京：中国铁道出版社，2007.

［9］杨志强.城市轨道交通车辆总体［M］.北京：中国铁道出版社，2007.

［10］王伯铭. 城市轨道交通车辆总体及转向架［M］. 北京：科学出版社，2013.

［11］任尊松. 车辆动力学基础［M］. 北京：中国铁道出版社，2009.

［12］马松花，董黎生，李西安，等. 动车组机械设备维护与检修［M］. 成都：西南交通大学出版社，2014.

［13］王文静. 动车组转向架［M］. 北京：北京交通大学出版社，2012.

［14］金新灿. 轨道车辆设计综合实践教程［M］. 北京：科学出版社，2016.

［15］盖宇仙. 铁路装卸机械化［M］. 北京：中国铁道出版社，2010.

［16］雷晓娟，张天彤，张万成，等. 城市轨道交通车辆构造［M］. 北京：中国铁道出版社，2012.

［17］丁莉芬. 动车组工程［M］. 北京：中国铁道出版社，2018.

［18］喻凡. 车辆动力学及其控制［M］. 北京：机械工业出版社，2010.

［19］商跃进. 动车组车辆构造与设计［M］. 成都：西南交通大学出版社，2010.

［20］华亮，姜建宁，沈艳丽. 机车车辆概论［M］. 北京：北京交通大学出版社，2010.

［21］黄凯林. 城市轨道交通车辆总体及走行部［M］. 北京：中国铁道出版社，2016.

［22］罗芝华，刘涛，陈文芳. 铁道车辆工程［M］. 长沙：中南大学出版社，2015.

［23］袁清武，于值亲，李晋武. 铁道车辆走行装置构造及检修［M］. 北京：中国铁道出版社，2014.

［24］赵洪伦. 轨道车辆结构与设计［M］. 北京：中国铁道出版社，2009.

［25］曾庆元，郭向荣. 列车桥梁时变系统振动分析理论与应用［M］. 北京：中国铁道出版社，1999.

［26］朱磊．车辆学［M］．北京：中国铁道出版社，1991．

［27］夏禾，张楠．车辆与结构动力相互作用［M］．北京：科学出版社，2005．

［28］夏禾．车辆与结构动力相互作用［M］．北京：科学出版社，2002．

［29］陆云．现代有轨电车工程［M］．成都：西南交通大学出版社，2015．

［30］缪炳荣，方向华，傅秀通．SIMPACK动力学分析基础教程［M］．成都：西南交通大学出版社，2008．

［31］孙帮成，安超，杜会谦，等．CRH380BL型动车组［M］．北京：中国铁道出版社，2014．

［32］中国铁道百科全书总编辑委员会，《机车车辆与电气化》编辑委员会．中国铁道百科全书机车车辆与电气化［M］．北京：中国铁道出版社，2006．

［33］柳拥军，佟关林．城市轨道车辆［M］．北京：科学出版社，2016．

［34］邓学钧，刘建新．交通运输工程导论［M］．北京：清华大学出版社，2009．

［35］李广慧，等．车辆—无碴轨道—桥梁系统振动特性及其应用［M］．郑州：黄河水利出版社，2007．

［36］《铁路运输结合部知识读本》编委会．铁路运输结合部知识读本［M］．北京：中国铁道出版社，2016．

［37］李晓村，侯梅英．动车组构造［M］．成都：西南交通大学出版社，2009．

［38］赵长波，陈雷．铁路货车轴温探测与应用概论［M］．北京：中国铁道出版社，2010．

［39］王平，陈嵘，杨荣山，等．桥上无缝道岔设计理论［M］．成都：西南交通大学出版社，2011．

［40］翟婉明．车辆—轨道耦合动力学［M］．北京：科学出版社，2015．

［41］翟婉明，夏禾．列车—轨道—桥梁动力相互作用理论与工程应用

[M].北京：科学出版社，2011.

[42]刘建勋，卜继玲.轨道车辆转向架橡胶弹性元件应用技术[M].北京：中国铁道出版社，2012.

[43]黄晓明，刘寒冰.交通基础设施检测与养护技术[M].北京：清华大学出版社，2010.

[44]卜继玲.动车组系统动力学与结构可靠性[M].北京：中国铁道出版社，2009.

[45]卜继玲，傅茂海.动车组结构可靠性与动力学[M].成都：西南交通大学出版社，2009.

[46]王平.高速铁路道岔设计理论与实践[M].成都：西南交通大学出版社，2011.

[47]徐彬，王秀琴.铁路线路修理[M].北京：人民交通出版社，2010.

[48]张旺狮.车辆新技术[M].北京：中国铁道出版社，2005.

[49]赵文礼，王林泽.机械振动系统随机疲劳和间隙非线性[M].北京：科学出版社，2006.

[50]张曙光.京沪高速铁路系统优化研究[M].北京：中国铁道出版社，2009.

[51]姚建伟，孙丽霞.机车车辆动力学[M].北京：科学出版社，2014.